U0924729

百年南开
日本研究文库

日本近现代教育政策研究

臧佩红 著

江苏人民出版社

图书在版编目(CIP)数据

日本近现代教育政策研究 / 臧佩红著. —南京：
江苏人民出版社，2019.7(2020.4 重印)
(百年南开日本研究文库)
ISBN 978-7-214-23277-9

Ⅰ.①日… Ⅱ.①臧… Ⅲ.①教育政策—研究—日本
—近现代 Ⅳ.①G531.30

中国版本图书馆 CIP 数据核字(2019)第 043330 号

书　　名	日本近现代教育政策研究
著　　者	臧佩红
责任编辑	陶方舟
装帧设计	刘葶葶
责任监制	陈晓明
出版发行	江苏人民出版社
出版社地址	南京市湖南路 1 号 A 楼，邮编：210009
出版社网址	http://www.jspph.com
照　　排	江苏凤凰制版有限公司
印　　刷	江苏凤凰数码印务有限公司
开　　本	652 毫米×960 毫米　1/16
印　　张	20.25　插页 4
字　　数	265 千字
版　　次	2019 年 8 月第 1 版　2020 年 4 月第 2 次印刷
标准书号	ISBN 978-7-214-23277-9
定　　价	72.00 元

“百年南开日本研究文库”
编辑委员会

“百年南开日本研究文库”出版说明

2019 年南开大学建校百年校庆，作为中国教育史上的大事，当然是值得纪念的。

如何使纪念百年南开的活动具有历史意义？我们很早就开始谋划和筹备。早在 2015 年春节期间，南开大学日本研究院原院长、教育部人文社会科学重点研究基地南开大学世界近现代史研究中心主任杨栋梁教授，向江苏人民出版社王保顶副总编提起，想以集体展示日本研究院研究成果的形式来纪念南开百年校庆。这一提议得到了保顶同志的大力支持，也得到了研究院各位同事的积极响应。后来经过商讨，编委会一致同意以“百年南开日本研究文库”作为南开日本研究者纪念百年校庆丛书的名称，本文库由江苏人民出版社和南开大学出版社分别出版。与百年校庆相适应，“百年南开日本研究文库”也应该是百年来南开日本研究业绩的展现。为此，编委会确定本文库由以下几个方面的成果构成。

第一，从南开大学创立到抗日战争胜利时期南开的日本研究成果。刘岳兵教授搜集相关文稿四十余万字，编成了《南开日本研究（1919—1945）》。这是一本专题性的南开大学校史资料集，对于研究和总结包括南开大学在内的这一时段中国日本研究的状况和特点，具有重要的史料价值。

第二，新中国建立以来，南开大学成立的实体日本研究机构研究者的成果。实体研究机构包括 1964 年成立的日本史研究室、2000 年实体化的日本研究中心和 2003 年成立的日本研究院。

第三，1988 年组建的南开大学日本研究中心，是以日本史研究室成员为核心，联合校内其他系所相关日本研究者成立的综合研究日本历史、经济、社会、文化、哲学、语言、文学的学术机构。在百年南开日本研究的历史发展中，日本研究中心具有重要的意义。本文库也包括该中心成员的成果。

今后，如果条件成熟，还可以将日本研究院的客座教授和毕业生的优秀成果也纳入这个文库中，希望将本文库建设成为一个开放的、能够充分且全面反映南开日本研究水平的成果展示平台。

在中国百年来的日本研究中，南开占有重要的一席之地。历史的发展和南开的先贤告示我们：日本研究对于中国的发展至关重要。中日关系值得我们认真思考，其经验教训值得认真总结。百年来，南开大学的日本研究者孜孜以求，探寻日本及中日关系的真相，取得了一定的成绩。吴廷璆先生主编的《日本史》（南开大学出版社 1994 年），是南开大学与辽宁大学两校日本研究者倾注近 20 年心血合力打造出来的。杨栋梁教授主编的十卷本“日本现代化历程研究丛书”（世界知识出版社 2010 年）及六卷本《近代以来日本的中国观》（江苏人民出版社 2012 年），也几乎是倾日本研究院全院之力而得到了学界认可的标志性研究成果。另外，在日本国际交流基金的资助下，南开大学日本研究中心从 1995 年开始由天津人民出版社出版的“南开日本研究丛书”，展现了中心成员在日本研究各具体专题上的业绩，产生了积极的社会影响。这些成果都是南开日本研究者集体智慧的结晶。

“百年南开日本研究文库”是南开大学日本研究院和南开大学世界近现代史研究中心相关学术成果的集体展示。我们相信，本文库将成为南开大学日本研究和南开大学世界史学科“双一流”建设的又一项标志性成果，她将承载南开精神、贯穿南开日本研究学脉，承前启后，为客观地了解日本、促进中日关系健康发展做出新的贡献；我们也想以此为实现“发展同各国的外交关系和经济、文化交流，推动构建人类命运共同体”的理想，培养全民族的国际视野和情怀，提高广大人民群众的世界历史知识和认识水平，尽我们的一份绵薄之力。

“百年南开日本研究文库”编辑委员会

2019 年 3 月 19 日

目　录

第一章　近代教育政策的展开及其右倾化　1

一、近代教育政策的基础——幕末教育及其三重因素　1

二、近代教育的原点——“学制”前的教育政策　20

三、“学制”与近代教育政策的展开　29

四、近代教育行政政策的“敕令主义”　38

五、第一次世界大战后教育政策的右倾化　48

第二章　现代教育政策的开端与发展　64

一、占领时期对日本战前教育的认识　64

二、战后初期“民主化”教育政策的推行　81

三、教育改革与战后经济高速增长　113

四、“自由化”的教育改革政策　133

五、教育的“结构改革”政策　157

第三章　当代适应社会发展的新教育政策　181

一、“国际化”教育政策及其启示　181

二、对外教育援助战略政策及其启示　193

三、日本的“信息化”教育政策　224

四、日本的“终身学习”政策 238

五、战后女子教育政策的演变及其启示 246

第四章 历史教育与历史教科书问题 261

一、战前教科书“国定制”的确立及影响 261

二、战前历史教育的演变及作用 272

三、战后的教科书审定制度 282

四、战后的历史教科书问题 293

五、战前的历史教育及其“遗毒” 306

第一章　近代教育政策的展开及其右倾化

一、近代教育政策的基础——幕末教育及其三重因素

(一) 幕末时期教育发展的背景

日本的幕末时期大体上指19世纪中期前后至1868年明治新政府成立的这一段时间。这一时期是日本封建幕藩体制逐渐瓦解崩溃的时期,封建体制的瓦解源于内外两方面的原因。一方面是日本社会内部资本主义商品经济发展的结果。早在18世纪初期,商品货币经济便以京都、大阪、江户为中心迅速发展。新经济形式的发展造成了新的阶级分化,城市商人中产生出持有重金的"豪商",农村则形成以村吏为主的"豪农"。这些"豪农、豪商"成为新的剥削阶层,不仅剥削农民及其他破产者,而且与原来的封建领主争夺经济利益,从而造成幕府与各藩的财政拮据。幕府及各藩领主为了解决财政困难,又进一步加剧了对农民及城市贫民的剥削。在领主、地主、商业高利贷者的重重盘剥之下,加之连年的自然灾害,农民与城市贫民的生活日益贫困,社会矛盾越来越尖锐,最终导致大规模的农民起义、市民暴动频繁爆发,从而严重动摇了幕府的统治基础。另一方面是西方资本主义势力的东渐。西方资本主义国家

为了不断扩大工业发展的海外市场和原料来源，从 18 世纪中叶起开始觊觎日本。英国在 1840 年鸦片战争中打败中国后，西方势力更加紧了对日本的入侵。1837 年至 1853 年的 16 年间，美、法、俄等国先后 5 次到达日本，迫使日本开国。日本在西方势力的强大攻势之下，陷入了严重的民族危机。

在内忧外患之下，幕府与各藩都不得不进行了一系列的改革，这些改革主要分为两个方面：一是发展经济，以改善武士及普通民众的生活状况；二是采取积极的文教政策，以吸收西方先进的科学文化，同时加强社会教化，以维护封建秩序。前者在促进商品经济发展的同时，也使社会对各种人才及普通民众一般识字率的要求增强，从而成为当时教育发展的客观动力，间接地促进了教育的发展。后者如 1855 年幕府设立讲武所、海军传习所，雇佣荷兰人教官，引进西方军事技术，积极吸收西洋文化等，直接推动了教育的发展；另如在农村设立乡校，鼓励心学、报德教等社会教化运动的发展等，也促进了农村的学校教育与社会教育。总之，上述幕府及各藩为了解决危机而实行的改革，都在不同程度上间接或直接地促进了教育的发展。

此一时期，日本还积极地引进与吸收西方国家的教育经验，为本国的教育发展提供了有益的借鉴。幕末时期日本吸收西方教育的途径主要有两条：一是各类介绍或研究西方国家的洋学书籍；二是派往西方国家的官方外交使节和留学生。

日本最早流传的介绍西方教育情况的书籍是意大利传教士艾儒略 1623 年所著的《西学凡》和《职方外纪》，书中较为详细地介绍了 16 世纪末至 17 世纪初期以法国为主的欧洲大中小学的年限、课程、教师等教育情况。这两部著作的手抄本于 18 世纪末期在日本流传，被当时的藩政要人、兰学者、甚至有些儒学者和国学者所广泛阅读。对于当时的日本而言，书中有关西方教育的介绍虽然已相距 200 余年，但这两部著作对于当时的有识之士认识西方教育情况起了重要的作用。18 世纪末期至 19 世纪初期，一些兰学者在研究西方文化的同时，也开始著书介绍西方传授各种科学的大学，如前野良泽的《管蠡秘言》山村才助的《地学初问坤舆约说》《增订增译采览异言》《大西要录》等。19世纪30年代，随着封建制度的矛盾日益尖锐，幕府及各藩在改革过程中认识到人才培养的重要性，从而开始注意西方的教育情况。该时期具有代表性的著作是青地林宗的《舆地志略》及渡边华山的《外国事情书》。其中《舆地志略》比此前的任何一部地理书都详细地介绍了西方的教育情况。渡边华山则在全面介绍西方情况的基础上，记述了西方国家培养人才的学校制度，指出西方的国王"将造土开物之学校尤作为政事之根本，学校之繁荣，为唐土〔中国〕所不及"①。

到了19世纪四五十年代，日本朝野上下痛感鸦片战争后西方势力的威胁，因而更加积极地著书立说研究西方学问，对西方教育情况的介绍也急速增加。如箕作省吾的《坤舆图识》(1845年)中详细介绍了法国的学校制度，并且介绍了裴斯泰洛齐与费伦伯格的教育活动和教育思想。箕作阮甫的《八纮通志》(1851年)介绍了拿破仑就任法兰西共和国第一执政以来的教育改革、英国产业革命下的教育设施等，内容涉及国民教育的内容、大学等专门教育机构的情况、教育制度与产业发展乃至国家繁荣的关系等。上述著作大多依据19世纪以后出版的荷兰书籍，因此当时日本吸收的西方教育信息是最新的，与西方国家的教育发展状况几乎没有时间差。另外，上述书籍大都以印刷本的形式发行，对当时普及西方教育情况起到了积极作用。

幕府末年，日本共向欧美派遣了六次使节团：1860年赴美使节团、1862年赴欧使节团、1864年赴法使节团、1865年赴法使节团、1866年赴俄使节团、1867年赴法使节团。遣欧美使节团除了进行正式的外交交涉之外，也参观了西方国家的初等、中等、高等教育机构以及残疾人学校等教育设施。使节团成员大多强烈地感受到了文明发达与教育制度完备之间的密切关系，并留下了众多的见闻录。例如，1860年赴美使节团成

① 三好信浩编：《日本教育史》，福村出版1993年，第91页。

员玉虫谊的《航米日志》中，便记录了美国的学校制度："学蹟有乡学馆与县学馆，乡学馆由乡中富人出资聘请教师，教授一乡的子弟。（中略）县学馆由县中欲当官之人建立，或由任官者建立，其规模较之乡学馆要大。"同年赴美的佐野鼎在其《万延元年访米日记》中，记述了美国中等教育的情况："有中学馆，是教授小学毕业但尚不应进入大学的中等学生的学馆，称之为'中等学校'"①。另外，福泽喻吉在其《西洋事情》(其初编于1866年出版，外编于1867年出版，二编于1870年出版)中也介绍了西方的教育情况。使节团对西方教育情况的关注是自觉的，有的甚至是受政府之命。幕府曾经令1862年的赴欧使节团"要特别用心调查各国政事、学校、军政"，而且要求使节团购买"文武学校规则之书"。②

除了官方外交使节之外，幕府末期有大量的日本人赴欧美留学。1866年幕府允许出国留学之前，有的藩就曾秘密派遣人员到海外留学。1866年幕府取消出国禁令后，留学生数量骤增，到1867年为止，共有12个藩派有45人在欧美学习，而幕府共派遣了47名。③ 这些留学生直接身处西方的教育环境中，对西方的教育情况有着全面的了解和切身的体会。他们回国后，将西方的教育制度及教育思想介绍到了日本。而且，他们在西方的学习和研究过程中，逐渐认识到教育在国家发展中的作用。这种认识是江户末年教育思想上不可忽视的进步，它产生于幕末，但却作用于明治以后的教育发展，为明治维新以后日本大力发展教育奠定了有力的思想基础。

由于幕末时期幕府及各藩对教育的重视，加之西方教育情况的传入，日本社会上兴起了一股近代学校论。1833年，佐藤信渊(1769—1850)在其口述的《垂统秘录》中提出了宏大的学校制度论，主张在中央设立神事台、太政台、教化台、大学校，在教化台之下设立全国的学校。俸禄每二万石的地方设立一所小学，俸禄每一万石的地方设立十所教育

① 堀松武一等编：《日本教育史》，国土社1985年，第85—86页。
② 同上书，第85页。
③ 杨孔炽：《社会转型与日本教育现代化的开端》，《日本研究》1999年第1期，第77页。

所。教育所允许 8 岁以上者入学，学习读、写、算等基础知识；小学教授清扫与《四书》、《小学》、《近思录》等，成绩优秀者继续学习学问武艺，15 岁选送入大学学习；大学既是全国的最高学府，同时也具有立法机构的性质；此外，还设想成立"游儿厂"（幼儿园），作为面向幼儿的保育设施。佐藤信渊的学校制度案规模如此之大，日本学者评价其"实乃距明治维新后的学校案不远矣"。① 此外，广濑淡窗的《迂言》（1840 年）、帆足万里的《东潜夫论》（1844 年）等也论及近代学校教育。

除了民间学者之外，幕府及各藩主管学务的官员也提出了具体的学制论、学校论。其中主要有会泽安的《学制略说》（1830 年）、《学问所建设意见稿》（1831 年），佐久间象山的《学政意见书》（1837 年），村田清风的《辛丑改制建议》（1841 年），藤田东湖的《宏道馆记述义》（1847 年），横井小楠的《学校问答书》（1852 年）、《国是三论》（1860 年），桥本左内的《关于学制的意见劄子》（1857 年）、小林虎三郎的《兴学私议》（1859 年）。此外，昌平坂学问所儒学者中村敬宇的《振学政策》（1854 年）涉及幕府的学制改革问题。在具体的藩政改革的意见书中，南部藩士大岛高任提出了卓越的学制构想，主张在每个城市设 4 所小学，每个村庄设 1 所小学，然后在城市设 1 所大学，并在城市设立矿山学校、医学校等"学术专门学校"，在各代管所设立乡校等。②

上述学校论是在幕府末期的特殊社会环境下，日本的有识之士摸索符合时代要求的教育方式的产物。这些论说中体现了近代教育的因素，如教育内容、学校组织与运营的近代性，对封建身份制的超越等，为后来日本教育向近代发展指出了方向。

（二）幕末时期的教育体制

幕府时代的教育主要分为统治阶级的武士教育和被统治阶级的平

---

①《岩波讲座 现代教育学 5 日本近代教育史》，岩波书店 1962 年，第 19—20 页。

② 堀松武一等编：《日本教育史》，国土社 1985 年，第 88 页。

民教育两大部分。实施武士教育的机构有幕府的直辖学校、各藩的藩校以及各类私塾，实施平民教育的机构主要是寺子屋和乡校。

幕府直辖学校是幕府专为幕臣子弟设置的学校，是培养辅佐幕政的官吏和实务人才的教育机构。德川幕府共先后设立了 21 所幕府直辖学校。其中最重要也是最早成立的是昌平坂学问所，该校的前身是 1630 年幕府儒学教头林罗山在幕府封赐地建立的学问所，1691 年由幕府收归幕府直接领导，改称昌平坂学问所。昌平坂学问所是德川幕府时代儒学教育的最高学府，主要教授经义（四书、五经、三礼）、史学（左传、史记、两汉书、通鉴纲要）、诗文、博读、皇邦典故。1790 年"宽政异学之禁"只传授朱子学。幕府末期，由于受国内外各种形式变化的影响，昌平坂学问所的课程也进行了部分改革，学科改为经科、中国史科、日本史科、刑政史科，学生可以按照自己的能力和学习意愿选科。此外，还计划增加天文、地理、算术、物理等实用学科，但未等到实行，幕府就被推翻了。昌平坂学问招生的对象是幕府的家臣-旗本（上级武士）、"御家人"（下级武士）的子弟，禁止其他阶层的人入学。

除昌平坂学问所之外，幕府还在其直辖领地设立了其他的儒学教育机构，教育在各地任官的幕臣子弟。其中包括长崎的明伦堂、甲府的徽典馆、骏府的明新馆、佐渡的修教馆、日光的日光学问所等。这些学校的儒学教官大都由昌平坂学问所派遣，据统计，在一个时期内，藩校的 657 名教师中，昌平坂学问所出身者 242 名，占总数的 36.8%。① 幕府直辖学校中还有教授西方科学技术及语言的洋学校，如开成所（洋学，1863 年）、医学所（西医，1863 年）、陆军所（1854 年）、海军所（1855 年）、"英语传习所"（1858 年）等。

藩校是各藩为藩士子弟设立的学校，主要为了培养藩政统治所需的人才，由各藩独立经营管理。1868 年明治维新之前，全国共有大小 300

① 帕森著、刘焜辉等译：《日本的现代化与教育》，幼狮文化事业公司 1973 年，第 18 页。

个藩，而全国共有藩校 219 所[①]，其中 1830—1867 年的 37 年间共设立藩校 50 所。也就是说，幕府末期绝大部分藩都有自己的藩校，而且平均每年至少新增设 1 所藩校。

藩校初期的招收对象主要是本藩的武士子弟，入学年龄大体上是 7—9 岁，在学期间为 8—9 年。教学内容在各个时期有所不同，德川前期(1603—1680 年)在培养目标、组织形式、教学内容和方法上主要模仿昌平坂学问所，教授以"四书五经"为教材的儒学，外加武艺。德川中期(1680—1716 年)开始加入实学的内容。到了幕府末期，各藩更加重视藩校对人才的培养，或在原有藩校中开设新课，或建立各种学问的专门藩校，藩校教育呈现出多样化发展的势头。而且，藩校的规模也日益增大。有的大藩为了容纳众多的入学者而建设了较大规模的校舍，使得藩校的发展比其他形式的教育组织(如寺子屋、乡校、私塾等)规模要大得多。有的藩要综合的管理与运营原有的藩校与新开设的洋学校、医学校等各种新式藩校，于是在该藩中便形成了综合的学校群。

寺子屋是专门为平民子弟开设的初等教育机构。据日本学者石川谦考证，寺子屋从 1716 年开始出现增加的势头，1751 年开始数量急剧增加，1830 年以后达到全盛时期。截至 1867 年，日本全国的寺子屋总数为 10299 所[②]，其中 1830—1867 年的 37 年间开设 6691 所，占总数的 65%。[③] 也就是说，寺子屋教育在幕末时期得到了相当大的发展。

寺子屋早期主要接收町人阶层的子弟入学，入学年龄多为 5—7 岁，在学年限为 3—4 年或者更多。寺子屋教育的发展是町人势力崛起的产物，在町人势力不断发展的同时，货币经济也在向城市及农村渗透。因此，农村及其他行业也开始设立寺子屋。寺子屋的规模大小不一，一般从 20 人到 50 人，江户、大阪等大城市中有的达到 100 人以上，至少有 5

① 帕森著、刘焜辉等译:《日本的现代化与教育》，幼狮文化事业公司 1973 年，第 16 页。

② 同上。

③ 石川谦:《日本庶民教育史》，1929 年。引自帕森著、刘焜辉等译《日本的现代化与教育》，幼狮文化事业公司 1973 年，第 16 页。

所超过了 300 人。[1] 寺子屋的教育内容并不统一，一般主要教授读、写、算（珠算和笔算）。所用的教材称“往来物”，町人阶层主要使用《商卖往来》，为农村及其他行业开设的寺子屋则使用《百姓往来》《农业往来》《番匠往来》等教材。往来物的种类非常之多，据日本学者石川松太郎统计，到幕末多达 7000 种[2]，包括地理教材、道德教训、实业知识等。寺子屋在性质上是民间教育机构，其经营和管理不受幕府或藩的限制，经营管理者和教师以及开设者大多数是农、工、商或医生等平民百姓，也有部分武士、神官和僧侣等。

乡校[3]是为农民子弟设立的教育机构。据统计，截至 1867 年，全国共有乡校 111 所，其中 1830—1867 年间开设 78 所，占总数的 70.2%。[4] 乡校的数量在幕末时期虽然显著增加了，但与同时期的寺子屋相比却要少得多。例如，1830—1867 年间新设寺子屋 6691 所，是新设乡校数的 85.8 倍。

乡校或由幕府及各藩直接设立，或由家老等藩中有能力的人或代官自费在其领地内设立，或由民间的有志之士出资设立。无论何种形式的乡校都要受到藩的监督。乡校的教育对象与藩校不同，只招收平民子弟入学，学生的入学年龄大体上是 7、8 岁。乡校主要教授日常生活所必需的读、写、算知识，通过讲解浅显的儒学伦理、讲释及读写法令布告等进行。其特点是重视道德教育，各藩的办学者企图通过乡校来“淳化社会风尚”，“革除平民中间的恶习弊风”。因此，教育重点是培养被统治者应有的心理与做法。由此可见，这种教育机构是当政者为了其自身的统治利益而设立的，并非为了农民自身的利益。

私塾是由学者在私宅设立的教授某一专门学问的设施。日本的私

---

① 小林哲也著、徐锡龄等译：《日本的教育》，人民教育出版社 1981 年，第 17—18 页。

② 原弘巳、井上专编著：《未来的教育学》，福村出版 1999 年，第 65 页。

③ 江户时代还有一类性质截然不同的乡校，即在大藩的支藩或家老的领地为武士子弟开设的学校，其教育内容是以该藩藩学为准的学问和武艺。这类学校名为乡校，实为小的藩校。

④ 帕森著、刘焜辉等译：《日本的现代化与教育》，幼狮文化事业公司 1973 年，第 16 页。

塾在德川中期以后开始发达起来。尤其到了幕府末期，随着学术的发展，各种学派不断涌现，许多学者自立门户，对好学的青年开放。私塾在这一时期有了很大的发展，有的甚至可以招收一千人以上的学生，其规模不亚于幕府直辖学校和藩校。据统计，1829 年日本全国共有私塾 437 所，1853 年有 1066 所，1867 年达到 1528 所。①

私塾的设置者，多半是不从事其他专门职业的民间学者，也有一部分是在幕府直辖学校或藩校从事教育工作的学者，他们利用业余时间开设私塾。私塾传授的内容因老师的专长和爱好而设，有儒学、国学、洋学和医学等。教学尊重学生个人的要求，不采取统一形式，各私塾的培养目标也不同。例如，绪方洪庵（1810—1863）于 1838 年在大阪开设的“适适斋”学塾，主要从事教育、著述，幕末和明治初期许多志士，大村益次郎、桥本左内、福泽喻吉等都出于其门下②；石田梅岩的弟子手岛堵庵在京都开设的“名伦舍”培养工商业者，吉田松阴在长州开设的“松下村塾”多出维新志士。私塾的招收对象比较灵活，凡愿入学者不问身份和出身，一概招收，但绝不强制，全凭自愿。学生的年龄一般都比较大。但由于私塾授课内容的专业性，决定了只有具备一定知识基础的人方能入学，而在当时的日本社会中，能够接受良好教育的主要是武士阶级，因此塾生大多数是武士。如佐久间象山在 1848 年以后开设的两所军事科学方面的洋学塾中，1849—1854 年的 6 年间共招收塾生 434 名，其中武士 360 名，浪人等 4 名，神官 1 名，庶民 5 名，身份不明者 64 名③，武士所占比例高达 83%。因此，可将各类私塾教育也归为对统治阶级实施教育的机构。

幕末时期发达的教育为日本近代教育的发展奠定了基础。首先，幕末的教育体制为明治维新后日本近代教育的发展提供了组织基础和人

① 帕森著、刘焜辉等译：《日本的现代化与教育》，幼狮文化事业公司 1973 年，第 23 页。

② 吴廷璆主编：《日本史》，南开大学出版社 1994 年，第 296 页。

③ 坂本保富：《幕府末期军事科学系洋学塾的实态——从〈订正及门录〉看象山塾的入门者》，铃木博雄编著《日本教育史研究》，第一法规出版株式会社 1993 年，第 128 页。

才储备：幕府直辖学校在明治维新后发展成为近代高等教育机构，明治政府1877年建立的第一所大学——东京大学，便是由原幕府直辖学校昌平坂学问所、开成所、医学所合并而成的；藩校是近代中学的基础，大多数藩校在明治维新后发展成为中学或专科学校；寺子屋是在平民中间发展起来的初等教育设施，明治维新后，许多寺子屋被直接改编成近代小学。而且，数量庞大的寺子屋教育造就了一大批初等教育工作者，在明治政府颁布《学制》设置师范学校、培养近代师资之前，寺子屋的教师填补了这一空白；私塾在日本教育史上也占有重要地位，它为日本近代高等教育的发展奠定了基础，明治维新后成立的高等专门学校，很多是在私塾的基础上发展起来的，如福泽喻吉在江户设立的庆应义塾，后来发展为庆应大学。可以说，幕府末期的教育遗产，既为近代教育准备了硬件（校舍等），也为近代教育提供了可供利用的软件（师资、管理经验等）。

其次，幕末教育为日本近代教育的发展提供了数量上的保障。前文已经列出了截至1867年各级教育机构的数量：相当于高等教育机构的幕府直辖学校21所，相当于高等专门学校的私塾1528所，相当于中等教育机构的藩校219所，相当于小学的寺子屋10299所。而在"学制"颁布实施6年后的1878年，大学仅1所，专科学校及外语学校共84所，中等教育的中学、职业学校、师范学校共694所，小学共26584所。[①] 也就是说，虽然在小学及包括师范学校在内的中等教育的数量上，幕末时期的教育组织机构数量不及后来的近代教育机构，但在各级教育机构的总量上，两者大体相当。幕末时期日本教育的发达由此可见一斑。

幕府末期教育之所以如此发达，原因在于日本社会上下对教育的普遍重视。这种对教育的重视是逐渐形成的。幕府时代，地方行政的最小单位是"五人组"，对于上级命令要采取连带责任加以服从。每组设一组长，组长有责任让其辖区内的每一个人明白上级的指示。为了完成这一

① 森秀夫：《日本教育制度史》，学艺图书株式会社1991年，第32页。

任务,组长大多让辖区内的家属依次朗读告示,这就要求每个人都要具有一定的阅读能力。1726(享保十一)年,将军德川吉宗下令一般老百姓都要能够阅读《五人组帐》,而且这一规矩一直延续下来。[①] 各藩也为了强化社会道德风气而重视教育。例如,冈山藩主池田光政担心藩内领民因不学而不明人伦,故而于1668(宽文8)年在领内123个村中每村设立一所"手习所"(相当于公立平民学校的初等教育机构),让领内庶民接受读书、习字的教育。[②] 幕府及各藩采取上述措施的目的仅仅是为了加强对人民的统治,但它客观上使一般民众都具有了一定的读写能力。据不完全统计,幕府末期男子的识字率为40—50%,女子为15%。[③] 另据日本学者统计,1853—1867年入寺子屋、藩校、乡学、私塾接受教育的人数达到113万余人[④],而刚开始实施新学制的1873年入学人数为133万余人。[⑤] 在幕府末期,许多国民都能从基础教育开始,按部就班,依次进入较高的教育阶段,一般国民已经养成了有规律的学习经验,对现代教育很有规律的学习有了心理准备。这种心理准备以及对教育之必要性的普遍认可,既与幕府末期日本教育的发达互为因果,同时也为明治维新后近代强制性教育的推广普及打下了潜在的社会基础。

(三) 幕末教育中的三重因素分析

1. 幕末日本教育的"封建性"特征

幕府末期的日本仍然处于封建社会,因此,其教育也必然具有封建教育的特征,主要包括以下五个方面:

第一,教育行政的分散性。幕末时期,日本各类教育机构的行政所属各不相同:幕府直辖学校由德川幕府在江户或其直辖领地内设立、管

---

① 帕森著、刘焜辉等译:《日本的现代化与教育》,幼狮文化事业公司1973年,第43页。

② 尾形裕康:《日本教育通史研究》,早稻田大学出版部1980年,第147页。

③ 王桂编著:《日本教育史》,吉林教育出版社1987年,第85页。

④ 根据帕森著、刘焜辉等译:《日本的现代化与教育》,幼狮文化事业公司1973年,第39页计算。

⑤ 同上书,第40页。

辖;藩校由各藩独立设置、运营;乡校的设立者不一,但均受其所在藩的监督;私塾由个人设立;寺子屋也基本上由个人设立。作为中央政府的幕府,在大部分时间内没有对全国的教育发展进行调查(除后述的1862年"文久学制改革"之外),也无意于制定详细的教育改革计划;既没有统一的中央教育行政管理机构、不对各类学校进行统一的行政管理,也没有统一的教师制度、统一的教学课程及教科书要求。该时期的教育行政,具有封建教育的普遍特征,即分散性和各自为政。

第二,教育机构的等级性。幕府时代,日本政府将全体国民严格划分为士、农、工、商四个等级,各个等级的权利义务迥然不同、截然分离。因此,教育领域也随之明显带有阶级等级色彩,即幕府直辖学校、藩校、私塾、学习院专为统治阶级设立,而不允许平民入学。例如,幕府直辖学校的昌平坂学问所1793(宽政5)年的"学规"中明确规定:"僧徒、商工、乐伎……禁止入学。商工业者中,仅限于抛弃本业而笃志于学者,允许其列于学生之末入学","1797年改革学制,……只允许幕臣及其子弟入学。"[①]藩校在初期也不允许平民入学,幕府末年虽开始允许一般庶民入学,但234所藩校中仍有89所藩校明确禁止庶民入学。[②] 私塾的招收对象原则上不问身份,但如前所述,基本上仍是居统治地位的士族占多数。学习院的招生对象严格地限制为皇族。乡校、寺子屋则是平民教育机构,主要为农、工、商阶层的子弟开设,培养普通民众。可见,幕府末期的各类学校教育机构具有明显的阶级性,以便为封建等级社会培养各级人才。

第三,教育内容的非科学性。整个德川幕府时期,儒学,尤其是朱子学成为占统治地位的意识形态,"朱子学也必然成为教育的灵魂和基本内容,贯彻于江户时代教育的各个方面"[③]。及至幕末时期,统治阶级的教育机构仍然主要教授人文、经典,例如,幕府直辖学校的代表昌平坂学

① 尾形裕康:《日本教育通史研究》,早稻田大学出版部1980年,第142、143页。
② 帕森著,刘焜辉等译:《日本的现代化与教育》,幼狮文化事业公司1973年版,第23页。
③ 杨孔炽:《日本教育现代化的历史基础》,福建教育出版社1998年,第64页。

问所，一直以四书、五经、三礼、《左传》《史记》、诗文等为主要教学内容；各藩校的教学内容最初大多效仿幕府直辖学校教授儒学，幕末虽然加入了洋学内容（详见后述），但仍以经、史、诗文等为主；私塾传授的内容可以分为儒学、国学、洋学、医学等，其中有专门教授儒学、国学内容的私塾；学习院的主要教学内容是儒学经典及皇学讲义。平民教育机构则主要教授简单生活实用内容，例如，乡校主要教授法令布告的讲释与读写、算盘等；寺子屋主要教授与町人的商业及生活有关的读、写、算等，具有实用性的特点。可见，无论是统治阶级的教育机构，还是面向平民的教育机构，其教育的主体内容均具有非科学性的特征。

第四，教育方法的个别性。幕府末期的各类学校主要还是采取个别授课的方式，尚没有出现统一的班级授课制。例如，直辖学校的昌平坂学问所将教学过程分为三个步骤：一是“素读”，即用汉音诵读经典原文，只念指定的教科书而不讲解；二是“讲解”，即按长期学习计划讲解指定的经学教科书；三是“会读”（阅读后集体讨论）和“轮讲”，即集体讨论，进行专门的自由研究。藩校也基本上主要采用“素读”与讲解的教学方法：朗读传授经书的章句，采取个别教学的方式。

第五，教育普及程度的不平衡性。幕府末期的教育存在两方面的不平衡性：一是各地区间的差异。关东、近畿等发达地区的大多数儿童都能够就学，江户平民1848—1860年之间的就学率约为86%①，“江户的小商店店主以上家庭的子弟几乎全都入了寺子屋”②；京都和大阪等大城市的入学率也很高。经济不发达地区或偏远地区的教育普及程度则较低，东北、九州等地的平均就学率仅为25%左右。③ 二是男女受教育程

① 乙竹岩造：《日本庶民教育史》，东京1929年。引自帕森著，刘焜辉等译《日本的现代化与教育》幼狮文化事业公司1973年版，第40页。

② 海后胜雄、广冈亮藏：《近代教育史》，东京1951年。引自帕森著，刘焜辉等译《日本的现代化与教育》幼狮文化事业公司1973年版，第40页。

③ 乙竹岩造：《日本庶民教育史》，东京1929年。引自帕森著，刘焜辉等译《日本的现代化与教育》幼狮文化事业公司1973年版，第41页。

度的差别。虽然日本封建时代女子受教育的程度相对较高①,但幕府末期女子的教育普及程度远不如男子。据估算,幕末日本女子的就学率仅为男子的39%,其中以关东的42%为最高,东北只有5%。②

上述幕末教育的"封建性"主体特征,是由该时期的封建社会性质本身所决定的。但与此同时,该时期作为近代日本的前夜,又必然具有某些"近代性"因素,教育领域也不例外。

2. 幕末教育中的"近代"因素

在幕府末期,日本教育具有封建性主体特征的同时,也孕育了如下几方面的"近代"因素。

第一,开始了中央统一教育行政的发端。幕府末期,幕府或各藩大多将文教改革作为整个幕政或藩政改革的一部分,也专门进行过一次学制改革,史称"文久学制改革"。此次改革的策划者是当时的幕府老中久世广周和安藤信正。1862(文久2)年11月,幕府新设学问所奉行,任命田中藩主本多正讷和高锅藩主秋月种殷之弟秋月种树为负责人,作为幕府文教行政的最高责任人,从而打破了世袭的林家大学头为幕府教育最高责任者的传统。1863(文久3)年,幕府计划在全国设数十所小学,为此首先任命了19名教育官员,其中包括学问所奉行、大学头及数十名幕府直辖学校的教师。③ 虽然此次改革于1864年中止而未付诸实施,但它显示了中央政府实行统一教育行政的开端。

第二,出现了超越世袭身份制的倾向。幕府末期,町人阶层的崛起以及武士阶级的日益贫困,使原有的四民等级制度开始有所松动。教育领域也出现了超越身份制的倾向,有的藩校开始允许一般庶民进入藩校就读,据统计,在幕末调查的234所藩校中,有120所允许平民入学。④

① 据统计,江户时代出版的有关女子礼仪、教养、道德等基本观念与知识的书籍达260种。见尾形裕康著《日本教育通史研究》,早稻田大学出版部1980年,第158页。

② 乙竹岩造:《日本庶民教育史》,东京1929年。引自帕森著,刘焜辉、洪祖显译《日本的现代化与教育》,幼狮文化事业公司1973年版,第42页。

③ 堀松武一等编:《日本教育史》,国土社1985年,第85页。

④ 帕森著,刘焜辉等译:《日本的现代化与教育》,幼狮文化事业公司1973年,第23页。

此外，教育领域也出现了抛开世袭身份等级制度、实施能力主义的教学评价方式。例如，绪方洪庵在大阪开设的兰学塾(始设于 1838 年)，便每月给学生判定一个成绩，根据成绩排座次，连续三个月都坐在主席位置的便可晋升一级；学生在塾内的住宿起居也根据座席次序而定。上述招生对象的非阶层化、教学方式的非身份化，都突破了封建教育严格的阶级制度，体现出一种教育机会均等、能力本位的近代意义。

第三，科学性的教育内容有所增加。幕府末期，统治阶级的教育机构中西方科学课程的比重增大。幕府直辖学校之一的“开成所”①，聘请当时一流的洋学家西周、加藤弘之等人任教，最初讲读兰学书籍，1860 年至 1862 年相继开设英学、法学、德学、化学、器械、绘画、数学等科目，1864 年增设荷兰学、俄罗斯学、天文学、地理学、数学、物产学等；其他幕府直辖学校如“医学所”②“陆军所”“海军传习所”“英语传习所”(1858 年)、“语学所”(1863 年)等也分别传授相应的西方实用科学知识。据统计，在 21 所幕府直辖学校中，有半数教授洋学③。藩校也新增了医学、算术、洋学、天文学等课程。幕末时期有 70 余所藩校设置了语言学、医学、兵学等西洋学科，有的藩专门设立军事藩校、洋学藩校、医学藩校等。④据统计，1868 年日本全国有藩校 240 所，教学科目中设有“数学”者 141 所，有“洋学”者 77 所，有“医学”者 68 所，有“天文学”者 5 所。理科课程所占比重，1800 年占 15％左右，1853 年增至 35％。⑤ 幕末时期，更有为数不少的专门讲授洋学知识内容的私塾。可见，幕末时期的日本教育已

---

① “开成所”前身是幕府很早设立的“天文方”，主要负责天文历道、制作地图、翻译洋书、调查国外情况以及处理外交事务等。1856 年，幕府将“天文方”改组成洋学的中心机构“蕃书调所”，1862 年改称“洋书调所”，1863 年改称“开成所”，既是洋学教育机构，又是研究西洋学术的中心。

② “医学所”的前身是伊东玄朴、箕作阮甫等人 1858 年设立的种痘所，1860 年为幕府接管，1861 年改组成拥有教学、解剖、种痘三科的教育机构“西洋医学所”，1863 改称“医学所”，是幕府末期与“开成所”齐名的洋学机构。

③ 梁忠义：《日本教育发展战略》，吉林教育出版社 1993 年，第 20 页。

④ 尾形裕康：《日本教育通史研究》，早稻田大学出版部 1980 年，第 145 页。

⑤ 汤浅光朝：《科学史》，东洋经济新报社 1965 年，第 36—37 页。

经具有一定程度的近代实用性和科学性内容。

第四，出现班级授课制的雏形。幕末时期，昌平坂学问所由于放宽和降低了招生对象的入学年龄（由14、15岁降到8岁），学生人数增加，因此在组织形式和授课方式上有所改变，也采取了编班和共同授课的教学方式。藩校授课已不仅局限于学生听讲解，而是要评定学生的学业进步程度，并据此划分等级，并为各个等级制定了课程表。私塾也根据其学生人数的增加、水平的不同而开始出现编班授课的现象。例如，绪方洪庵在大阪的兰学塾在对学生进行能力评价后，便将学生根据其能力分成1—9等及等外10级，初学者编在等外班，由高一级的学生教授语法及文章的写作基础，然后参加“会读”兰学书籍。这种授课方式体现了近代教育的计划性、组织性。

幕末教育中的上述近代因素，孕育为日后近代教育体制的种子，“新教育制度的轮廓在传统中业已逐渐形成”①。

3. 幕末教育中的“武育”传统

德川时代，统治者尤其注重对武士阶级进行“武育”，颇为重视武艺、武学。早在1615年，德川幕府以第二代将军德川秀忠名义发布的“元和令”（后几经各代幕府将军修改重颁，被称为“武家诸法度”，共13条）第1条便规定：“文武弓马之道，应专于相嗜。文左武右古之法也，应予兼备。”②然而，第四代将军德川家纲曾一度采取文治主义，第五代将军德川纲吉则完全贯彻了儒教主义的教化方针，③导致武士间出现文弱之风。此后，德川吉宗在推行享保改革之际，着力于奖励武艺、刷新士风、培养尚武精神；在此后的宽政改革、天保改革过程中，幕府也都致力于奖励文武两道，振奋士风。

“武育”在幕府直辖学校、各藩校等统治阶级的教育机构中也颇受重

① 帕森著，刘焜辉、洪祖显译：《日本的现代化与教育》，幼狮文化事业公司1973年版，第59—60页。

② 加藤仁平等编：《新日本教育史》，协同出版株式会社1961年，第80页。

③ 尾形裕康：《日本教育通史研究》，早稻田大学出版部1980年，第128页。

视。幕府直辖学校的最高学府昌平坂学问所便设有跑马场。① 各藩校则大都设有跑马场、射箭场、游泳场等，在讲授“四书五经”的同时，讲授武艺，大多数藩校上午讲授课程知识，下午传授武艺，将文武两方面的教育有机结合起来。幕府末期，各藩为了在全藩范围内培养和选拔能够主持藩政改革的人才，制定了“文武课业法”，规定藩士有义务入藩校学习，并根据藩士的俸禄详细规定了每月必须入学的天数、应学习的文武内容等，规定不能完成藩校规定的文武课业者，将影响到就任或升职，有的还要削减其俸禄。

“武育”也实施于武士的家庭教育。武家子弟不仅在学校教育机构接受文武两道之教育，在其成长的家庭中也接受、传授同样的教育。例如，日本近代军政两界的主要人物之一山县有朋便“作为长州藩下级士族山县有稔之长子，……自幼从父学习经史、和歌，从师学习击剑、柔术、枪术，尤其枪术是获得真传的本领。”②山县有朋后来在其《军备意见书》(1871 年 12 月)中开篇即指出：“……我邦从前……无文武之别……”。③

“武育”还影响到平民阶级的教育机构。寺子屋作为平民教育机构的主体之一，在江户时代开始成为独立的民间性质教育机构时，其开设者中便有武士，④其经营管理者、授课教师、开设者虽然绝大多数是农、工、商或医生等平民百姓，但是也有武士经营寺子屋。武士开设平民教育机构，便必然将武家色彩带入教育内容及管理方式中。

幕末时期的学校论中也将“武育”作为学校教育的重要组成部分。例如，佐藤信渊在其《垂统秘录》(1833 年口述)中所论学校制度，主张小学成绩优秀者继续学习学问、武艺。⑤ 帆足万里在其《东潜夫论》(1844 年)中主张在江户附近设立大学，该大学开设的四类主要课程便包括“兵

① 田中克佳编著：《教育史——从古代到现代的西洋与日本概说》，川岛书店 1987 年，第 213 页。
② 大山梓编：《山县有朋意见书》，原书房 1966 年，“题解”第 1 页。
③ 同上书，第 43 页。
④ 尾形裕康：《日本教育通史研究》，早稻田大学出版部 1980 年，第 150—151 页。
⑤《岩波讲座 现代教育学 5 日本近代教育史》，岩波书店 1962 年，第 19—20 页。

学、武艺”(其余两类为汉学、史学)。

日本著名教育史研究者海后宗臣在东京审判的证词(1946 年 6 月 18 日)中指出:“我认为要谈日本的军事教育,必须回顾一下历史。历史地来看,日本在 80 年前为武家时代,……其间所实施的教育以培养武士为根本,因此不得不说整体上具有军事教育的色彩。明治以后的整个教育也继承了武家时代的各种传统,一般可以说是军事性的。”①

幕府末期,日本在西方列强的坚船利炮威吓下被迫开国,这促使日本朝野关注并重视西方军事的发展。幕府曾经令 1862 年的赴欧使节团“要特别用心调查各国政事、学校、军政”。② 1867 年,加藤弘之(时任开成所教授)将德国人普洛克 1862 年出版的著作中的图、表翻译成《西洋各国盛衰强弱一览表》,其中第五表详细列出了西方主要国家的年度收入・支出、陆军及海军军费、军费在年度总支出中所占比例,并特别指出:“陆海二军之费用,为年度支出之一部分,为诸费用中最重大者,特列举之。”③

在此前后,幕府及各藩积极地采取了近代军事改革措施。幕府 1842 年起用幕府官吏江川英龙推行西式军事改革,1853 年至 1867 年陆续建立了拥有近代设备的江户大筒铸立场(铸炮场)、浦贺造船所、石川岛造船所、关口大炮制作所、江户泷野川火药制造所等军事工业基地。各藩也纷纷发展西式军事,1851—1862 年间,各藩共建造反射炉 28 座、筑炮约 360 余门。④ 1864 年 12 月,高杉晋作、伊藤博文、木户孝允掌握了长州藩藩政后,启用精通西方军事的大村益次郎改革军制:一律更换新式兵器;解散旧式军队,编成近代步炮兵,大名与藩士的家臣兵卒都脱籍参加,并吸收农商出身的青年接受新式军事训练。⑤

① 国民教育研究所编著:《战后教育原典③ 东京审判・教育证言记录》,现代史出版会 1975 年,第 96 页。

② 堀松武一等编:《日本教育史》,国土社 1985 年,第 85 页。

③ 田中彰、宫地正人校注:《日本近代思想大系 13 历史认识》,岩波书店 1996 年,第 69 页。

④ 引自赵德宇《西学东渐与中日两国的对应》,世界知识出版社 2001 年,第 243 页。

⑤ 吴廷璆主编:《日本史》,南开大学出版社 1994 年,第 333 页。

上述西式军事改革要求各类教育机构大力培养精通西方军事的人才，因而使“兵学”不断发展。幕府首先颇为重视西式军事教育。早在1841年，幕府官吏江川英龙便开始教授西洋军事，其门人来自30余藩，其中包括佐久间象山、木户孝允等日后明治维新时期的重要人物。幕府1854年开办西式陆军军官学校的讲武所(陆军所)，1855年在长崎设立“海军传习所”，1857年开办军舰操练所。其中，“海军传习所”学员由幕府及各藩指派，总计129人；讲习内容包括数学、测量学、机械学、造船航海技术、炮术、地理、历史及实际应用演习；幕府海军将领胜海舟、榎本武扬等均毕业于该传习所。幕府1862年派遣使节团赴欧洲时曾要求使节团购买“文武学校规则之书”。①

各藩也重视“兵学”，并将其与本藩的军事改革结合起来。萨摩藩早在天保改革(1830—1843年)时期便开始采用西式兵学制造大炮和火药、设置炮台，岛津齐彬继任藩主后，更热心于搜集、翻译有关炮术、造船的西方书籍。福井藩1855年设立“洋书习学所”，吸纳志愿学习洋学者学习“兵法、器械术、物产、水利、耕织”等。佐贺藩1854年设立“精炼方”，研究以铸造大炮为主的西洋炮术。长州藩曾设“西洋学所”研究兵学。②幕末时期，70余所藩校开设的西洋学科中便包括兵学，有的藩专门设立了军事藩校。③

幕府末期，“(洋学)转变为以研究西方军事科学为主”④。1854—1868年间，有关军事科学的译著达262种。⑤ 各类洋学塾更起到了培养西方军事人才的作用。佐久间象山于1848(嘉永元)年以后开设了两所

---

① 堀松武一等编：《日本教育史》，国土社1985年，第85页。

② 笠井助治：《近世藩校综合研究》，引自三好信浩编《日本教育史》，福村出版1993年，第89页。

③ 尾形裕康：《日本教育通史研究》，早稻田大学出版部1980年，第145页。

④ 赵德宇：《西学东渐与中日两国的对应》，世界知识出版社2001年，第238页。

⑤ 佐藤昌介：《国际环境与洋学的军事科学化》，载中山茂编《幕末的洋学》，密涅瓦书房1984年，第38页。引自赵德宇著：《西学东渐与中日两国的对应》，世界知识出版社2001年，第240页。

军事科学方面的洋学塾。伊东玄朴在江户开设的象先堂，培养出了日本海军创始人之一的肥田滨五郎。绪方洪庵(1810—1863)在大阪开设的适塾(1838 年)也培养出了诸多具有西方科学和思想的军事家，包括日本陆军创始人、明治政府兵部大辅大村益次郎，以及陆军西化指导者大鸟圭介等。[①]

幕末时期日本的"武育"传统、西方"兵学"的发展，成为近代日本军国主义教育发展的土壤。

总之，日本幕末教育的封建性特征、近代性因素以及武育传统，都作为前近代教育的组成部分，成为日本近现代教育政策的基础与源流。

二、近代教育的原点——"学制"前的教育政策

学界追溯日本近代教育的开端，一般将目光投向 1872 年颁布的"学制"[②]。"学制"确立了日本近代国家发展教育的基本方针，实际指导了日本近代初年的教育发展，其中宣示的"个人本位""机会均等""普及教育""实用内容"等教育理念，均为近代资本主义教育的根本原则。[③] 此外，众所周知，日本的近代教育，不仅具备上述近代资本主义教育的普遍原则，同时也具有"军国主义""皇国主义"这两大显著特征，而且正是因为后两者，日本才走向了穷兵黩武的歧途，致使其近代资本主义成果毁于一旦。

然而，"军国""皇国"的内容，却只字未见于"学制"，于是，我们不得不重新审视日本近代教育的"起点"，从"学制"之前(1868—1872 年)的教

---

① 伴忠康：《围绕适塾的人们》，创元社 1988 年，第 88 页。引自赵德宇《西学东渐与中日两国的对应》，世界知识出版社 2001 年，第 238 页。

② "学制"为日本近代初期(1872—1879 年)教育政策的统称，包括三部分内容：(1)"学制布告"(1872 年 9 月 4 日)，确立了新教育的根本原则；(2)《学制》(1872 年 9 月 5 日)，共 109 章，分为"大中小学区""学校""教员""学生及考试""海外留学生规则""学费"六部分，具体规定了学校制度、教育行政、教育内容与方法等内容；(3)《学制》追加，包括 1873 年公布的《学制二编 海外留学生规则 神官僧侣学校之事》(3 月 18 日)、《学制追加 贷费生规则》(4 月 17 日)、《学制二编追加》(4 月 28 日，有关外语、兽医、商业等专门学校的规定)。

③ 详见拙著《日本近现代教育史》，世界知识出版社 2010 年，第 28 页。

育发展中，去探索日本近代教育的三大“基因”。

（一）“皇道主义”的教育政策

明治维新是打着“王政复古”的旗号进行并取得胜利的，因此，新建立的明治政府也颇具“尊皇”色彩，教育政策也不例外。1868 年 4 月，明治天皇率领公卿诸侯在紫宸殿祭祀天地神祇，宣布了明治新政府的“纲领”和“施政方针”《五条誓文》，其中有关教育的第五条为：“求知识于世界，大振皇基”[①]，即为日本近代教育发展的总方针，显然，“求知识于世界”为途径与方法，而“大振皇基”才是教育的宗旨与目的。

该时期，具体的教育政策与教育实践中也体现着“皇道主义”特征。1868 年 3 月，明治政府在京都设置“学校掛”（学校主管），任命宣扬“皇道主义”的玉松操、平田铁胤、矢野玄道等国学者为“学校取调”（学校调查员）；“学校掛”于同年 4 月提出了复古色彩的《学舍制》，建议恢复《大宝律令》中的大学寮。

1868 年 4 月，国学者们提出的《学舍制》中，所列学舍设施之首即为“皇祖天神社”，并要求“于寮中奉请，大学别当为其祭主，四时一次，由全体长官及学生仕奉祭祀”。[②] 寮内设立寮长一人，称“大学别当”或“大学总领”，由亲王担任，总判皇祖天神宫祭祀等寮内事务；设置“大学头”一人，由公卿担任，执掌与别当相同。[③] 案中建议的教学机构为“五宇七局”[④]，其中之首为“本教学一宇二局”，“由大学博士以下管辖之，上奉神圣之大道，教授学生修身齐家及显幽二分之徽旨、天地之大义。”所授之五科之首为“神典”“皇籍”（其余为“杂史”“地志”“经传”）。[⑤] 以古代的大学寮为基础，设置学黉五宇七局；该计划改变了以往重视明经之道的传

① 教育史编纂会编修：《明治以后教育制度发展史》第 1 卷，龙吟社 1938 年，第 86 页。

② 同上书，第 88 页。

③ 同上书，第 88 页。

④ “五宇七局”包括：本教学一宇二局、经世学一宇、辞章学一宇、方技学一宇、外蕃学一宇。教育史编纂会编修：《明治以后教育制度发展史》第 1 卷，龙吟社 1938 年，第 89—92 页。

⑤ 教育史编纂会编修：《明治以后教育制度发展史》第 1 卷，龙吟社 1938 年，第 89—90 页。

统，而是将神典、皇籍等列为首要内容；同时一改《大宝律令》(701 年)以后官立学寮祭奠孔子的惯例，建议祭祀皇祖天神社。1868 年 9 月，日本政府下令在京都设立皇学所和汉学所①，两学所的规则中规定"汉土西洋之学，共为皇道之羽翼"②，"皇道"居于核心地位；皇学所内还设有"皇祖天神大宫"，用来合祭天照大神等 31 个神位。

继而，1869 年 8 月，明治政府设立"大学校"，以国学、汉学为主导的昌平学校为本校，而近代意义的开成学校、医学校为分局。1870 年 8 月，由于国学与汉学之争，政府关闭了两者的"大本营"——大学本校。另外，1869 年 8 月，明治政府设立"大学校"，其总原则为："盖神典国典之要，在尊皇道、辨国体。即可谓皇国之目的、学者之先务"。③ 可见具有近代意义的大学校虽然综合各学派之所长，但仍以"皇道"为核心；同年 9 月，大学校举行祭奠活动"学神祭"时，专门祭拜皇祖大神等日本诸神。

社会教化领域也体现着"皇道主义"特征。明治政府颇为重视有关天皇的节日，如 1868 年 10 月创设祝贺天皇生日的"天长节"，并恢复或创设了新尝祭、元始祭、神武天皇祭等，意在国民日常生活中加强天皇的影响力。继而，从 1870 年 2 月开始在全国开展"大教宣布运动"，旨在向地方民众普及皇道思想，提高天皇权威。同月，神祇省为此发布了《大教宣布诏书》，其内容为："朕恭惟天神、天祖立极垂统，列皇承之述之，祭政一致、亿兆同心，治教明于上、美风俗于下。而中世以后，时有污隆、道有显晦矣。今也天运循环、百度维新，宜明治教以宣扬惟神之大道也，因新命宣教使布教天下，汝群臣庶众体其斯旨。"④政府向全国各府藩县派遣了宣教使，同年 5 月的《宣教使须知》中明确要求："真正昭明皇祖之大道，尊信皇祖之大教，生死不惑依赖神明，敬慎我之言行，志愿以身为天

---

① 汉学所于 1868 年 9 月 18 日开讲，皇学所于 12 月 14 日开讲；1869 年 9 月 2 日，皇学所、汉学所关闭。

② 教育史编纂会编修：《明治以后教育制度发展史》第 1 卷，龙吟社 1938 年，第 95—96 页。

③ 同上书，第 117 页。

④ 同上书，第 137 页。

下众庶之先导，为紧要之第一义也。”[1]1872年4月，明治政府发布《三条教宪》，内容为：“一，体敬神爱国之旨；二，明天理人道；三，奉戴皇上、遵守朝旨。”[2]

在学校教育领域，以1870年8月“大学本校”的关闭为标志，“复古主义”不再居于教育政策的主导地位，但也并未彻底消失，而是表现为天皇对教育事务的参与。例如，天皇于1871年10月、1872年4、5月曾召见大学东校及南校的外籍教师，并视察大学东校及南校。此外，1868年4月，新政府下令恢复位于京都的皇族教育机构学习院（始建于1847年），同年5月，政府下令将学习院改为大学寮代，即试图以学习院代替大学，实施大学教育。[3]

可见，《学制》之前，日本政府实施了以“皇道”为教育最终目的与核心内容、且试图将其“神”化的“皇道主义”教育政策。日本学者也指出：“明治教育史的初期，存在过皇道主义教育的时期。这一事实具有不可等闲视之的重要性。”[4]“（明治）维新后不久，也有一个皇国思想支配教育的时期，它成为后来国教主义、国家主义教育思想的源流。”[5]

（二）“富国强兵”的教育发展

明治初年，无论是日本政要的政策建议，还是政府公布实施的教育施策，均将教育与“富国”紧密地联系在一起。

1868年12月，时任明治政府副总裁[6]的岩仓具视提出《关于制度的意见书》，其中建议“调查研究学制之事”，称“皇国前途之根本在于兹，是

---

① 教育史编纂会编修：《明治以后教育制度发展史》第1卷，龙吟社1938年，第154页。

② 神田修、山住正己编：《史料 日本的教育》，学阳书房1986年，第14页。

③ 教育史编纂会编修：《明治以后教育制度发展史》第1卷，龙吟社1938年，第92页。

④ 玉城肇：《明治教育史》，季节社1949年，第4页。

⑤ 武田清子、中内敏夫：《天皇制教育的体制化》，载《岩波讲座 现代教育学5日本近代教育史》，岩波书店1962年，第65页。

⑥ 明治政府于1868年1月设立总裁1人（有栖川宫炽仁亲王）统领政府事务，同年2月设置总裁局，任命岩仓具视、三条实美任副总裁，辅佐总裁。

为最大之事也"①。1870 年 3 月,岩仓向太政官会议提交的《建国策》中强调:"引导国家走向文明和富强,在于开发国民之智慧。欲天下无不学之人,非一朝可就之事。如今再不实施,则悔之晚矣。"②1871 年 8 月的《昭明国体确立政体意见书》中指出:"国之富强安康者,全系于人智之明与不明。故今日尤应下手之急务,无甚于是也。"③

1868 年 12 月,"维新三杰"之一、时任政府参与④的木户孝允向政府提出《振兴普通教育建议案》,其中写道:"国之富强本在于人民之富强,一般人民尚不能脱离无识贫弱之境时,则王政维新之美名终属空名,对峙世界富强各国之目的亦必失其实。故期一般人民之知识进步,取舍文明各国之规则,逐渐在全国振兴学校,大力普及教育,乃当今一大急务。"⑤木户孝允随岩仓使节团出访途中,于 1871 年 12 月致信文部官僚杉山孝敏谈道:"国家久安之长策,唯贤才是举。……欲人才千古不尽,唯教育耳。吾今日之国民,与欧美诸洲之人之异,唯学与不学也。"⑥木户参观美国的学校后在其日记中写道:"实现我国真正之开化,启迪人民之智慧,保持国家之独立,最难者乃人才一事。故当务之急是先建学校。"⑦

1869 年 2 月,时任兵库县知事、后任明治政府第一任内阁首相的依藤博文向明治政府提出《国是纲目》(六条),其中第五条即针对教育问题:"今乃我皇国一洗数百年沿习之旧弊、开天下耳目之千载难逢之机。当此时机,倘不速使人人广受世界有用之学业,则终将使人人陷于无耳目之末俗。故此次不可不新设大学校,改变旧有之学风。应将大学校设于东西两京,府藩县至郡村设小学校,奉各大学之规则,无论都城偏僻,

---

① 香川敬三编:《岩仓公实记》中卷,岩仓公旧迹保存会刊 1972 年,第 602—603 页。
② 同上书,第 835 页。
③ 日本史籍协会编:《岩仓具视关系文书 一》,东京大学出版会 1983 年复刻板,第 360 页。
④ 明治政府于 1868 年 1 月设立"三职":总裁(1 人)、参与(10 人)、议定(20 人)。
⑤ 山住正已编:《日本近代思想大系 6・教育的体系》,岩波书店 1996 年,第 3 页。
⑥ 日本史籍协会编:《木户孝允文书》第 4 卷,东京大学出版会 1971 年,第 320 页。
⑦ 日本史籍协会编:《木户孝允文书》第 2 卷,东京大学出版会 1967 年,第 126 页。

人人掌握知识。"①

政府的教育政策中也明确写着教育是为了国家。1869 年 6 月的"大学校"规则中写道:"学校乃讲斯道、广知识、成才德,以奏实用于天下国家者也。"②1872 年 2 月,文部卿大木乔任提交的《关于制定〈学制〉的上奏》中开头指出:"国家之所以富强安康,其源必在于世之文明、人才艺之大长进,是以学校之设(立)、教育之法,不可不得其道。依之,今欲定学制学则,淘汰无用之杂学,建立大、中、小学之制例,开文艺进长之方向。"③地方政府也认识到教育的作用,明治初年的京都府认为:"方今地方之务,莫急于立学校";筑摩县督促管内就学的《说谕》中言称:"夫,学校乃天下富强之基。……西洋各国之富,因在学校之盛。"④

上述教育建议及教育政策,表明教育对国家富强之重要性、政府发展教育事业之迫切性。与此同时,政府的教育政策中,也纳入了武育的内容,例如,1868 年 4 月的《学舍制》中所列"五宇七局"之二为"经世学二宇",所教授的内容为"礼仪、律令、武政及治国安民之要务"。⑤ 进而在政府的"强兵"⑥方针下,教育也与军事发展有着诸多的关联。

一是作为旧军人的武士参与到教育领域。明治维新后,政府将武士统称为"士族",明治初期共有士族(旗本、御家人、藩士及官侍、寺侍等)189.2 万人,约占当时日本总人口的 1/16。⑦ 明治初年,新教育领域几乎被士族所独占。例如,在赴海外留学人员中,1870 年被派往美、英、德等国的留学生全部为士族;1870 年 10 月派往德国学习医学的 7 人中,士族

① 山住正己编:《日本近代思想大系 6・教育的体系》,岩波书店年 1996 年,第 11—12 页。

② 教育史编纂会编修:《明治以后教育制度发展史》第 1 卷,龙吟社 1938 年,第 117 页。

③ 明治文化资料丛书刊行会编:《明治文化资料丛书 第 8 卷 教育篇》,风间书房 1961 年,第 23 页。

④ 宫原诚一:《教育史》,东洋经济新报社 1963 年,第 18、27 页。

⑤ 教育史编纂会编修:《明治以后教育制度发展史》第 1 卷,龙吟社 1938 年,第 90 页。

⑥ 明治政府 1869 年 8 月改革官制、设置 6 省,其中包括兵部省;1870 年 10 月宣布统一兵制,陆军采用法式、海军采用英式;1871 年 1 月颁布《征兵规则》;1872 年 4 月废除兵部省,设置陆军省、海军省。

⑦ 伊东多三郎:《日本封建制度史》,吉川弘文馆 1950 年,第 38 页。

占4人;同年12月5日派往美国学习法律的4人中,除1人身份不明外,其余3人均为士族。① 除留学外,政府还设立学校对士族进行教育,1870年7月,东京府下令利用芝增上寺地方内的源流院等原有寺院开办6所小学,以教育府内的士族。

二是重视"兵学"。1868年9月,明治政府在京都所设皇学所、汉学所的方针之一即为"禁虚文空论,宜着实修行,文武一致"。② 1869年6月的"大学校"规则中称:"汉土孝悌彝伦之教、治国平天下之道,西洋格物穷理、开化日新之学,亦皆斯道(皇道)之所在、学校之所宜讲究采择者也。且如兵学、医学,亦国之兴败、民之生死之所系,尤政务之当以为重者,虽外国之所长,亦当采之,以为吾国之所有,勿论而已。"③该规则规定大学校内下设三局,其中之一为兵学局,只是当时暂不开设,仅设军务官。④ 此外,学校教育中还加强了体操课,1872年4月在大学南校设置运动所,教授学生体操,周一至周六9点至9点半为体操课。⑤

三是设立专门的军事学校。1868年8月,明治政府在大阪伏见设立大阪兵学寮,教育内容有兵学、洋学、数学等,"日后士官学校之基础实成于此"。⑥ 1870年12月,大阪兵学寮改称陆军兵学寮;1869年10月,在筑地设立海军操练所(海军军校之源),该海军操练所于1870年12月改称海军兵学寮。

可见,在《学制》颁布实施之前,教育已经成为明治政府"富国强兵"的基本途径。

(三)"文明开化"的教育实践

首先,开始探索建立近代教育制度。1868年4月的《学舍制》中所列

① 福地重孝著:《士族与士族意识》,春秋社1967年,第163页。
② 教育史编纂会编修:《明治以后教育制度发展史》第1卷,龙吟社1938年,第95页。
③ 同上书,第117页。
④ 同上书,第117、118页。
⑤ 同上书,第202—203页。
⑥ 大山梓编:《山县有朋意见书》,原书房1966年,附录《陆军省沿革史》第31页。

"五宇"之最后一项为"外藩学",专门向学生教授"四海万国之形势时势及穷理、火技、航海、器械等",所分七科为"汉土、俄国、英国、法国、荷兰、印度、三韩(含琉球)"。①

1868年12月,明治政府任命洋学者箕作麟祥初步调查西方教育情况。1869年5月,明治政府启用箕作麟祥、神田孝平、森有礼、西周、津田真道、加藤弘之等洋学者,进一步研究欧美先进国家的教育制度。1870年3月,洋学者们制定《大学规则》及《中小学规则》,该规则废除按照国别编制课程的方式②,采用欧式科目编制方式,即规定大学分为教科(神教学、修身学)、法科、理科、医科、文科共五科;小学8—15岁,学习普通之学问,兼学大学专门五科之大意;中学16—22岁,课程与大学五科一致。③ 该课程设置以近代科学分科为基础,具备了近代学校课程设置的特点。④

未待《大学规则》与《中小学规则》全面实施,政府便于1871年12月任命洋学者占多数(58%)的12名"学制取调挂"负责起草《学制》,其中洋学者7名、国汉学者2名、另外3名为行政事务专家,开明主义学者成为教育决策的主体,1872年1月,《学制》草案基本完成,同年2月由文部卿大木乔任提交太政官,3月提交左院和正院审议,6月24日被太政官批准。《学制》由洋学者主持制定,以西方近代教育制度为主要内容,它的制定与实施标志着日本政府文明开化教育政策方针的确立。

其次,普及学校教育初步展开。在初等教育方面,1870年1月,中央太政官下令在东京府设立小学;1872年2月,文部省通知在东京府内设立6所共立小学、1所洋学校;1868年11月至1869年末,地方的京都府

① 教育史编纂会编修:《明治以后教育制度发展史》第1卷,龙吟社1938年,第91—92页。

② "国别编制方式"即分别为神典国典尊皇道、辨国体的学问;根据汉籍的孝悌彝伦之教、学习治国平天下之道的学问;根据西洋书籍研究格物穷理、开化日新之学的学科及兵学与医学。

③ 教育史编纂会编修:《明治以后教育制度发展史》第1卷,龙吟社1938年,第140—142页。

④ 玉城肇:《明治教育史》,季节社1949年,第14页。

在其府内共设立 64 所小学；①1871 年，大阪府设置 2 所小学。在中等教育方面，1868 年 5 月，新政府将长崎奉行设立的洋学所“济美馆”改称“广运馆”（该馆 1872 年 8 月成为第六大学区第一中学）；1869 年 6 月，福井藩将藩校“明道馆”改称“明新馆”，允许平民入学（1874 年 4 月改称福井明新中学）；1870 年 8 月，东京府在骏河台创立中学；1870 年 10 月，京都府创立中学，1871 年 1 月将原来的“大学校代”改编为中学（后来的京都府第一中学）。在高等教育方面，1868 年 8 月、10 月，明治政府先后将旧幕府的医学所、昌平黉及开成所分别改组为医学校、昌平学校、开成学校，1869 年 8 月以昌平学校为中心、开成学校与医学校为分局，将三校统称为“大学校”。1870 年 1 月进一步改革，“大学校”改称“大学”（通称“大学本校”），开成学校改称大学南校，医学校改称大学东校。1870 年 8 月关闭国学派及汉学派主导的大学本校，1871 年 9 月，将大学南校、大学东校改称南校、东校，归文部省直辖。

新兴教育领域也开始萌芽。在职业教育方面，1870 年 4 月，政府恢复了横须贺制铁所附属的横须贺黉舍（1866 年设立，1868 年一度停校），该校成为日本近代最早的学校形态的技术教育机构。此外，政府各省也分别设立相应的职业教育机构，如外务省 1871 年 3 月设置洋语学所，民部省 1871 年 3 月设置农学校、1872 年 5 月在东京开设开拓使临时学校（1876 年改称札幌农学校），工部省 1871 年 9 月设置培养技术官吏的工部寮、1872 年 4 月工部寮内设置工部学校，司法省 1871 年 11 月设置明法寮（1875 年改称司法省直辖的法律学校，1884 年改称文部省直辖的东京法律学校，1885 年合并为东京大学法学部）。在女子学校教育方面，文部省 1872 年 2 月开设其直辖的女子学校（同年 11 月改称东京女子学校），京都府 1872 年 5 月开设女红场（1874 年 6 月改称英女学校，1876 年 5 月改称京都府女子学校），开拓使 1871 年 12 月派遣 5 名少女随岩仓使节团一道赴美留学。在师范教育方面，文部省于 1872 年 5 月向正院提

① 伊崎晓生、松岛荣一编：《日本教育史年表》，三省堂 1990 年，第 4 页。

交《建立小学教师教导场之请示》，计划设立教师培养机构，同年7月在东京设立师范学校，成为日本第一所小学教师培养机构。在对外教育交流方面，《五条誓文》中明确宣布要“求知识于世界”，1871年2月，太政官制定《海外留学生规则》，同年10月，天皇亲自召见华族并下发敕语鼓励其赴外国留学。据统计，1868年至1872年的5年间，日本政府共向欧美国家派遣留学生517人。①

上述“文明开化”的教育方针与教育实践，为此后初创近代教育体制的《学制》的颁布与实施奠定了基础。

也就是说，1868年明治政府建立到1872年8月《学制》颁布，是日本政府摸索教育发展方向的阶段。在该阶段内，教育政策中存在着“复古主义”与“开明主义”两种路线。在“学制”前的日本教育政策及教育实践中，复古的“皇道主义”、实用的“富国强兵”、先进的“文明开化”三方面因素与内容并存，是日本近代具有皇国主义、军国主义特征的资本主义教育的真正起点。

三、“学制”与近代教育政策的展开

《学制》是日本近代史上第一个由中央政府颁布并切实推行的教育立法。《学制》公布于1872年9月5日(旧历8月3日)，共109章，分为“大中小学区”“学校”“教员”“学生及考试”“海外留学生规则”“学费”六部分。继而，明治政府于1873年3月18日公布《学制二编 海外留学生规则 神官僧侣学校之事》，同年4月17日公布《学制追加 贷费生规则》，同月28日公布《学制二编追加》(有关外国语、兽医、商业、农业、工业、矿山、诸艺、理学、医学、法学等专门学校的规定)，上述文件共计213章，统称为“学制”②。另外，政府在颁布《学制》的前一日，以太政官布告形式公

① 石附实:《近代日本海外留学史》，密涅瓦书房1972年，第154页。
② 教育史编纂会编修:《明治以后教育制度发展史》第1卷，龙吟社1938年，第299—332页。

布了“学制布告”[1]。

“学制”规定了中央集权的教育行政体制、系统的学校教育制度、实用科学的教育内容与方法，“学制布告”则宣示了新的教育理念，两者的公布实施，标志着日本近代教育体制的初步创立。

(一)“学制布告”与近代教育理念的宣示

1872年9月4日(旧历8月2日)，明治政府为颁布实施《学制》而公布了第214号太政官布告，明确宣布了新政府的教育方针与理念，其全文如下：

> 人人之所以自立其身、治其产、昌其业而遂其一生，别无他由，而在于修身、开智、长才艺；而修身、开智、长才艺则不能不学，此为设立学校之缘由。日用、常行、言语、算术等，从士、官、农、商、百工技艺到法律、政治、天文、医疗，凡人之经营之事，皆不得不学。若人能据其才之所在，勉励从事之，而后方得治生、兴产、昌业，则学问应谓立身之财本，谁可不学？失此道路而身陷饥饿、家破身亡之徒，终将因不学而生罪过。虽学校之设立历年已久，或因不得其道而误其人之方向，学问乃士人以上之事，农工商及妇女子则置之度外，不辨学问为何物。又，士人以上之稀学者，动辄高唱为了国家，而不知立身之基，或趋于词章背诵之末而陷空理虚谈之途，其论虽似高尚，然

[1] 中日学界习惯上称“学制布告”为“学事奖励被仰出书”(简称“被仰出书”)。但是，根据日本近现代教育史研究的权威学者佐藤秀夫(已故)考证，此种提法均非日本政府公布时的文件原题，原文件名为《明治五年太政官布告第二百十四号》，该布告最后一句中的“如上条”用了太政官布告文末的固定用辞“右之通被仰出候条”，“被仰出候”均为语法修饰词，可不译，此句应译为“如右条”(原文为竖写)。文部省1922编辑年版的首部近代教育史《学制五十年史》据此最早称之为“学事奖励被仰出书”。佐藤秀夫认为：“被仰出书”这一用法是战前日本政府为了加强天皇制教育理念而创造出来的，现今若再继续沿用，“岂不是在客观上助长近代天皇制教育论的‘再兴’?”佐藤秀夫据公布“学制”条款的文部省通知正文开头称“今般确定学制，付布告书、学制章程及别册”，认为该太政官布告应称为“学制布告”，学制条文应称为“学制章程”。佐藤秀夫：《教育史研究的检证——教育史像的重建》，载藤田英典等编《教育学年报6 教育史像的再构筑》，世织书房1997年，第90—94页。

不能身体力行者不少。此即多有沿习旧弊、不普文明长才艺而陷贫困破产丧家之徒之缘由。是故，人无有不学者。学则宜须不误其旨。据此，此番文部省发布告定学制、渐改教则，望自今以后一般人民（华族、士族、农、工、商及女子），必邑无不学之户，家无不学之人。人之父兄宜体会此意，厚养育之情，务必使其子弟从事学业（高深之学据其人才能而定，而使幼童子弟不分男女就于小学者，则乃其父兄应愿超越之事）。

然旧来沿袭之弊端学问，因被倡导为乃士人以上之事且为国家而学，故学费乃至衣食多依赖官方，不给之则不能学、自弃一生，此皆甚错。自今以后，当一改此等弊害，使人民抛开他事、自立奋斗、务必从学。

如上条，地方官及边僻小民应不懈解读，详细申谕，据文部省规则施行普及学问之方法。①

上述布告从教育目的、教育机会、教育义务、教育内容、教育经费等方面批判了旧教育，宣示了明治政府的新教育方针与理念。

表 2－1　“学制布告”中新旧教育之比较

	旧教育	新教育
教育目的	为国家	为个人
	“动辄高唱为了国家，而不知立身之基”；“旧来沿袭之弊端学问，被倡导为……为国家而学”。	“人人…… 自立其身、治其产、昌其业而遂其一生，……此为设立学校之缘由”；“学问应谓立身之财本”。
教育平等 教育义务	阶级的、非义务性的	平等的、义务性的
	“学问乃士人以上之事，农工商及妇女子则置之度外，不辨学问为何物”；“旧来沿袭之弊端学问，被倡导为乃士人以上之事”。	“自今以后一般人民（华族、士族、农、工、商及女子），必邑无不学之户，家无不学之人”；“人之父兄宜体会此意，厚养育之情，务必使其子弟从事学业”。

① 教育史编纂会编修：《明治以后教育制度发展史》第 1 卷，龙吟社 1938 年，第 276—277 页。

续表

	旧教育	新教育
教育内容	空虚的	实用的
	“趋于词章背诵之末而陷空理虚谈之途，其论虽似高尚，然不能身体力行者不少”。	“日用、常行、言语、算术等，从士、官、农、商、百工技艺到法律、政治、天文、医疗”。
教育经费	国费	自费
	“旧来沿袭之弊端学问，……学费乃至衣食多依赖官方，不给之则不能学、自弃一生，此皆甚错”。	“自今以后，当一改此等弊害”。

由上可见，布告中所主张的教育目的的个人本位、教育机会的均等、教育的义务性、教育内容的实用性，均是西方近代教育的基本特征，具有划时代的进步意义。然而，布告中规定的教育自费原则，又不同于近代义务教育的免费原则，是新教育方针的局限性之所在。

（二）“学制”下的教育行政

1871 年 9 月设立了文部省，1872 年 9 月《学制》中对“学区”、教师政策、教科书政策做出了具体规定。中央文部省的统辖、地方教育行政单位的执掌，在宏观层面上掌控着国家的教育政策与教育发展；教师政策、教科书政策，则通过实施教育的人（教师）与物（教科书），在微观层面上贯彻着国家的教育方针与教育内容；两者共同构成了日本的教育行政体制，以便为国家教育目的的实现提供有力的保障。

中央集权教育行政体制的确立。明治维新以前，幕府直辖学校由幕府管辖，藩校与乡校由各藩统辖，寺子屋与私塾则基本上由民间人士开办，教育行政是地方分权的、分散的。明治政府成立以后，最初规定 1869 年所设的“大学校”具有教育行政官厅的功能，1871 年 9 月 2 日（旧历 7 月 18 日），太政官布告宣布废除大学、创设文部省。文部省内设文部卿、大辅、少辅、大丞、少丞等各级官员，另设大・中・少博士、大・中・少教授等教官。文部卿[①]“总判教育事务、掌管大中小学校”[②]，1872 年 1 月，明治政府下令各府县学校归文部省直辖。1872 年 9 月，《学制》中进一步明确规定：“全国学政由文部省统辖”（第 1 条）。文部省的创设及其职能的确立，标志着独立的中央教育行政机构的建立。

文部省通过“学区制”掌控地方教育行政。《学制》第一部分“大中小学区之事”（第 1—19 章）规定将全国划分为 8 个大学区[③]，每个大学区分为 32 个中学区，每个中学区分为 210 个小学区，中学区以下的划分由地方官根据当地的土地面积、人口疏密，按郡区村市划分。每个大学区内设一所督学局，任命数名督学及附属官员。督学局的职能是监督大学区内的学校，处理大学区内大小事务；还负责检查并讨论修改教则等。大学区下设的每个中学区内设 10—13 名学区管理人，每人负责 20—30 个小学区。学区管理人的主要职责是督促区内学龄儿童入学、各小学区内学校的设立与维护、经费的使用等一切教育事务。学区管理人从当地有名望者中选出，由地方官任命，并将名单提交文部省督学局。

这样，便在全国形成了金字塔型的教育行政网，文部省位于金字塔的最顶端，下面是各大学区内的督学局，最下层是各中学区内的学区管理人。明治政府试图通过集权型的行政组织机构，将教育政策渗透到全国各个角落，以利于推行其教育政策、实现其教育目标。

近代教师政策的初步规定。《学制》第三部分“教员之事”（第 40—47 章）规定了各级教师任教资格的原则：小学教师不论男女，必须 20 岁以上，而且要持有师范学校毕业证书或中学证书者；中学教师必须 25 岁以

① 首任文部卿为大木乔任，1871 年 9 月 12 日就任；首任文部大辅为江藤新平，1871 年 9 月 2 日就任。

② 教育史编纂会编修：《明治以后教育制度发展史》第 1 卷，龙吟社 1938 年，第 249 页

③ “大学区”所辖地区共 3 府 72 县，其中第一大学区 1 府 13 县，大学本部为东京府；第二大学区 7 县，大学本部为爱知县；第三大学区 6 县，大学本部为石川县；第四大学区 2 府 11 县，大学本部为大阪府；第五大学区 9 县，大学本部为广岛县；第六大学区 11 县，大学本部为长崎县；第七大学区 7 县，大学本部为新潟县；第八大学区 8 县，大学本部为青森县。教育史编纂会编修：《明治以后教育制度发展史》第 1 卷，龙吟社 1938 年，第 278—280 页。

上，且持有大学证书者；大学教师必须有学士称号。该教师资格的要求颇高，在当时情况下一时难以达到，因此《学制》中特别说明以上要求只是先作规定，待数年之后再予执行。《学制》中还规定了在当时情况下应采取的教师政策：欲开设私学、私塾及家塾者，须向学区管理人提交属籍、住处、职历及学校的位置、教则等详细情况，再经由地方官上交督学局批准；私学私塾教师违反规则或有不当行为时应遭谴责并停职；接受过师范教育的教师在法律上不允许兼职或转任他职；小学教师应男女无差别地人尽其才；教师教授学生有超越他人之功时，不论公私学校或私塾，由督学局与地方官商讨并报文部省予以嘉奖等。该阶段，政府对教师政策已经做了具体规定，也考虑到了当时师资缺乏的实际情况，相对于后来尚且较为宽松。

教科书政策的初步展开。《学制》中对各级学校的教科书未做详细规定，仅规定“学校必要之器械书籍，须用心加以完备。诸学校所在之书(籍)器(材)，应按照第三号制表(登记)，每年二月向督学局提交。”(第108章)此外，文部省1872年10月公布的《中学教则略》《小学教则》中指定了教科书(其中多为介绍西方文化的启蒙书籍和翻译书籍)，各小学及中学可以自由地从中选择使用教科书。与此同时，文部省为了向学校提供各类教科书，也开始了教科书行政事务。例如，1871年10月下设编辑寮，着手翻译欧美的书籍、编纂教科书；1872年11月设立教科书“编成挂”(编纂主管)(1873年5月合并于编书课)；1875年6月允许翻刻文部省藏版的书籍及教科书，文部省及东京师范学校编辑出版的教科书迅速普及推广。该时期，明治政府采取了较为自由的教科书制度。

(三)“学制”下的学校教育体系

《学制》第二部分“学校之事”(第20—39章)规定了小学、中学、大学这一单轨制学校系统，规定了实用性的教育内容与班级授课制的教育方法，对海外留学、职业教育等新兴教育领域也做出了具体规定，从而初步形成了近代学校教育体系。

单轨制的学校系统。《学制》规定“学校分为大学、中学、小学三等”（第20章）。小学“是使一般人务必接受初级教育的场所”（第21章），分为普通小学、女子小学、农村小学、贫民小学、小学私塾、幼儿小学（此外还应有残疾人小学）。其中最主要的是普通小学，分上、下二等，下等小学6—9岁，上等小学10—13岁。此外，女子小学除讲授普通小学的课程之外，还教授女子手工艺；农村小学专为偏远农村或教化未开之地的农民而设，教学内容较简略，有的是成年人利用业余时间学习的夜校；贫民小学为生活困难的穷人子弟而设，学校所需费用靠富人的捐款，又称仁惠学校；小学私塾指持有小学教学许可证者在其私宅授课；幼儿小学向6岁以下男女儿童讲授入学前的基础知识。中学“是向小学毕业者讲授普通学科的场所”（第29章），普通中学分为上、下二等，下等中学从14岁到16岁，上等中学从17岁到19岁，就学年限上下各3年，共6年，讲授高于小学水平的一般学问。此外，中学还包括工业学校、商业学校、翻译学校、农业学校、诸民学校（详见后述“职业教育”）。大学“是讲授高尚诸学的专业学校”（第38章），其课程包括理学、化学、法学、医学、数理学。上述系统性、单轨制的学校系统，有别于分散性、双轨制的幕末学校系统。

近代性的教育内容与方法。如果说“学制”所确立的学区制、各类学校等是日本近代教育体制的“硬件”“骨架”的话，那么“学制”以及其后颁布的中小学教则所规定的近代化的教学内容与方法则是“软件”“血肉”，也是近代教育体制不可或缺的组成部分。

就学校教育的内容而言，《学制》规定普通小学的授课内容为：下等小学设拼写法、习字、单词、会话、读本、修身、书牍、文法、算术、养生法、地学概况、理学概况、体育、唱歌，共14门课程。上等小学除以上课程外，另加史学概况、几何学（概况）、绘画概况、博物学概况、化学概况。另外规定，为了扩大教学内容，各学校还可以因地制宜地讲授记簿法、绘图学、政体概况和一、二门外语等。中学的授课内容为：下等中学设国语学、数学（算术）、习字、地理学、史学、外国语学、理学、画学、古语言学、几何学(或代数学)、记簿法、博物学、化学、修身学、测量学(或生理学、政体概况、国情概况)、奏乐,共 16 门。上等中学的课程有 15 门,包括国语学、数学、习字、外国语学、理学、画学、古语言学、几何学〔代数学〕、记簿法、化学、修身学、测量学、经济学、重力学概况、动物学(或植物学、地质学、矿山学、生理学概况、天文学概况)。大学的课程分为理学、化学、法学、医学、数理学。近代教育的一个重要特征是自然科学内容的增加。从上述大中小学的教学内容来看,自然科学方面的内容显然占相当大比重。因此,《学制》规定的各级各类学校的教育内容也体现着近代特征。

"学制"规定了近代的教学组织方式。首先是实行统一的年级制。文部省 1872 年 9 月的《小学教则》将上等、下等小学各自分成 8 级,每一级的授课时间为 6 个月,每周 6 天(星期天除外),每天 5 课时,一周共 30 课时。同月公布的《中学教则略》将上等下等中学分成 6 级,规定每级授课时间 6 个月,每周 25 课时至 30 课时。而且规定小学及中学各级的学生通过统一考试的方式晋升到上一级。其次是采用"班级授课制"。将各级的学生分班进行教学,授课时一般由教师先指示生字高声朗读,让学生按座次朗读后全体学生齐读;然后,教师针对教材的一节内容进行提问,学生先逐个回答并由教师点评正误,最后学生一齐回答问题。这种方法反复进行,以便使学生记住一定的教学内容。班级授课制有与之相关的教室管理规则,对上课、就座、敬礼、下课等环节都有相应的规定,要求学生们严格遵守。这种班级授课的方法源于西方的近代教育制度,由斯克特引进日本,当时成为东京师范学校唯一权威性的教学方法,同时向全国各地推广。进而在授课中采用"问答教学法",即一问一答的直观教学方法,教师在讲授单词的读法或让学生背诵单词时,利用单词挂图,指示图中所画物品,就该物品的性质、使用方法、食用方法等进行提问,学生则做出回答。这种教学法主要针对小学低年级学生,在当时的西方也是相当先进的,斯克特将其引入日本,并以"问答"课的形式写入东京师范学校制定的《小学教则》。上述近代教学方法,有别于幕府末期采用的个别式、讲解式的教学方法。

“学制”还对海外留学、职业教育等新教育领域做出了详细规定。关于海外留学，《学制》第五部分“海外留学生规则之事”（第58—88章）规定：

1. 留学生行政。

海外留学生归文部省统辖，其留学资格证书由文部省发放，但其出国签证由外务省发放；留学期间的各项事务由外交官负责，留学生须听从外交官的指令；公费留学生的留学所选专业由官方认定，也可根据学生志愿由其任课教师判断后考试决定；公费留学生赴国外的地址、学校、专业等均须向文部省报告；公费留学生在学科升级时须向文部省报告，回国后应向文部省汇报其留学学业，并接受考试（获得外国大学毕业证者除外）；驻外外交官经常监视当地留学生，并每年将留学生的勤惰、进退等情况上报文部省，由文部省付梓公告。

2. 留学生的种类、人数、年限、经费。

留学生分为公费（“官选”）与自费（“私愿”）两类。其中公费留学生又分为初等与上等两类，初等留学生从中学毕业生中选拔、年龄在19—25岁，留学年限最多为5年，每年派遣150人，前两年付给留学经费900美元，后三年1000美元；上等留学生从大学毕业生中选拔，留学年限为3年，最多每年派遣30人，付给留学经费1500—1800美元。自费留学生在专业上以官费留学生为准，并接受严格的审查，留学年限根据个人意志决定。

3. 留学生的义务。

公费留学生回国后必须任官（11年内）或偿还留学经费（15年内）。1873年3月，文部省公布《学制二编 海外留学生规则》，对留学生的派遣、留学经费的支付、留学生的义务等做出了更加详细的规定。

关于职业教育，《学制》（第29章）中所列“中学”中的工业学校、商业学校、翻译学校、农业学校，实际上均属中等职业教育范畴。其中工业学校讲授各类工艺知识与技能；商业学校讲授有关商业方面的知识，在国内繁华地区设立数所；翻译学校讲授各类外语的翻译，专门为翻译人员或为了经商而希望学习外语者设立;农业学校为小学毕业且致力于从事农业者而设。此外,文部省1873年4月公布的《学制二编追加》规定了各类专科学校及外国语学校:外国语学校是专科学校的预备学校,以"掌握外语"为目的,入学资格是小学毕业、年满14岁者,修业年限为4年,分上、下二等各4级;专科学校指"由外国教师授课的高级学校",包括法学校、医学校、理学校、诸艺学校、矿山学校、工业学校、农业学校、商业学校、兽医学校等,入学资格是小学毕业、或修完外国语学校下等课程的16岁以上者,专科学校毕业者与大学科毕业者一样,被授予学士称号。

另外,《学制》中还以"学校"的形式,规定了社会教育的内容。例如,"小学"中的"农村小学"有的是为成年人利用业余时间学习开设的夜校;"中学"中的"诸民学校"是为已就业的18岁以上男子及15岁以上女子而设,多数是在晚上进行技能学习。

可见,明治政府通过颁布实施"学制布告"及"学制",确立了近代意义的教育理念、教育行政及学校制度,从而在系统的教育政策体系之下,初步创立了近代教育体制。

四、近代教育行政政策的"敕令主义"

近代日本教育行政上的"敕令主义",即有关教育的主要事项不是由议会审议通过的法律加以规定,而是由天皇下达的敕令来规定。众所周知,1890年颁布的《教育敕语》是战前日本天皇制教育的一个显著特征。然而,《教育敕语》只是天皇制在教育理念上的标志,而在其之前确立的教育法令上的"敕令主义",则是天皇制在教育行政上的标志。明治政府确立"敕令主义"教育行政经历了一个发展演变的过程:明治初年便强化天皇在教育领域的权威;制定《大日本帝国宪法》时刻意未写入教育条款;1890年修改《小学校令》时经过政府内部争论最终采取敕令形式公布。关于这一问题,日本学界对上述后两个过程,即《大日本帝国宪法》制定过程中对教育问题的处理、修改《小学校令》过程中敕令形式的确立，进行了较为详细地研究[①]，但却没有论及明治初年天皇在教育领域的地位及其与后来“敕令主义”确立的关系。而国内学界多注重对《教育敕语》的研究与论述，对教育行政上的“敕令主义”只是提及而未做深入论述[②]。本文在日本学界有关研究成果的基础之上，进一步查阅明治初年的教育法规、明治宪法制定时的相关意见书、修改《小学校令》当事人的回忆录等，阐明近代日本教育行政上“敕令主义”的确立过程，揭示日本政府的政策意图及其实质。

（一）明治初期教育政策中的天皇地位

明治初期天皇在教育领域中的地位，是伴随着天皇的政治地位开始的。1868 年，日本开始推行明治维新。在明治政府所公布的国策纲领《五条誓文》中，明确宣布“求知识于世界，大振皇基”。这实际上是将原本属于教育范畴的“求知识”与天皇的政治统治紧密联系起来。因此，明治政府一开始便启用宣扬“惟神之道”的国学（亦称“皇学”）派，在教育政策中不仅强调天皇的地位，而且有将天皇神化的色彩。如 1868 年 9 月开设皇学所与汉学所的基本方针为：“一，辨国体、正名分；二，汉土西洋之学共为皇道之羽翼”。[③] 即意味着“皇道”为主而其他学问为辅。进而在皇学所内设立“皇祖天神大宫”，用来合祭天照大神等 31 个神位。当时具有近代意义的大学校，于 1869 年 6 月由昌平学校、开成所、医学所合并而成，其规则中也明确写道：“神典国典之要，在于尊皇道、辨国体，即谓皇国之目的、学者之先务”[④]。该校于 1869 年 8 月举行全校祭奠活

① 主要有伊藤敏行：《日本教育立法史研究序说——以敕令主义为中心》，福村出版株式会社 1993 年；海老原治善：《现代日本教育政策史》，三一书房 1965 年；平原春好：《日本教育行政研究序说》，东京大学出版会 1970 年；久保义三：《天皇制国家的教育政策》，劲草书房 1979 年等。

② 我国日本教育史研究的代表作《日本教育》（梁忠义主编，吉林教育出版社 2000 年）中第六章列有一小标题“《改定小学校令》和教育立法上的敕令主义”，并提道“1890 年 10 月，《改定小学校令》以敕令形式公布”，介绍了该法令的具体内容，但未述及其他。

③ 教育史编纂会编修：《明治以降教育制度发达史》第 1 卷，龙吟社 1938 年，第 95 页。

④ 同上书，第 117、127、140 页。

动时，不是按惯例祭拜孔子，而是祭拜皇祖大神等日本诸神。此外，明治新政府还以天皇的权威对民众进行教化。1870 年正月，神祇省在全国开展“大教宣布运动”。在神祇官下达的《宣教使须知》中，更是要求“真正昭明皇祖之大道，尊信皇祖之大教……为紧要之第一义也”。①

上述情况表明，近代伊始，日本教育便深受皇权因素的影响。但 1869 年前后，国学派与汉学派在相互论争中均势力衰退，明治政府遂启用洋学派制定教育政策，并于 1872 年颁布旨在建立近代教育制度的《学制》。在《学制》公布及实施期间，虽然在教育政策中不再强调天皇的地位，但天皇依然多次出席各类学校的开学典礼并颁发敕语，天皇的权威依然显现于具体的教育实践中。

1879 年以后，教育政策中又开始凸现天皇的地位。1879 年废除“学制”而颁布的具有自由主义色彩的《教育令》，便是由天皇敕谕批准的。与此同时，以元田永浮为首的儒学复古派与以伊藤博文为首的开明派围绕教育方针问题发生“德育论争”，复古派最终以天皇名义发布了《教学大旨》(1879 年 8 月)，宣布“自今而后，基祖宗之训典，专明仁义忠孝，道德之学以孔子为主，人人尚诚实之品行……”②。开明派的伊藤博文虽然与复古派在具体的教育政策上存在分歧与矛盾，但并不反对天皇。伊藤针对《教学大旨》而起草的《教育议》(1879 年 9 月)非但未否定《教学大旨》，反而在呈献《教育议》时对天皇万分恭敬。③《教学大旨》公布后，天皇的权威开始向教育现场渗透。政府于 1880 年修改《教育令》，将修身课置于各学科之首，旨在加强“忠君爱国”的道德教育。1881 年颁布的《教育令施行规则》中规定“教育之目的主要在于振作尊王爱国之志气”，同年 6 月的《小学教员须知》中规定“教员尤应着力于道德教育，

① 教育史编纂会编修：《明治以降教育制度发达史》第 1 卷，第 137、154 页。

② 宫原诚一等编：《资料日本现代教育史 4 战前》，三省堂 1974 年，第 26 页。

③《教育议》开篇即称：“臣前日诚惶顿首，对陛下之见诚惶诚恐，下问改良教育、矫正风俗之事，诚乃圣意之所在，鉴日深之时弊，宏图悠远。臣不胜感激之至，谨草拟议一道，乞仰圣鉴。盖陛下既悉之处，臣不敢赘言繁听，今所陈者也，只望专采拾缺遗，涓埃之微，裨补万一，惟圣明裁之。”宫原诚一等编：《资料日本现代教育史 4 战前》，第 27 页。

使学生忠于皇室、热爱国家、孝敬父母……”[①]。该“须知”的起草者江木千之称：“此乃一变偏重智育、醉心欧美之教育，重回皇道主义之一大划时代之举”。[②]

可见，明治政府建立之后，天皇在教育领域中一直具有相当大的权威。而且，当两派政治势力的政策主张发生分歧时，论争的结果是更加强化了天皇的地位与权威。而明治初期奠定的天皇在教育领域中的权威与地位，成为后来确立“敕令主义”教育行政的前提。

(二)《大日本帝国宪法》与教育条款的欠缺

1889 年 2 月 11 日，明治政府颁布了《大日本帝国宪法》。该宪法的第二章中规定了 13 项国民的权利和义务，其中并没有关于教育的条款，而当时日本政府要员在制定该宪法时所主要参照的普鲁士宪法(1850 年颁布)中，第 20 条至第 26 条规定了有关教育的权利与自由。[③] 那么，日本政府在制定宪法时，是基于何种原因而没有将教育条款写入宪法呢？

首先，未将教育条款写入宪法，并不意味着当时的执政者忽略了教育问题。起草《大日本帝国宪法》的两位主要人物是伊藤博文(时任参事院议长)与井上毅(时任法制局局长)。就在 1881 年日本政府宣布将召开国会后不久，井上毅向伊藤博文递交的意见书中称：“立国之本在于宪法，而能扶持宪法者则为人心也”，指出了宪法与人心的关系，强调支持宪法者非人心莫属，政府若要创立宪法体制，应先制人心，而制人心者，非国民教育莫属。[④] 这表明井上毅明确认识到教育之于立宪政治的重要性。此外，伊藤博文于 1882 年为制定宪法而赴德国考察期间，曾在巴黎与后来的首任文部大臣森有礼会面，二人“对国家前途大加议论，高唱大

---

① 宫原诚一等编：《资料日本现代教育史 4 战前》，第 81 页。

②《江木千之小学教员心得起草纪录》，载国民精神文化研究所编：《教育敕语关系资料集》第 1 卷，国民精神文化研究所 1938 年，第 21 页。

③ 参见海老原治善：《现代日本教育政策史》，三一书房 1965 年，第 94—95 页。

④ 井上毅：《呈伊藤参议第二书》，1881 年。载井上毅传记编纂委员会编：《井上毅传》史料篇第一，国学院大学图书馆 1969 年，第 247 页。

力振兴教育之必要,屡述若在我国布立宪政治,其最大之要件,乃在于必须着力普及发展教育”①。

后来在确立“敕令主义”教育行政过程中发挥过重要作用的元老院议官海江田信义,1887 年曾听取德国宪法顾问须多因的讲座,其中有关“顺从之事及政府与教育之关系”中讲道:“虽然国家之大体以法律和命令治之,但窥此大体之内部,即由无数个人组成,此个人各有自由之意志。故须讲述使个人自由意志服从法律命令意志之方法,即讲述使个人意志服从国家意志之方法。个人意志服从国家意志曰顺从,顺从分内外两种:自发顺从,指人民以其各自道德上之精神及政治上之知识,自发地理解并服从法律命令;外压顺从,指在警察兵力等外部势力之压制下服从法律命令。较之外压顺从,自发顺从更胜一筹,而自发顺从乃教育之所致。即政府之目标为尽可能发展教育以代替警察兵备,以强化人民之顺从”。海江田信义对须多因的上述讲解“特别铭刻在心”,并进一步确认其要点说:“人民中百人有九十九人趋于外压而服从法律命令,发自内心服从者只有一人。今日之情形,应该说政府之目的在于倒转此比例,使自发者为九十九人、外压者为一人吧”。须多因回答称:“诚然如此。且广而言之,可以说国家中依外压而顺从之人数越少,则政府越高尚”。②

可见,在制定宪法之前,明治政府的要员们清醒地认识到教育在国家政治统治中的重要作用。这种认识与宪法中教育条款的欠缺并不矛盾,二者恰恰是一种因果关系:正因为认识到教育之重要性,所以才力图牢牢掌握教育权,不愿意将其作为国民之权利写入宪法。

其次,日本政府未将教育条款写入宪法,是在德国宪法顾问的建议下、为确保政府之教育行政权的结果。明治政府在制定宪法时主要参照普鲁士宪法,并邀请德国宪法顾问讲解宪法问题。而德国宪法顾问主张不在宪法中写入有关教育的义务与权利。1885 年,德国宪法顾问卡尔·

① 引自山本幸彦:《明治国家的教育思想》,思文阁出版 1998 年,第 194 页。

②《须多因氏讲义笔记》,载明治文化研究会编:《明治文化全集》第一卷宪政篇,日本评论新社 1955 年,第 563 页。

鲁道夫就国民的学问与教育权问题讲道:“学问与教育之自由被明确地写入普鲁士宪法,该条款……实际上是无益的……若如上所述,写明教育自由的话,必将由此生百端之议论,从而大大削弱行政之权利”。[①]

此外,井上毅在起草宪法草案的过程中,曾经就有关问题向德国宪法顾问劳爱斯来路[②]进行过多次咨询。其中,1886 年 11 月 30 日,井上向劳爱斯来路咨询“国民的权利和自由”问题。翌年 1 月 11 日,劳爱斯来路就上述问题答复称:“根本权的效用实际上是极小的。……然予认为尚可效仿各国宪法之例。因为若一般的根本权皆没有,则可能被认为宪法之缺点,或有失去信用之忧,予以为可在宪法中揭示一定的条章”,他所列出的条章中,“第十一条　日本国民在法律范围内有服兵役和纳税的义务(其他如作证的义务、子女就学的义务、任官及奉公的义务等,在此无需特别写明)”[③]。另外,他又就教育自由的问题谈道:“……给予其教育之权乃非正当之事。必须使国民之年少者不被诱入各种迷途。年少者笃信其所受之教,故政府须注意任命有正当资格者从事教育。普鲁士允许学术的自由,但教育没有自由。不仅教育应成为国家掌管之事,学术亦应依大学之管理接受实际限制”[④]。

劳爱斯来路既不主张在宪法中规定国民有使其子女就学的义务,也不赞成将教育之自由写入宪法,其理由是“日本历来为专制君主政体,今一变移植他国革命而生之完全异种制度,不得其当。况人民之政事教化尚未在全国普及,故不能将行政事件之制定完全委任于政府。又,今日之日本,值此百般新制初设之际,不仅必要之政事知识仅存于政府,且此时政府必须有不受牵制之自由活动。若受国会之约束,则行政必将完全受阻而碍其发展,……予希望将尚存在问题、须委以立法权(之事项)交付朱印,以

① 《宪法讲义》,1885 年 11 月 7 日,载伊藤博文编:《秘书类纂・宪法资料》中卷,宪法资料刊行会 1934 年,第 334 页。

② 德国法学家、经济学家,1878 年受聘为日本外务省顾问,后成为内阁顾问,直到 1893 年回国。其间从 1881 年开始与井上毅商讨有关宪法问题,并对后来的宪法制定影响很大。

③ 伊藤博文编:《秘书类纂・宪法资料》上卷,宪法资料刊行会 1934 年,第 351—352 页。

④ 伊藤博文编:《秘书类纂・宪法资料》下卷,宪法资料刊行会 1934 年,第 108 页。

调整重要之国家利益，实行适当之行政考案，为制约有害之党派倾轧，也防止政府轻易转向”。[①] 也就是说，为了缩减国会的立法权，劳爱斯来路主张将有关教育的规定交付朱印，意即由天皇发布命令加以规定。

此外，伊藤博文编的《秘书类纂·宪法资料》（中卷）收录了一份德国顾问库鲁麦茨基从维也纳寄给日本政府的“有关创设日本宪法意见书的一般见解”，其中指出：“……即使欧洲最进步最强大的诸宪法国家，也不能压制国会中过激分子的党派之心，因此无不感到加强政府权力之必要”，“帝室及行政权力一旦已遭国会染指，要恢复之则极其困难。故当今以帝王之完全权能颁赐宪法（此即日本应采取之名义）之际，认为必要之有力工具，皆应归帝室及政府保持，置于宪法不受党派之心影响之处，紧急关头，以防止有资产的温顺良民为骚扰滋事之辈所害”。该意见书逐一列举出不应该交给国会审议的内容，其中第三条为“高等学校条例”，第九条“行政官衙的编制及小学、中学事务在行政权范围内，尤其属劝谕范围。故……尽可能将此二事中的学校事务置于政党上的动摇所不及之处”，主张教育作为“必要之有力工具”，与“宣战媾合之权”及军务一道，应被列为“帝室保持之事”。[②]

在德国宪法顾问的影响下，主持立宪的伊藤博文也主张加强天皇权力以抵制民权运动、维护政府统治权。伊藤于 1882 年赴欧考察宪法问题时致信岩仓具视（时任右大臣）称：“博文抵欧以来……得以了解国家组织之大体，即向您汇报应固定皇室之基础，充分确立大权不坠，此乃一大重点。误信英、美、法自由过激论者之著述为金科玉律、几乎要灭亡国家之趋势，实乃我国之现状。现获得挽回之道理与手段，即贯彻报国之赤心乃表现其功效之重要工具，内心遂有死得其所之感。”[③]1888 年 6

① 1886 年 12 月，劳爱斯来路回答井上毅提出的“区分法律和命令的标准”咨询时阐述的观点，载伊藤博文编：《秘书类纂·宪法资料》下卷，宪法资料刊行会 1934 年，第 117—118 页。

② 库鲁麦茨基：《有关创设日本宪法意见书之一般见解》，1887 年 12 月，收录于伊藤博文编：《秘书类纂·宪法资料》中卷，第 465、480—482 页。

③ 春畝公追颂会编：《伊藤博文传》中，原书房 1970 年，第 296—297 页。

月，枢密院与内阁联合审议宪法草案时，伊藤博文（时任枢密院院长）就起草宪法的目的进行说明称："今制定宪法，须先求我国之基轴。无基轴而政治任由人民妄议时，则政失其纲纪，国家亦随之灭亡。国家若要作为国家而生存并统治人民，应期以深虑而不失统治之效用。欧洲宪法政治之萌生已千余年，不仅人民熟知此制度，且以宗教为基轴深入人心，人心皆归一于此。然我国宗教之力尚微，无一可为国家之基轴者……在我国，应作为基轴者，独在皇室。因此，此宪法草案中，专门着力于此点，尊重君权，尽量使其不受束缚"①。

可见，明治政府之所以未将教育条款写入宪法，是为了避免国民通过议会参与教育问题，以便有利于其通过教育实行对国民的有效统治，而避免民众干预教育问题的最有效手段，便是将教育权列为天皇的特权。

（三）修改《小学校令》与"敕令主义"教育行政的确立

《大日本帝国宪法》颁布以后，接下来的问题是在宪法体制下，应该以法律方式、还是继续以敕令方式来规定具体的教育问题。对此，日本政府内部以 1890 年修改《小学校令》为契机，经历了一个争论的过程。

文部省主张采取法律形式的理由是："一、若以法律形式制定，则日后之改废须经帝国议会两院决议，如此依据郑重之顺序，可免除朝令夕改之忧；二、相对于其他法律，学校令中有需要设变例的条款，故必须依据法律；三、对教员等权益的确保，也依据法律为妥；四、即使欧美的法治国家，也均依据《学校法》等形式，应以此为例参酌决定为妥。"②文部省 1890 年 3 月 24 日向内阁提交《小学校令》草案时所附的理由称："此时若随时宜，以法律制定小学校令，详细规定小学校的教旨教科、儿童的就

① 春畝公追颂会编：《伊藤博文传》中，第 614—615 页。

② 江木千之翁经历谈刊行会编：《江木千之翁经历谈》上，江木千之翁经历谈刊行会 1933 年，第 120 页。

学、小学的建立维持及教员的任用等相关要件，明确市町村的负担义务，则可达帝国臣民不可或缺的普通教育之目的，此乃颁布该法律之缘由。”①也就是说，文部省希望根据该法律，明确市町村的负担义务，将初等教育的费用更加明确地规定由地方财政负担。基于这一原因，文部省于 1890 年 3 月 24 日将《小学校令》的草案作为法律方案向内阁提出。

当时负责审议该法律草案的内阁法治局则反对采取法律形式：“将历来的敕令改为法律而公布之，乃关系到整个国法及将来政策之大事，兹认为有必要从法律上政略上考究其是非得失”。进而，法制局从法理上和政略上阐述了不应采取法律形式的理由②：

第一，“在法理上，将本案作为法律之理由甚微”。针对文部省“小学校令规定臣民负有使其子弟就学的义务，故不得不依照法律”的主张，法制局指出：让臣民负担新义务未必要依照法律，因为“帝国宪法第二章特别列举了必须用法律规定的臣民权利与义务（如上所述，不包括教育权利与义务——笔者注），这就暗示着，从法理上讲，不是不可以用命令规定除此之外的其他义务；另外从表面来看，第九条规定（指明治宪法第九条——笔者注）天皇为了增进臣民的幸福有发布必要之命令的权利，而小学教育素来以提高臣民之心意、增进其幸福为目的，故为此事而以命令方式新规定义务，无论从内含还是表面都不为法理所禁止”。

第二，“从政略上，本案也不可以用法律”。法制局指出：“若今日急于付之法律，则他日需修改时则必须经议会同意，议会不同意则无可奈何。盖小学教育与国民性质关系之大自不待言，故普通教育之目的，在于提高每个人之心意，同时发扬国民之精神，以秉性之高尚谋国家之强盛，此乃由教育政策之巧拙而知……一国由单个人组成，故单个臣民心性或智能之丰富、德义之丰厚、革新精神之锐利、守旧主义之顽固，与一国治道大有关系。而本案第十条规定，制定教则大纲之权归文部大臣，

① 引自伊藤敏行：《日本教育立法史研究序说——以敕令主义为中心》，第 12—13 页。
② 江木千之翁经历谈刊行会编：《江木千之翁经历谈》上，第 191—194 页。

以求他日政策实施之自由”，但这“尚非应满足之设计”，因教育事务一旦以法律形式委任给地方自治机构，“不依据法律则难以解释，而遇议会中之新法律不支持时，文部大臣在教育主义中之全权将归于画饼”。更何况从整体而言，“今日帝国议会新开之时，虽国务大臣对天皇负责，但实际上一遇需经议会同意之事，则也必须对议会负责。而今日在无十分必要之情况下，扩大这一责任的范围也不能谓之为得策”。

在法制局与文部省存在意见分歧的情况下，1890 年 8 月，内阁决议通过的《小学校法》被送交枢密院审议，而枢密院内则坚决主张采用敕令形式。上述曾经听过德国宪法顾问讲座的海江田信义（时任枢密顾问官）主张由皇室直接掌管教育：“若如今日政务张弛、当务大臣更迭而至变换极大，则不能熏陶国民、养成爱护国家之精神”，“而今教育之政不与其他百般施政混同，进而一改文部组织，定其为国家最上之施政，将其与其他行政部之官员分离，而归皇室直接管辖。”①

在这一背景下，枢密院强烈反对采取法律形式而坚持采用敕令形式，并直言不讳地称：“教育之事，一旦其方针发生错误，则不无动摇国家基础之忧患。故有关规定必须以敕令定之，以开不容议会置喙之途”②。结果，枢密院于同年 10 月 1 日的审议中，最终否定了法律形式，而将原《小学校令》草案中与府县、郡、市、町村制有关的教育事项，于 10 月 3 日分别以法律《地方学事通则》和《市町村立小学教师退休金及遗族扶助费法》加以规定，10 月 6 日则以敕令方式公布了《小学校令》。

直到二战结束，日本重要的教育问题均以天皇的敕令公布，形成了近代教育行政的“敕令主义”。“敕令主义”的教育行政导致了三方面的必然结果：

第一，由政府行政部门独揽教育大权。有关教育的敕令均由文部省起草，经内阁会议、枢密院审查批准，最后以天皇名义公布，而无需经过

① 海江田信义：《改正文部组织之议・伊东已代治文书》1890 年 6 月，引自伊藤敏行：《日本教育立法史研究序说——以敕令主义为中心》，第 18 页。
② 江木千之翁经历谈刊行会编：《江木千之翁经历谈》上，第 121 页。

议会讨论，这样便造成了政府行政权力在教育决策上的独断。

第二，剥夺了民众的教育决策参与权。近代化国家的一个重要特征是政治上的议会民主制，民众可以通过其选举出的代表，通过议会的方式讨论并参与决策国家的重大问题。然而，由于近代日本教育的重大问题均不经过议会讨论，因此国民也就无权参与教育问题的讨论与决策。

第三，为天皇崇拜提供了法理依据，具有一定欺骗性。明治执政者确立“敕令主义”的解释依据是《大日本帝国宪法》第九条规定的“天皇为了增进臣民的幸福有发布必要之命令的权利”，声称天皇发布敕令、发展教育是对国民的恩赐，这样不但掩盖其实行“敕令主义”教育行政的实质，而且将其作为诱导国民“自发”崇拜天皇的法理依据，具有一定的欺骗性。

以上是“敕令主义”教育行政的实质之所在，也是战前日本民众非但未能阻止战争、反而自发地参与对外侵略战争的根源之所在，这也恰恰正是日本执政者们的真实意图之所在。

五、第一次世界大战后教育政策的右倾化

第一次世界大战时，正值日本的大正时代（1912—1926 年），日本社会在各个领域都呈现出追求“民主”“自由”的风气。然而，为何在经历了这样一个时代之后，日本在一战后竟然走上了法西斯的道路呢？在表象之下，是否已经开始酝酿着向法西斯体制的转型呢？

在教育领域，虽然也存在着“教育民主化”“教育自由化”等种种表象，但在教育制度、教育内容上，均大大加强了集权与干涉、“皇国主义”与“军国主义”的比重。也就是说，在第一次世界大战结束后，日本教育体制便已经开始集权化，奏响了法西斯化的“序曲”。

（一）教育行政政策的集权、干涉倾向

教育行政的分权程度，是衡量教育民主的标志；教育行政的独立程

度,是衡量教育自由的标志。然而,在第一次世界大战结束后,日本中央政府则开始制度性地加强了对地方教育行政的集权,同时也加强了其他领域对教育行政的干涉。

第一,教育集权程度的加强。

该时期教育集权程度的加强,主要表现在中央教育决策权的上移、对地方教育行政统制的加强两个方面。

首先,在中央教育决策权方面,日本政府的教育决策机制是设立教育审议机构,汇集各领域的人才培养要求、由各方力量共同决定教育改革政策。最早的教育审议机构是高等教育会议(1896.12.28—1913.6.13)、教育调查会(1913.6.13—1917.9.21),两个机构均隶属于文部大臣。

然而,1917年9月设立了日本近代第一个直属内阁首相的教育审议机构——“临时教育会议”(1917.9—1919.5)。《临时教育会议官制》第一条规定:“临时教育会议属内阁总理大臣监督、调查审议有关教育的重要事项”①。临时教育会议共历时1年8个月,其间针对首相的咨询提出了9项报告(小学、男子高等普通教育、大学教育及专门教育、师范教育、视学制度、女子教育、实业教育、通俗教育、学位制度)、2项建议(《振兴军事体操的建议》《一般设施完善教育效果的建议》),其内容几乎涉及整个教育及其相关领域。日本政府根据上述建议,对学校教育制度进行了全面改革②。因此可以说,“大正时代后期至昭和初年的教育制度改革,均发端于该会议(临时教育会议)的咨询建议”③,临时教育会议决定了大正时代后期的日本教育体制改革,而其所属由其前身教育调查会的文部省上移至首相,说明中央教育行政决策的集权程度进一步提高。

① 海后宗臣编:《临时教育会议研究》,东京大学出版会1960年,第15页。
② 1918年12月公布《大学令》《高等学校令》,1919年2月修改《帝国大学令》《小学校令》《中学校令》。
③ 海后宗臣编:《临时教育会议研究》,“前言”第7页。

1924年，日本政府设立了又一直属首相的教育审议机构——“文政审议会”(1924.4—1935.12)。该审议会“由首相监督，并根据其咨询调查审议振作国民精神、教育方针及其他文政重要事项”，成员包括总裁1人、副总裁2人及委员40余人。该审议会召开期间共提出咨询报告12项，内容涉及从幼儿园到大学的几乎整个教育领域，在12项咨询建议中，除“修改学位令”一项未实施外，其余均被付诸实施①。文政审议会不同于临时教育会议，其总裁由首相亲自担任，副总裁中的1人由文部大臣担任，干事长由文部次官担任。可见，中央教育行政决策机构的集权程度进一步加强。

而且，临时教育会议、文政审议会均为“秘密会议”，不允许普通民众参与、旁听。也就是说，日本政府在大正后期设立的临时教育会议、文政审议会等教育决策机构，表面上集官民、各界于一堂共商教育政策，具有一定的民主性；但实质上，它们只是统治阶层内部进行协商的场所，只是为了将统治阶层内部各领域的教育要求落实到教育政策当中，而无视了普通国民的教育需求、排除了普通民众的教育参与权。因此可以说，大正后期以教育审议机构为代表的教育行政机制，只是统治阶层内部的民主，而并非真正的民主。

其次，在对地方教育行政统制的方面，日本政府在大正后期也开始有所加强。例如，临时教育会议于1918年7月提出有关视学制度的报告，建议加强中央文部省及地方的视学制度。日本政府根据该建议，对视学制度做了如下改革：一是从1919年开始，将文部省视学官由兼职改为专职；二是增加文部省督学官的人数，1921年将督学官由7人改为9人，此后又逐年增加，1927年15人、1932年17人；②三是改革地方视学制度，1926年开始在道府县设置学务部，增加府县视学，1928年在北海道及府县设置专任视学官。

① 1925年修改《师范学校规程》，1925年颁布《陆军现役将校学校配属令》，1926年制定《幼儿园令》，1926年修改《小学校令》，1926年公布《青年训练所令》，1928年修改《大学令》。

② 海后宗臣编：《临时教育会议研究》，第713页。

日本政府加强视学制度的主要目的，是控制教育领域民主、自由思潮的发展。临时教育会议建议加强视学制度的首要理由是："值此国民思想变动最为忧虑之秋，涵养健全之思想，需要教育上特别严密周到之指导监督。"①例如，1922 年 1 月，茨城县知事就曾在郡视学会议上批判自由教育论，并严禁教师参加自由教育的研究会；1924 年 11 月，文部省向奈良女子高等师范学校附属小学派遣督学官，目的是纠正自由教育的过度发展；1925 年 5 月，督学官森冈在视学讲习会上做出指示，要求各视学加强对新教育的监督。

第二，教育行政受干涉程度的加强。

一战后，皇权、军界、经济界等均开始制度化地干预教育行政，教育的相对独立性受到侵害。

首先，天皇的辅弼机构——枢密院顾问官开始参与教育决策。原本《枢密顾问官制》及《枢密院事务规程》规定枢密院不得干预施政，不得与其他官署、帝国议会等交涉，当然原则上也不允许参与教育行政事务。但临时教育审议会中先后有 3 名枢密顾问官任委员，文政审议会设立时有 4 名专任枢密顾问官、1 名帝国学士院院士兼任枢密顾问官任委员，"此 4 名枢密顾问官均为临时教育会议的委员，而且是文政审议会的核心成员"②。时任文部大臣江木千之对此说明道："枢密顾问官近来成为行政机构委员之一……先帝曾令枢密院特别留意教育……故在枢密院议长谅解之下，由 4 名顾问官担任委员"③。此外，皇族或敕选的贵族院议员也参与教育决策，临时教育会议委员中有贵族院议员 9 人、文政审议会委员中有 28 人。④ 皇室势力参与教育决策，反映了皇权在教育行政

① 海后宗臣编：《临时教育会议研究》，第 668 页。

② 国立教育研究所日本近代教育史料研究会编：《资料文政审议会》(第 1 集 · 总览)，明星大学出版部 1989 年，第 33 页。

③ 同上书，第 92—93 页。

④ 海后宗臣编：《临时教育会议研究》，东京大学出版会 1960 年，第 1019—1036 页"委员简历"。国立教育研究所日本近代教育史料研究会编《资料文政审议会》(第 1 集 · 总览)，第 60—73 页"委员名单"。

领域内的加强。

其次，军界进一步参与教育决策。临时教育会议的36名委员中，有2名军界人员，最初为陆军次官、海军教育本部部长，后改为陆军教育总监部本部长、海军教育本部第一部长；此外，临时教育会议的52名历任委员中，有33人出身士族①。文政审议会的总裁先后由11位首相担任，其中首相田中义一时任预备役陆军大将、最后两任的斋藤实及冈田启介均为现役海军大将；文政审议会刚设立时的委员中，包括3名军界官员：陆军方面为1名军事参议官、陆军大将与1名预备役陆军中将，海军方面为1名预备役海军大将。② 可见，较之前一阶段，军界势力对教育决策的干预程度有所加强。

进而，经济界也参与到教育决策中。临时教育会议的成员中包括3名经济界人士③，文政审议会刚设立时的43名委员中，包括经济系统的大藏次官1人、农商务次官1人、财界4人。④ 这些人作为代言人，将经济界的教育要求、人才培养需求反映到了教育政策当中。但与此同时，经济界对教育行政的参与，也势必有损教育行政的独立性。

各界参与教育行政，可以使教育有效地为其服务，增强自身实力，但当各界的利益取向日趋武力对外时，教育也必然沦为对外战争的工具之一。

(二) "皇国主义"教育政策的发展

一战结束前后，日本的民主主义风潮日盛，工人运动活跃，教育领域也掀起了主张个性与自由的新教育运动。在这种情况下，日本政府试图

① 海后宗臣编:《临时教育会议研究》,第1019—1036页。

② 国立教育研究所日本近代教育史料研究会编:《资料文政审议会》(第1集·总览),第60—73页"委员名单"。

③ 海后宗臣编:《临时教育会议研究》,第17、1019—1036页。

④ 国立教育研究所日本近代教育史料研究会编:《资料文政审议会》(第1集·总览),第60—73页"委员名单"。

用“忠君爱国”的国民道德教育抑制民主与自由的发展，以缓和社会阶级矛盾。

第一，“临时教育会议”时期的“皇国”。

“临时教育会议”要解决的首要问题便是如何培养国民的“忠君爱国”意识。1917 年 10 月，时任首相寺内正毅在临时教育会议上的演说中开篇便特别强调：教育之道多端，然国民教育之要在于……培养富于护国精神之忠良臣民。”①

在上述宗旨下，临时教育会议提出的各项建议中均强调加强“忠君爱国”教育。例如，针对小学提出：“若不在教育少年时深刻沁入畏吾帝室、尊吾帝室之观念，则本国将处于极其危险之状态，实为堪忧。……要时常教育学生心底常浸润我国体实异于各国、体会我皇室对于国民之难得。”②针对中学及高中建议：“有必要在高等普通教育中使学生充分体会教育敕语之圣旨，尤其要倾注主力于巩固国体观念。”③针对大学建议：“希望大学更加注意陶冶人格、涵养国家思想。”④建议师范教育的“最大急务”是：“尤其要进一步致力于涵养忠君爱国之志操”，并称此为。⑤ 针对女子学校首先建议“女子教育中要注意将主力用于使学生充分理解教育敕语之圣旨，尤其要巩固国体观念……”⑥针对实业教育建议：“更加致力于德育，努力陶冶人格。”⑦针对家庭教育则有委员主张通过家庭教育培养“敬神尊崇之道”，称“不明敬神尊崇之道、无固守其之道，则无与德国基督教相对应者。”⑧针对一般社会建议：“要使国民思想归一、定其适从之所。而其归一之处，……今举其要目，即明征国体之本义”，其方法

① 海后宗臣编：《临时教育会议研究》，第 33—34 页。
② 同上书，第 155—156 页。
③ 同上书，第 459、461 页。
④ 同上书，第 520、528 页。
⑤ 同上书，第 595 页。
⑥ 同上书，第 735 页。
⑦ 同上书，第 787、788 页。
⑧ 同上书，第 159 页。

如“欲巩固尊重国体之念，更要维持敬神崇祖之美风，并日益普及之”，“明征国体本义中最必要之事项，在于建立研究皇学之适当设施，宜在帝国大学及其他学校中，确立讲明皇学之方针，以明建国之由来，理解国体之根基精髓。”[①]

日本政府根据上述建议修改了相关敕令及规则，在初等以上[②]各级各类学校的教育目的中新增“国民道德”“国家思想”的表述。例如，新颁《高等学校令》(1918.12)中规定高等学校“应特别致力于充实国民道德。”[③]新颁《大学令》(1918.12)规定大学“兼留意陶冶人格、涵养国家思想。”[④]文部省1918年开始建立“精神科学奖励金”，“为了以资明征国体观念”。[⑤] 修改的《中学校令》(1919.2)规定中学的教育目的中增加“应特别致力于培养国民道德”，修改的《高等女子学校令》(1920.7)规定高等女子学校“应特别致力于培养国民道德，注意涵养妇德。”修改的《实业学校令》(1920.12)规定实业学校的教育目的中新增“努力涵养德性”。1921年修改的《工业学校规程》《农业学校规程》《商业学校规程》均要求“注意陶冶人格”。

进而，天皇于1923年11月颁布《振作国民精神诏书》：“朕惟国家兴隆之本，在于国民精神之刚健，须涵养振作之，以固国本。……晚近学术益开、人知日进，然渐萌浮华放纵之习，轻佻诡激之风亦生。及至今日，欲革除时弊或恐失坠于前绪，况此次灾祸甚大，复兴文化、振兴国力皆有待国民精神。……”[⑥]时任首相清浦奎吾1924年1月在第48次帝国议会上演讲称：“欧洲大战以来，我国思想界依然继续动摇，今尚有人心动

---

① 海后宗臣编：《临时教育会议研究》，第961—962页。

② 1890年《小学校令》已将“讲授道德教育及国民教育之基础”列为小学教育目的之一，该时期只是在具体的教育实践中进一步加强“忠君爱国”内容。

③ 宫原诚一等编：《资料日本现代教育史》(4 战前)，三省堂1974年，第214页。

④ 同上书，第213页。

⑤ 小川利夫等编：《日本现代教育基本文献丛书　社会·终身教育文献集Ⅳ 39　爱国心教育史的探究》(大槻健、松村宪一著，青木书店1970年)，日本图书中心2001年，第184页。

⑥ 宫原诚一等编：《资料日本现代教育史》(4 战前)，三省堂1974年，第204页。

辄驰于矫激、流于浮华者，……而振兴文教与振作国民精神，乃现今国情下急务中之急务。将体奉先前焕发之大诏趣旨……"①可见，日本政府试图借天皇权威抵制民主之风。

第二，"文政审议会"时期的"皇国"。

1924年设立的文政审议会愈加重视"国民精神"。《文政审议会官制》规定该审议会调查审议的首要内容便是"国民精神之振作"，时任首相清浦奎吾在该会成立大会上号召要"朝野竭尽一致，努力振兴国民精神，以期发扬圣旨之切要。"②时任文部大臣江木千之说明该审议会设立的理由之一就是："欲彻底实现振兴国民精神诏书之宗旨。"③

文政审议会审议的各项内容均强调"德性"与"德操"。例如，关于初等教育，首相1924年5月要求审议延长义务教育年限时提出"（高等小学）进一步加强涵养德性"④。关于中等教育，首相咨询中提出由文部省编纂中等教育学校的修身、日语汉文、历史3科标准教科书，理由是："（现行中等教科书）编述总体上偏于个人修养，而在养成国家及公民观念方面颇为遗憾，……中等教育上振作精神尤为急务。"⑤文政审议会进而要求中学教育的宗旨首先是"施以道德教育及国民教育"，"希望基于教育敕语之旨趣，靠学校教育整体实行道德教育，常引导学生实践躬行，特别用意于养成国民道德，使其领会我建国之本义与国体之尊严、明忠孝之大义、并巩固其信念"。⑥ 另外，审议会建议将当时《师范教育令》第一条中的"特别是涵养国家思想"改为"养成国体观念"⑦，意在突出"国体"。

① 内阁制度百年史编纂委员会编：《历代内阁总理大臣演说集》，大藏省印刷局1985年，第158页。

② 国立教育研究所日本近代教育史料研究会编：《资料文政审议会》（第1集·总览），第89页。

③ 同上书，第91、92页。

④ 同上书，第98、113、114页。

⑤ 同上书，第100—101页。

⑥ 同上书，第131页。

⑦ 同上书，第122、123页。

基于上述建议，日本政府先后于 1925 年 4 月、1926 年 4 月修订了《师范学校规程》《小学校令》，将师范学校及小学课程中的“日本历史”改为“国史”，意在强调“国”。继而，于 1928 年 1 月修订《专门学校令》，在原专门学校的教育目的中新增“在专门学校应留意陶冶人格及培养国体观念”的规定。

第三，国定修身教科书中的“皇国”。

初等教育领域则进一步在修身等课程的国定教科书中增加了有关“皇国”的内容，加强了对皇室、《教育敕语》、各种节日、国旗、国歌等的记述。

该时期使用的第三期国定修身教科书《普通小学修身书》（第 1—6 卷，1918 年 2 月开始刊行，至 1923 年刊行完毕）中，加强“皇国”的内容如下：

第一，仍然重视《教育敕语》。第三期同第二期一样，将《教育敕语》全文刊于第四、五卷卷首，并在六年级最后三课详细讲授其内容。

第二，有关皇室内容的比重进一步增加。第三期“整体上使用的素材中，有关天皇、国家、社会的道德素材比重增加，人际关系的道德与个人道德均减少”①。其中，有关明治天皇的记述发生了明显变化，如第三期第一卷“天皇陛下”一课的内容为“天皇陛下万岁”②，而第二期的内容为“这里是天皇陛下之出行处”。此外，第三期第四卷中，有关明治天皇的内容除了记述天皇亲临广岛大本营的事例外（第二期第四卷该处仅记述明治天皇的该事），还记述天皇视民如子、与民同甘共苦，巡行新潟县时向许多盲人下赐救济金，多次救助蒙受地震、洪水、火灾等灾难的人们，冒雨观看爱知县的大演习，日常生活极其朴素节约等事例③，旨在渲染天皇对国民的“恩德”。

① 海后宗臣编著：《日本教科书大系》（近代编　第 3 卷　修身三），讲谈社 1962 年，第 500、501 页。

② 同上书，第 129 页。

③ 同上书，第 156、268 页。

第三，渲染皇室的“神性”。从第三期开始，第三卷“皇大神宫”一课中首次直接出现“天照大神”的名称：“皇大神宫是供奉天皇陛下之祖先——天照大神——之神宫。”①

第四，通过节日、国旗国歌、靖国神社等培养国民的“尊皇”意识。有关国家节日，第三期第三卷在“节日”一课中记述了新年、纪元节、天长节三大节的意义（第二期第四卷才讲述）。关于靖国神社，第三期第四卷（第一期未单列一课，第二期第四卷开始单列一课）中将第二期中的“该社供奉着为国而死的人们”改为“该社供奉着为君为国而死的人们”，将最后号召国民的“为国为君尽忠”改为“为君为国尽忠”，②即强调“君”优先于“国”。

综上可见，一战后的日本虽然经历了大正民主运动，然而皇国意识在各级各类教育领域非但未被削弱，反而被进一步强化。

（三）“军国主义”教育政策的体制化

伴随着日本1918年参加第一次世界大战，其国内的军国主义体制随之进一步加强③，军国主义教育也逐步实现了体制化。

第一，“临时教育会议”下的军国主义教育。

1917年12月，临时教育会议向首相提出《振兴军事体操的建议》，建议在学校教育中实施军事体操训练：“学校振兴军事训练，以大大裨补其德育，并以资体育，诚乃鉴于帝国教育现状之紧急要务，望速采取适当之措施。”其理由是：“军事训练于驯致纪律、服从等良习大有效果。……体育上能完成身体之发达，造就强健国民之基础，并启发军事知识技能之一端，与其德育涵养的忠爱心（国民精神即军人精神）一道，可得他日服于军务之素养。”④可见，在学校教育中实施军事体操训

① 海后宗臣编著：《日本教科书大系》（近代编　第3卷　修身三），第150页。

② 同上书，第158页。

③ 详见拙著《日本近现代教育史》（世界知识出版社2010年），第185页。

④ 海后宗臣编：《临时教育会议研究》，第915页。

练主要是为了尽早培养各种“军务之素养”。该建议于同月被批准通过，表明日本政府内部在推进学校军事教育方面达成了共识，并提出了具体的实施方策。

继而，1918年4月，日本政府再次修改《征兵令》，其中与学校军事教育有关的部分包括：第一，将官立公立小学在职教师的6周现役制（1889年11月创设）改为一年现役制。时任陆军大臣大岛健一在说明延长的理由时称：要“使其接受军事教育后返校”，“影响到儿童的教育……毫无遗憾地尽力于军国”，6周的时间太短了。① 即军方试图通过加强对小学教师的军事训练，来加强对初等教育的军事渗透。第二，将中等学校以上在校生的缓期征兵改为延期入伍。原令规定，中等学校以上的学生即使到了国家规定的服兵役年龄，由于学业未完而可以毕业以后再服兵役；新令的“延期入伍”则规定，中等学校以上在校生年满20岁后便要接受征兵检查，只是允许其延期进入军营。根据该制度，中等、高等教育领域的学生在校期间原则上已经成为军人了。

此外，职业教育中也加强了军事成分。1919年6月，海军省下令将电信省直属的商船学校学生统称海军预备生、即准海军军人，归海军教育本部长管辖。进而，1925年4月，文部省直辖的商船学校学生被编入海军籍，其体检与考试与电信省直属商船学校相同。商船学校学生编入海军籍，是军方对教育领域的侵占。

第二，“文政审议会”下的军国主义教育。

在文政审议会成立的1924年4月，文部省召集陆军省、海军省、内务省、农商务省在文部省内召开五省联合“国民军事教育委员会”，商讨国民军事教育方案。《东京朝日新闻》（1923年4月4日）评论此举称：“有识之士均担忧最近为节约军备裁军将直接导致国防能力的缩减。兹军民均认识到，应由全体国民负担国防之基础，因而议论教育上之方案，

① 《帝国议会教育议事总览》第4卷，第55—59页。引自海后宗臣编《临时教育会议研究》，第952页。

不能不说实为军事界之一大进步。”[①]而在此之前，各级各类学校事实上已经不同程度地实施了军事训练。据调查，1923 年秋至 1924 年夏的约一年时间，陆军省向陆军卫戍地附近的 451 所中等以上学校中的 415 所（占总数的 92%）派遣了现役将校进行“指导、援助”，其中主要接受军事体操指导的 60 所、实弹演习指导的 85 余所、军事研究的 43 所、野营的 34 余所、马术 95 所、实弹射击的 98 余所。[②] 除上述现役军人的军事训练外，当时还有 1128 名非现役的预备役及后备役将校下士已经在从事学校教育了。[③]

基于上述基础，1924 年 12 月至 1925 年 1 月，文政审议会审议通过了《振兴学校军事训练的措施》，确立的方针是认为在中等以上学校实施军事训练可以“大大促进学生体育，裨补其德育，并增进国防能力，诚为我国现状之紧急要务”[④]。1925 年 3 月，文部省与陆军省签署《陆军省、文部省有关军事训练的协议备忘录》，就学校军事训练的具体事宜达成协议，其中规定学校体操科的主任由陆军派遣的现役将校担任。进而，1925 年 4 月 13 日，日本政府公布敕令《陆军现役将校学校配属令》（同日实施），规定“向官立及公立的师范学校、中学、实业学校、高等学校、大学预科、专门学校、高等师范学校、临时教员培训所、实业学校教员培训所、实业补习学校教员培训所派遣陆军现役将校，对男学生实施军事训练”，私立的上述各级各类学校可以申请向其派遣陆军现役将校，大学也可申请向其派遣陆军现役将校。[⑤]

同日，文部省与陆军省联合下达《陆军现役将校学校配属令施行规程》，并公布文部省下发的《学校军事训练教学要目》[⑥]，规定了各年级军

---

① 国立教育研究所日本近代教育史料研究会编：《资料文政审议会》（参考史料・上），明星大学出版部 1989 年，第 509 页。

② 同上书，第 302—303 页。

③ 国立教育研究所日本近代教育史料研究会编：《资料文政审议会》（参考史料・上），第 298 页。

④ 国立教育研究所日本近代教育史料研究会编：《资料文政审议会》（第 1 集・总览），第 108 页。

⑤ 宫原诚一等编：《资料日本现代教育史》（4 战前），第 221 页。

⑥ 同上书，第 222—223 页。

事训练的具体内容，包括“单人军训、部队军训”“射击”“指挥法”“战场勤务”“信号旗”“距离测量”“测图”“军事讲话”等。上述敕令、训令的颁布实施，标志着学校军国主义教育体制的正式确立。其时，实施军事教育的学校数为1200所[①]，另外，“大学从1925年开始由现役将校讲授军事讲座，……听军事课成为义务。”[②]

与此同时，日本政府还开始有组织地对社会青年实施军事训练。1926年4月，日本政府公布敕令《青年训练所令》、文部省令《青年训练所规程》，设立青年训练所。该训练所招收16—20岁男青年，训练项目包括修身及公民课、军事训练、普通课程、职业课四类，总课时为800课时，其中军事训练400课时(占50%)，修身、公民课各100课时(12.5%)，国语、数学、历史、地理、理科等普通课200小时(25%)。[③] 此类青年训练所一般由实业补习学校或小学设立，设立学校的校长担任主任，其校教师或在乡军人担任指导员，师范学校服短期现役的毕业生及各级退役军官是主要的训练指导员。1926年7月1日，日本全国同时开设了15580个青年训练所、受训青年891550人。[④]

日本政府对中等以上学校在校生及社会青年进行军事训练，主要意图在于将初等教育毕业至19岁的劳动青年组织起来，以军事教育为核心来构筑“战力基础”，以便“将良才迎入军中”，“使国防之基础及于一般国民之上”，“完善举国国防。”[⑤]

第三，国定教科书中的军事内容。

在初等教育领域，则是进一步增加了国定教科书中的军国主义教育

① 国立教育研究所日本近代教育史料研究会编：《资料文政审议会》(参考史料·上)，第298页。

② 日本著名教育史研究者海后宗臣1946年在东京审判中的证词，国民教育研究所编著《战后教育的原典③ 东京审判·教育证言的记录》，现代史出版会1975年，第99页。

③ 土屋规基：《战前日本的军国主义教育》，国民教育研究所编《战后教育的原典 3 东京审判——教育的证言》，现代史出版会1975年，第30页。

④ 文部省编：《学制百年史》，帝国地方行政学会1972年，第533页。

⑤ 首相若槻礼次郎1927年1月在第52次帝国议会上、首相田中义一1928年1月在第54次帝国议会上的施政方针演说，内阁制度百年史编纂委员会编《历代内阁总理大臣演说集》，大藏省印刷局1985年，第175、186页。

内容。例如，国定修身教科书第二卷有关日俄战争的记述，第二期(1910—1918)仅用了一页，第三期(1918—1932)用两页"生动"描述了该战争中海军中佐广濑武夫在旅顺口海战中"英勇"战死的事迹(第四期(1933—1938)有关广濑武夫的内容增加为三页)。

此外，第三期国定历史教科书(上、下卷，1920、1921年)中，新增加了日本历次主要内外战争的多幅插图："神武天皇东征图""日本武尊东征图""朝鲜半岛诸国图""圣武天皇拜大佛""桓武天皇""虾夷征伐要图""空海渡唐""奥羽要图""源平会战要图""元兵来寇图""楠木正成奋战于凑川""战国要图""朝鲜要图""西南战役要图""明治二十七、八年战役要图"(甲午战争)、"天皇从皇宫出发赴广岛大本营""能久亲王于台湾忍耐辛苦""明治三十七、八年战役要图"(日俄战争)、"大山岩大将进入奉天城""东乡大将于三笠旗舰上指挥""欧洲大战关系地图""我飞机袭击青岛的无线电所"。①

可见，一战后的各级各类教育机构中均加强了军国主义教育，尽管当时日本朝野不乏批判之声②，但终究未能阻止军国主义教育的体制化。

(四) 教育领域的"民主运动"及其局限性

一战后，教育领域内的民主运动仍然不断高涨，"'教育社会化'、'教育民主化'、'教育自由化'成为教育思想家的口号"。③

在高等教育领域内，各大学纷纷设立了各种大学生组织，开展学生

---

① 海后宗臣编著：《日本教科书大系》(近代编 第19卷 历史二)，讲谈社1963年，第619—732页。

② 例如，临时教育会议讨论《振兴军事体操的建议》时，委员阪谷芳郎指出该做法"意味着奖励军国主义与侵略主义"，将"使儿童思想进一步屈服于军事主义"，"将来招致教育制度对军事制度的从属"(海后宗臣编《临时教育会议研究》，东京大学出版会1960年，第925—927、954页)；1925年11月，《立教大学报》《早稻田大学报》《帝国大学报》联合发表声明反对大学的军事化等。

③ 藤原喜代藏：《明治大正昭和教育学说思想人物史》第三卷，1943年，第395页。引自堀尾辉久著《天皇制国家与教育——近代日本教育思想史研究》，青木书店1987年，第385页。

民主运动。例如，早稻田大学于1919年2月成立“民人同盟会”；法政大学于1919年成立“扶信会”，同年10月成立“青年文化同盟”，1922年11月成立全国学生联合会。与此同时，学生们也纷纷开始研究社会主义问题，东京帝国大学1923年11月成立社会科学研究会，学生联合会1924年9月改称“学生社会科学联合会”。各地的高等中学也开展了“社会问题研究”，如第一高等中学1919年成立“社会问题研究会”，二高、四高、六高、新潟高等学校内1923年4月也相继设立“社会科学研究会”，1924年4月在八高、松山、松江、静冈等各高等学校设立“社会科学研究会”等。

在初等教育领域，小学教师组织起来倡导新教育。1919年8月，埼玉县小学教师发起成立了“启明会”(1928年4月解散)，成为日本近代第一个教师工会。该组织提出的要求包括“教育理想的民众化”“实现公正的社会生活，立足于民众精神”“立足于爱全人类之精神，排斥助长敌忾心的教学，反对根源于绅士派阀自卫之策的侵略主义”“教育机会均等”“实现教育自治”“扩大教育自由的范围，以尊重儿童的生活与成长，实施个性本位的教育”等。① 但是，启明会的纲领中同时也宣布“奉戴明治天皇之圣旨”，遵循政府的“皇国主义”教育宗旨，又表现出其局限性。

教育界也纷纷发起各类新教育运动。1921年8月，大日本学术协会召开“八大教育主张”演讲会，各教育学派争相阐述并呼吁实施其新教育主张。1923年8月，野口援太郎、下中弥三郎等成立“教育世纪社”，创办《教育的世纪》，建立“儿童村”，发起新教育，主张“充分尊重儿童个性，完全确保儿童自由”，“学校生活应由学生及教师自治，排除一切外部干涉，也不要其自身的集团性干涉”，“勇于对全人类尽义务”等。② 但是，该运动主张“制度上的革新运动姑且有待于其他方面的努力，兹在最自由与认真的准备之下，首先从其方法上的革新运动出发吧。”可见，新教育运

① 宫原诚一等编：《资料日本现代教育史》(4 战前)，第246—247页。

② 详见宫原诚一等编：《资料日本现代教育史》(4 战前)，第247—249页。

动具有舍本求末的局限性，终究无法扭转日益右倾化的教育体制。

面对教育界民主运动的蓬勃发展，1924 年 8 月，文部大臣冈田良平在地方长官会议上指示要加强监督“教育新主义鼓吹者”，这是文部省最早提出取缔新教育的正式方针。[①] 针对学生运动，1924 年 11 月，高等学校校长会议要求解散各高等学校的社研组织；1925 年 12 月，京都府警察开始逮捕“社研”学生（即“京都学联事件”）；1926 年 1 月，开始首次使用《治安维持法》，在日本全国逮捕社研学生；同年 5 月，文部大臣冈田良平下达内部训令，要求取缔学生“左倾思想”；文部省于同月下令禁止学生研究社会科学。也就是说，在大正末年，日本政府已经开始以国家机器镇压“自由”“民主”之风。

综上所述，第一次世界大战后的日本，纵然在教育领域也掀起了具有进步意义的“民主运动”，但其重视方法与学说、甚至打着“民主”的旗号而迎合政府政策的做法，终究无法从根本上阻止教育行政政策的集权化、干涉化倾向，也无法扭转日本政府不断加强“皇国主义”“军国主义”教育的既定政策，其结果必然是导致教育政策的日趋右倾化。

① 伊崎晓生、松岛荣一编：《日本教育史年表》，三省堂 1990 年，第 114 页。

第二章　现代教育政策的开端与发展

一、占领时期对日本战前教育的认识[1]

第二次世界大战结束后，以美国为首的占领军对日本实施了一系列的非军事化、民主化改革。其中，教育改革是其重要组成部分。而教育改革的一个重要前提，是如何认识改革的对象——战前的日本教育。它关系到能否正确实施改革、改革是否彻底、改革成果能否巩固等问题。以往的战后教育改革研究中，大多注重对教育改革过程、美国对日政策与教育改革之关系等方面的研究[2]，而忽略了改革主体对日本战前教育的认识这一问题。本文通过解读战后初期教育改革的主体——美国为首的盟军总司令部(GHQ)、文部省为首的日本政府、日本教育专家——

① "认识"有政策中公开表明的认识与政策背后的认识两种，前者容易从政策本身中解读，而且由于其公开性与权威性，因此会对大多数民众产生更大的影响力；后者则相对具有隐秘性，在当时不为一般人所知，而且有可能随着决策者立场与政策目的的变化而改变。本文从教育社会学的角度，更注重公布的政策对公众的影响力，因此主要论述政策制定者公开表明的认识。

② 主要有：海后宗辰监修：《战后日本的教育改革》1—10 卷(东京大学出版会 1976 年)、久保义三著：《对日占领政策与战后教育改革》(三省堂 1984 年)、铃木英一著《日本占领与教育改革》(劲草书房 1983 年)。

的相关政策建议,考察分析上述三方对日本战前教育的认识,并揭示这一认识的重要意义及其局限性。

(一) 战后教育改革政策的实施主体

战后初期,参与日本教育改革的主体有三方面:一是以美国为首的盟军总司令部(GHQ),二是以文部省为代表的日本政府,三是日本教育专家委员会。三者基于各自的立场,在战后初期的教育改革中均发挥了重要作用。因此,在探究战后初期对日本战前教育的认识之前,须先考察三者的构成及其相互关系。

1. 盟军总司令部(GHQ)

以美国为首的反法西斯盟国对日本实施军事占领后,即设立占领军总司令部(GHQ),统辖对日占领及改革各项事宜。GHQ 下设若干特别参谋部,其中负责教育改革的是“民间情报教育局”(The Civil Information and Education Section,简称 CIE)。CIE 负责制定实施有关教育改革的政策、方针,并下达给日本文部省及各教育机构,同时督促日本政府制定各种具体的教育改革实施计划。这些改革政策与计划旨在“从教育理念与实践两个层面上,将军国主义与极端国家主义从日本教育制度的所有领域中彻底清除出去;进而建立新的教学课程,以普及民主主义的理想与原理”①。CIE 下设六个部门,其中教育科直接负责教育问题,其主要任务是通过改革日本的教育制度,来改革日本人的基本思想、生活及行动方式,使之更加符合国家与人类社会的基本规范。CIE 教育科在占领初期的教育改革中发挥了重要作用,非军事化教育改革的各项方案基本上是由其制定、并监督文部省实施的。

除 CIE 之外,美国对日教育使节团也在日本的民主化教育改革中发挥了重要作用。该使节团是应盟军总司令麦克阿瑟的要求,由美国国务院派遣的。团长为斯托达德博士(伊利诺伊大学名誉校长、纽约州教育

① CIE 编、儿玉三夫译:《日本的教育》,明星大学出版部 1983 年,第 12—22 页。

长官),团员由27人组成,包括大学教师14名、教育行政官员5名、教育及劳动等全国性团体人士4名、联邦政府有关人员4名。使节团于1946年3月在日本滞留近一个月,对日本教育进行了大量调查研究,并最终向盟军最高司令官提交了一份详细的有关改革日本教育制度的报告书——《美国教育使节团报告书》。该报告书对日本的学校制度、教育行政、教育内容等提出了全面的改革意见。麦克阿瑟将之评价为:"民主主义传统中最高理想的文书。……对我总司令部民间情报教育局极其有用。"①日本著名教育学研究者宗像诚也认为:"《美国教育使节团报告书》描绘了战后教育改革的全图","是最重要的历史性文件。"②也即,《美国教育使节团报告书》为日本民主化教育改革确定了基本方针。

2. 日本政府

日本政府负责战后教育改革的部门是文部省。文部大臣、文部次官负责总的教育改革方针政策,下设几个局负责教育各领域的具体改革事务。1945年9月4日,文部省改革官制,废除学生动员局,重设体育局,将科学局改为科学教育局,保留了原来的专门学务局、国民教育局、教学局。同年11月13日,文部省再次改革机构,废除教学局,将专门教育局与国民教育局合并为学校教育局,重设社会教育局,新设教科书局。1946年2月9日,文部省内临时设立"教育使节团事务局",专门负责协助美国教育使节团的工作。同年12月3日临时设立调查局,专门联络、调查有关教育改革的事务,调查研究国内外教育制度及教育状况,进行一般性统计等。日本文部省在改革中发挥了调查研究与实施改革政策的作用。

3. 日本教育专家

占领当局为了保证民主化教育改革的顺利实施,要求日本政府成立专家委员会参与教育改革工作。于是,日本方面先后成立了"日本教育

①《麦克阿瑟元帅关于美国教育使节团报告书的声明》,见寺崎昌男编《战后教育改革构想 Ⅰ期 1 美国教育使节团报告书》(再版),日本图书中心,2000年,第64页。

② 明星大学战后教育史研究中心编:《战后教育改革通史》,明星大学出版部1993年,102页。

专家委员会”和“教育刷新委员会”。

日本教育专家委员会成立于 1946 年 2 月 7 日，委员由大学教授、教育行政人员及各种类型的教育机构负责人共 29 人组成（委员长为东京大学校长南原繁）。该委员会预先研究了即将抵日的美国教育使节团所要研究的问题，于同年 2 月完成了《协助美国教育使节团的日本教育委员会报告书》，就教育敕语、确立教育权、学校体系、教育协会及教育工作者联盟、教育方法、国语改革等问题，为美国教育使节团提供政策建议。

教育刷新委员会成立于 1946 年 8 月 10 日，由政治、教育、宗教、文化、经济、产业等各界的权威人士 50 人组成（首任委员长为前文部大臣安倍能成，副委员长为南原繁）。该委员会主要在美国教育使节团离开日本后，根据使节团提出的教育改革方针，向日本政府提出各项具体改革建议。从 1946 年 12 月第一次建议到 1951 年 11 月最后一次建议止，先后共召开了 142 次大会，开设 21 个小委员会，提出建议 35 次。就日本的教育理念及教育基本法、学制、大学教育、科研人员培养、振兴私学、教育财政、教育行政、教师、社会教育等教育领域的各个方面进行了审议与建议，这些改革建议几乎全部作为政府的具体改革政策加以实施。

4. 三者的关系

在战后日本的民主化教育改革过程中，上述三方改革主体的关系在 1946 年 3 月美国教育使节团赴日前后有所不同。美国教育使节团赴日之前，GHQ 直接向日本政府发布教育改革指令；日本文部省则根据 GHQ 的改革指令，制定具体的改革计划，经 GHQ 审查批准后付诸实施；日本教育专家团体尚未直接参与到改革中。美国教育使节团离日之后，GHQ 不再向日本政府直接发号施令，而是改为在幕后操纵改革。由日本教育专家组成的教育刷新委员直接参与到改革中，根据美国教育使节团确立的改革方针以及占领当局的指示，审议、提出具体的改革建议与方案。文部省则只负责实施教育刷新委员会提出的改革建议。另外，为了协调三者的关系，1946 年 9 月 9 日成立了“高级联络委员会”。该委员会由文部大臣、文部次官、CIE 局长、教育科长、教育刷新委员会委员长及副委员长6人组成。文部省向教育刷新委员会咨询的案件均须通过该委员会,教育刷新委员会的提案亦均要提交该委员会。也就是说,GHQ可以通过"高级联络委员会"向文部省施加压力,以确保其如实地执行教育刷新委员会提出的民主化改革方案。

占领时期三方改革主体的关系具有三个特点:第一,以美国为首的GHQ掌握着日本教育改革的主导权。只是GHQ在1946年3月前后,行使主导权的方式不同,之前是直接指令,此后改为间接"指导"。第二,日本文部省在改革过程中的权力有所削减。1945年战败之初,文部省曾积极提出各项改革建议与措施,参与了针对军国主义教育的改革,但是其政策保守,一味试图维护天皇在教育领域中的地位,妨碍了教育的进一步民主化改革。因此,1946年2月之后,文部省的教育改革建议权被日本教育专家团体所取代。第三,日本教育专家团体兼具被动性与主动性。日本教育专家委员会及教育刷新委员会是在GHQ的要求和支持下成立并开展工作,因此必然有受控于GHQ的一面。但是,由于两委员会的成员大部分积极主张对日本教育进行民主化改革,因此其建议基本上是自主提出的。先后担任过日本教育专家委员会委员长、教育刷新委员会副委员长及委员长的南原繁指出:"我们不仅与使节团合作,而且利用它来实现我们的意见。"①日本教育专家大田尧评价三者的关系时指出:"尽管CIE最关心的是(教育)改革能否沿着(美国教育使节团)报告书的基本路线推进,但CIE经常对文部省实行的是尊重各专家审议会的内部指导,这反而作为一种保障各审议会自主性、独立性的力量而发挥了作用。"②

(二) GHQ对战前教育的认识

以美国为首的GHQ在日本民主化教育改革中占主导地位,因此,其

① Gary H. Tsuchimochi, Education Reform in Postwar Japan: The 1946 U. S. Education Mission, Tokyo: University of Tokyo Press, 1993, P. 107。

② 大田尧编著:《战后日本教育史》,岩波书店1978年,第90—91页。

对日本战前教育的认识尤为重要。战后初期的美国对日政策、GHQ教育改革“四大指令”、《美国教育使节团报告书》等，均反映了占领当局的认识。

1. 战后初期对日政策中的教育问题

战后初期，美国方面最初直接提及教育问题的公开文件，是1945年9月22日的《战后初期美国的对日政策》。该文件第一部“最终目的”提出实现目的的手段之一为：“应完全解除日本国之武装，并使之非军事化；将军国主义者的权力与影响力，从日本政治生活、经济生活及社会生活中彻底清除；强力废除军国主义与侵略精神的制度”。进而，在“第三部”中称：“在理论与实践上将军国主义与极端国家主义（包括准军事训练）从教育制度中铲除出去，将旧职业陆海军将校、预备军官及其他一切军国主义和极端国家主义的推行者，从监护及教育地位中清除出去。……禁止增强战争力量的专业研究与教育。”[①]这表明，美国政府在占领之初便明确提出了铲除教育中的军国主义与极端国家主义的政策。

进而，1945年下半年，GHQ相继颁布了改革日本教育的“四大指令”，即《日本教育制度的管理政策》（10月22日）、《教师及教育官员的调查、开除、认可》（10月30日）、《废除政府对国家神道（神社神道）的保护、支援、监督及弘扬》（12月15日，即“神道指令”）、《停止开设修身、日本历史、地理课》（12月31日）。“四大指令”旨在命令日本政府铲除教育中有关军国主义与极端国家主义（神道指令中称“过激国家主义”）的人（教育工作者）、内容（课程与教科书）及意识（国家神道）。其中除《日本教育制度的管理政策》之外，其余三个指令开头均阐明了采取此措施的目的。例如，《教师及教育官员的调查、开除、认可》中指出：“为了从教育机构中肃清招致日本民族败北、真正犯罪、痛苦、贫穷及现在之惨状的军国主义与极端国家主义的影响，为了防止军人或与军事密切相关的教职员继续

① 细谷千博等编：《日美关系资料集1945—1997》，东京大学出版会1997年，第22—25页。

施加上述影响，兹下发该指令。”[①]“神道指令”指出：“军国主义及极端国家主义的宣传歪曲神道之教义与信仰，欺骗日本国民并将其引向侵略战争，为了防止(将神道)再度利用于该宣传……”[②]“停止修身等课程的指令”开头指出：“日本政府曾将军国主义与极端国家主义观念固执地编入某教科书，为将此种观念植入学生头脑中而利用了教育……”[③]从上述简短的阐述中，可以看出占领当局对战前日本教育中军国主义、极端国家主义危害性的认识。

“四大指令”中的“神道指令”，具体阐述了“军国主义”与“过激国家主义”的内涵：“本指令中使用的‘军国主义乃至过激国家主义的意识形态’这一用语，是认为日本负有将其统治扩大到他国乃至其他民族的使命，并使之正当化的教育、信仰、理论等，而宣扬这种使命的依据是：(1) 日本天皇因其家世、血统或特殊起源而优于他国元首。(2) 日本国民因其家世、血统或特殊起源而优于他国国民。(3) 日本各岛起源于神或具有其他特殊起源而优于其他国家。(4) 其他欺骗日本国民并将其引向侵略战争、或讴歌用行使武力的手段解决与他国间争端的主义。”[④]

1946 年 2 月 4 日，CIE 教育科公布的《教科书审定标准》中列出了要求日本政府改革教科书内容的标准，其中具体阐述了军国主义、超国家主义的内涵。该文件中所阐述的“军国主义”的内容包括：赞美战争是解决纷争的英雄式的理想方法；称赞出于对天皇的忠义而战死者；将荣获军功的战斗英雄称为伟人；认为普及兵役是最爱国的、为国效劳的观念；赞美大炮、军舰、战车、要塞、军人等与军事有关的人或物。[⑤]“超国家主义”的内容包括：大东亚共荣圈主义及其他的领土扩张主义；日本人优于其他民族及国民的观念；违反联合国宪章之目的、原则的思想与态度；以

---

① 战后日本教育史料集成编集委员会编：《战后日本教育史料集成》(第 1 卷)，三一书房 1982 年，第 35 页。

② 战后日本教育史料集成编集委员会编：《战后日本教育史料集成》(第 1 卷)，第 37 页。

③ 同上书，第 38 页。

④ 同上书，第 39—40 页。

⑤ 高桥史朗等著：《占领下的教育改革与审查》，日本教育新闻社出版局 1987 年，第 80—81 页。

绝对忠诚服从天皇的观念;天皇优于他国元首、天皇制神圣不可侵犯的观念等。

从上述占领当局政策文件所阐述的内容来看,无论是“军国主义”,还是“极端国家主义”“过激国家主义”或“超国家主义”,其共同特征是主张日本天皇、国民、国土优于他国,并且主张积极对外行使武力。这一共同特征恰恰是战前日本教育中的“皇国主义”及“军国主义”的特征,这表明占领当局对战前日本的教育有着清醒的认识。但是,在占领当局的所有文件中,只是在内容中阐述了战前教育中的天皇崇拜问题,而一概没有公开提出战前日本教育的最大特征之一——“皇国主义”。

2.《美国教育使节团报告书》中的认识

1946 年 3 月发表的《美国教育使节团报告书》,重点在于向日本方面提出建立民主教育制度的方针与建议,因此没有多提“军国主义”或“国家主义”(仅有 7 处),但在每项建议之前,均对日本战前教育的相应问题进行了回顾。

报告书的第一章“日本教育的目的与内容”中指出:“日本的教育制度,即使其组织与教学规章不卷入极端国家主义与军国主义之中,而依据近代教育理论也理应加以修改。该制度为大众和少数特权阶级准备了不同类型的教育,是以高度中央集权的 19 世纪的教育制度为基础的。……该制度通过规章、教科书、考试、视察等,减少了教师在工作中的自主机会。教育效果的评价,往往看在多大程度上实现了标准化和统一化。……无论文部省和地方官厅教育科的职员多么有学识,都几乎不具备有关教育与教学的专业训练与经验。其结果,是完全牺牲了社会各阶层中的潜在才能。……忠诚心和爱国心未必是所有国民不期望的,问题是如何以合理的代价加以确保。以绝对服从和盲目自我牺牲来确保,未免代价太高。……在狭小的范围内任用人才的官僚制度,阻塞了靠实际业绩升迁的途径,几乎没有调查研究的机会,并排斥来自外部的批判。这种排他性的官僚制度支配下的教育制度本身,自动失去了进步的条件。……旧教育是自上而下组织起来的,其本质特征是官僚主义。"①可见,该报告书客观地认识到了战前日本教育制度高度中央集权、绝对服从与盲目牺牲、强迫式的官僚主义等缺陷。

随后,报告书第一章中还指出了日本战前的教科书、修身和伦理课、地理和历史教育中存在的问题。针对教科书指出:"日本教育使用的教科书,事实上为文部省所垄断。小学教科书由文部省直接编辑,中学教科书在编写后要接受文部省的审定。在我们的调查范围之内,教科书的编制与选择均未充分征求教师的意见。……教科书根据国家政策的演变而相应修改,1939 年修订的教科书就被严重歪曲。"②这实际是指出了战前日本国家对教育内容的统制。针对修身课指出:"日本各类学校中的修身课程,以培养顺民为目的。众所周知,日本通过忠诚心来确保秩序,这种努力得到社会上重要人物的支持,非常有效。其结果,这种手段最终与不正当的目的结合起来。"③针对历史与地理教育指出:"通常,开设历史和地理课,是为了使学生认识自己所处的时空位置。即历史与地理给学生以客观的基础,使其回顾历史,了解其身处的自然环境,从而进一步认识其所处环境与其他世界之间的关系。日本在讲授这两门课程时,强调了与此不同的观点。即有意识地把有记载的历史和神话混同起来,把地理看作是防卫性的,甚至是宗教性的、以自我为中心的。在日本典型的课程中,作为客观课程的历史课与地理课,其地位受到非常严重的轻视;但在政治的、军国主义的教育中,却发挥了很大作用。"④

报告书第三章指出了日本教育行政上的缺陷,认为"在各种仪式、礼拜天皇像时使用敕语和敕谕,是过去统治学生思想感情的强有力手段,适应了好战的国家主义目的……经验证明,集权式的制度,很容易被制度内外的权力者所操纵,或者用于其私利。过去,日本学校制度经常成

① 寺崎昌男編『戦後教育改革构想Ⅰ期 1 米国教育使節団報告書』(複製)、7—9 頁。
② 寺崎昌男編『戦後教育改革构想Ⅰ期 1 米国教育使節団報告書』(複製)、12 頁、13 頁。
③ 寺崎昌男編『戦後教育改革构想Ⅰ期 1 米国教育使節団報告書』(複製)、13 頁。
④ 寺崎昌男編『戦後教育改革构想Ⅰ期 1 米国教育使節団報告書』(複製)、16 頁。

为批判对象。因为,整个制度中的各种重要地位,均被非教育人员、非专业训练的人所占据;许多教员由内务大臣或其代理人任命并对其负责。……文部省是统治日本思想界的权力中心,该机构的权力有可能像以前那样被恶用,因此我们建议削减其行政管理权。……学校组织受督学制度的强烈管制。……文部省的职能应该完全脱离内务省。"①

以上说明,《美国教育使节团报告书》较为客观地认识到了战前日本教育中所存在的弊端与问题,指出了战前日本教育理念中过分强调爱国心的局限性、敕语及敕令对学生思想感情的统制、教育行政上的集权性与非独立性、学校制度的特权性、教育内容划一性、非客观性与附庸性等问题。

(三) 日本政府对战前教育的认识

1. 政府公告中的认识

1945 年 8 月 14 日,日本天皇发布《终战诏书》,宣告停止战争。翌日,文部省遂下发训令《奉行太平洋战争终结之际颁布御赐大诏之圣旨》,内称:"……大东亚战争爆发已近四年,其间地方总监及地方长官热诚统督辖内之学校教职员,校长及教职员尽忠以举垂范进惧之实;学生或在前线勇战,或在后方敢斗,以忠诚纯真效奉公之节。然战局及世界局势之急变,残酷之原子弹爆炸出现,招致亘古未有之国难,国家进程之蹉跌。此乃由我等诚躬之不足、报国力量之贫乏、皇国教学之精髓未予发扬所致。须衷心反省,将此痛恨铭刻于心,立誓今后完成臣子之责任义务。奉命戒激情、谕隐忍、申道义志操之教者,唯教育关系者感奋兴起也。望各位深刻体会此大诏圣旨,贯彻维护国体之一念。从事教育者当努力熏化教导学生,正确恪守其本分。师徒一心以堪重任,祖孙一体以忍远道,重建教学于荆棘之中,复兴国力于焦土之上,以报答深远之圣虑。"②

这说明,当时的日本政府非但没有反省战前皇国主义、军国主义教

① 寺崎昌男編『戦後教育改革構想Ⅰ期 1 米国教育使節団報告書』(複製)、25—28 頁。

② 宮原誠一〔等〕編『資料 日本現代教育史 1』(1945—1950)、三省堂、1974 年、21 頁。

育的严重危害，反而认为战败是由于“皇国教学之精髓未予发扬所致”，并强调要“维护国体”，即要继续维护天皇的地位与权威。

1945年9月15日，文部省先于占领当局，公布了《建设新日本的教育方针》，声明其新的教育方针政策。该文件中未专门阐述战前教育问题，仅在开头声称：“要肃清旧有基于战争需要之教育政策”，并在“新教育方针”部分言称：“奉体大诏之同时，探讨以往之教育方针，确立应对新事态之教育方针……今后之教育愈加努力维护国体，同时肃清军国思想及其政策措施……”另外，在“教育形势”部分，则称要废除战时教育训练及学校军事训练，停止与战争相关的科学研究等。① 日本政府虽然表明要停止战前的军国主义教育，但并没有言及战前军国主义教育的危害，更没有提及教育中的“皇国主义”。

1946年1月1日，天皇发布《建设新日本诏书》（即所谓的“人间宣言”），旨在号召全体日本国民克服困难，“为振兴产业及文运而勇往直前”。其中提到战前天皇与国民的关系：“朕常欲与尔等国民同在，同利害，分休戚。朕与尔等国民间之纽带，始终以互相信赖与敬爱相连接，非仅靠神话与传说而生；非基于天皇为现人神、日本国民优越于他民族、进而具有支配世界之命运这一虚构观念之上。”②同月4日，文部省下发《关于天皇人间宣言的文部省训令》，内称：“……如圣上所垂示，我国纯正之君民关系，并非建立于虚构之神话与偏狭之民族优越感之上，唯此际一洗旧有之错误观念，方显现君民一体万世不渝之真姿。……奉戴此圣旨并彻底贯彻之。”③

也就是说，“人间宣言”及文部省的相应训令，承认战前将天皇神化是错误的。但是，日本政府并没有否定天皇在教育领域乃至整个国家中的地位与权威，《建设新日本诏书》的发布，以及文部省训令中要求“奉戴此圣旨并彻底贯彻之”本身就说明了这一点。

---

① 戦後日本教育史料集成編集委員会編『戦後日本教育史料集成』（第1巻）、121頁。

② 宮原誠一〔等〕編『資料 日本現代教育史1』（1945—1950）、30—31頁。

③ 宮原誠一〔等〕編『資料 日本現代教育史1』（1945—1950）、31頁。

2.《新教育指针》中的有关认识

1946 年 5 月至 1947 年 2 月，日本文部省出版发行了《新教育指针》(共 5 册)，全面介绍了日本即将推行的民主主义教育的目的、重点、实施方法等。该书是为便于学校教师理解新的民主主义教育而编写的指导手册，虽然由日本文部省负责出版发行，但最初是由日本教育专家编写、后经占领当局批准的。因此，该书中对战前教育的评判，具有较高的权威性与客观性。书中前两章即为“日本现状与国民反省”“消除军国主义及极端国家主义”，分别阐述了日本战败的原因、日本国民性的弱点、军国主义与极端国家主义的特征等。

第一，对日本战败原因的认识。《新教育指针》中指出：“在三年多的激战中，我们全力而战却终究失败。……日本陷入此种状态的原因何在？又是谁的责任？诚然，是因战败而致，然回顾过去，此战爆发事出有因，将国民引向战场的领导者难辞其咎。……但领导者之所以犯错误，是因日本国家制度及社会组织存在各种缺点。进而日本人思维本身也存在诸多弱点。全体国民有必要就此深刻反省，尤其是教育工作者必须清楚认识这一点。”①“导致日本今天这种状态的直接原因，在于最近领导者——作为战争责任者受到盟国及日本国民追究的人们——的错误，但导致这些人犯错的是日本全体国民的上述弱点。从这一意义上说，战争责任应由全体国民来负，国民必须向世界真诚谢罪。”②这表明，日本政府承认发动战争的国家领导应该对战败负责，并明确宣布“战争责任应由全体国民来负，国民必须向世界真诚谢罪”。

第二，对战前日本国民性的缺点的认识。书中列举了战前日本国民性的五大缺点：(1) 日本没有完全革新，尚残留陈旧的东西。日本一面摄取近代文化过着进步的新生活，另一面也保留着陈旧性、封建性；(2) 日本国民未充分尊重人性、人格及个性；(3) 日本国民缺乏批判精神，容易

① 寺崎昌男編『戦後教育改革构想Ⅰ期 2 新教育指針』(複製)、日本図書センター、2000 年、1—3 頁。

② 寺崎昌男編『戦後教育改革构想Ⅰ期 2 新教育指針』(複製)、9 頁。

盲从权威;(4)日本国民缺乏合理精神,科学水准较低;(5)日本国民自以为是,缺少谦虚的态度。

其中"日本国民缺乏合理精神,科学水准较低"一项中称:"缺乏合理精神、易对权威盲从的国民,缺乏理性思考能力,即缺乏合理精神,因此科学性较弱。日本人中有少数科学工作者,但普通国民的科学文化程度较低。例如,以前的国史教科书中,将神灵孕育国土及山草树木、大蛇尾部长出宝剑、神风吹来消灭敌军等神话及传说,当成真实历史加以记述。而学生们对此并不质疑,也没追究其真相与意义。接受如此教育的国民,手持竹枪向现代兵器挑战,在门柱上张贴防弹护身符,相信神风会带来最后胜利等……军国主义及极端国家主义即基于日本国民的这一弱点而产生。"①

"日本国民自以为是,缺少谦虚态度"一项中则解释道:"没有抛弃封建心态的人,经常对上面毫无批判地盲从,而对下面则抱有自以为是的傲慢态度。自以为是的人,不具接受不同意见及信仰的谦虚态度。日本国民的这一弱点最近尤为明显。政治家认为自己的政策最好而独断专行,压迫反对者……这种自以为是的态度,最终发展成日本全体国民错误的优越感。相信天皇是现人神而优于他国元首,认为日本民族是神生的特殊民族,日本国土由神所生,决不会灭亡,这种自豪便是国民优越感。最终在'八紘一宇'这一美丽的词汇下,将日本统治施加于其他国民之上。民族有自信,国民热爱国家,乃人之常情,无可非议。但因此而轻视其他民族,欲使他国国民服从自己,则是错误的。日本国民因为这种态度而失去了世界的同情,被孤立于国际社会。这是战争原因,也是战败的原因。今后在教育中,无论个人还是国民,要抛弃自以为是的心态,尊敬他人与他国国民,培养虚心听取不同意见与信仰的态度。"②

以上种种,较为客观地分析了战前日本国民性的缺点。但是,其中

---

① 寺崎昌男編『戦後教育改革构想Ⅰ期 2 新教育指針』(複製)、7 頁。

② 寺崎昌男編『戦後教育改革构想Ⅰ期 2 新教育指針』(複製)、3—8 頁。

又明显反映了日本统治阶层的思维方式，即千方百计地掩饰自身统治的过失，并将责任推卸给国民。特别是没有揭示出，正是由于战前的历任统治者刻意向日本国民灌输了皇国主义、军国主义的教育，才导致了日本国民性的上述缺点。

第三，对军国主义与极端国家主义特征的认识。该书指出："军国主义是国家预想到战争而对军备倾注了最大力量，并以此为中心整顿国内体制，对他国采用战争手段来贯彻本国的主张"。军国主义的具体特征是：(1) 预想到战争而对军备倾注了最大力量；(2) 军人具有优越的社会地位，也掌握政治上的实权；(3) 经济与军备相结合，财阀容易与战争结合；(4) 以战争为目的实行文化统制，压制言论与思想；(5) 通过战争解决国际问题。书中将"极端国家主义"解释为："过分热爱自己的国家，在为了国家这一名义下，牺牲每个国民的幸福，并无视别国的立场"。极端国家主义的具体表现为：(1) 将国家看得高于一切，为了国家而牺牲一切的"国家至上主义"；(2) 国民怀有骄傲的心态，不利于国际友好。① 可见，书中较为详细地分析了战前军国主义与极端国家主义的特征，却没有提到"皇国主义"②，甚至连有关天皇的具体内容也未出现。

总之，战败后不久，日本政府在教育政策中曾经试图"维护国体"，但随着占领当局民主化改革的推进，1946 年以后便不再公开提出天皇地位问题，转而指出军国主义与极端国家主义的特点，反省日本国民的缺点。

(四) 日本教育界对战前教育的认识

1. 日本教育专家委员会的认识

日本教育专家委员会对战前教育的认识，主要体现在 1946 年 2 月下旬向美国教育使节团提交的报告书中。该报告共分六部分，其中仅在

---

① 寺崎昌男編『戦後教育改革构想 Ⅰ期 2 新教育指針』(複製)、10—14 頁。

② 有关日本战前"皇国主义"教育的特征，详见臧佩红著《日本近现代教育史》，世界知识出版社 2010 年。

“关于《教育敕语》的意见”及“关于学校体系的意见”两项中提及战前教育。

报告书就《教育敕语》指出：“以前的《教育敕语》，明确规定了从家庭道德到社会、国家道德的顺序。但是，还有比这一道德内容更根本的、构成人之本质的普遍道德，如‘（三）’①所列举的内容。这种道德是以往的《教育敕语》所欠缺的。过去的《教育敕语》，旨在将国家与皇运视为最初的、也是最终的教育目的，而不承认个人与人类的价值。”②

从上述内容来看，日本教育专家委员会并没有否定《教育敕语》本身，只是含蓄地指出了其具体内容上的缺陷，并建议添加符合时代发展的内容后，由天皇重新颁布新的教育敕语。

关于学制问题，日本教育专家委员会的报告书中指出：“我国现行的学校系统主要是国民学校初等科毕业后，（一）顺次升入初中、高中、大学；（二）顺次升入初中、专科学校；（三）顺次升入国民学校高等科、青年学校。（一）是通往第一类的最高学校即大学的系统，（二）与（三）分别是通往第二类、第三类最高学校的系统；而且，各个系统之间缺乏横向联系。学校系统的这三种类型，促进了国民阶层的分化，不利于根据学生能力升学以及赋予其提高生活的均等机会。……社会阶层的分化事实上难以避免，但在强烈要求民主主义的今天，应尽量改变由学校系统从制度上助长这种分化。”③也就是说，日本教育专家们认识到，战前的多轨制学校制度，事实上造成了教育机会的不平等，从而也造成了国民阶层的分化与不平等。

2. 教育刷新委员会的认识

教育刷新委员会提出的各项咨询报告，重在提出实施改革的具体方案，因此仅有两处论及战前的教育问题。

---

① 该建议“三”中所列道德为“人性、自主精神、合理精神、社会生活、家族及邻里生活、国家生活与日本民族共同体、国际精神、和平与文化”。

② 戦後日本教育史料集成編集委员会編『戦後日本教育史料集成』(第1卷)、65頁。

③ 戦後日本教育史料集成編集委员会編『戦後日本教育史料集成』(第1卷)、66—67頁。

第一，建议《教育基本法》中写入战前教育的弊端。1946 年 11 月 29 日，教育刷新委员会提交的《教育基本法序言及教育基本法纲要草案》中指出："实施教育，必须期待开明真理与完全人格。过去我国教育往往缺少这种自觉与反省，尤其轻视真正的科学精神与宗教情操，德育流于形式，教育缺乏自主性，最终导致了军国主义、极端国家主义倾向。为纠正这一错误，必须从根本上革新教育"①，并建议在教育基本法序言中"明确以往教育整齐划一、流于形式的缺陷"②。

但是，1947 年 3 月最终公布的《教育基本法》，并没有采纳该建议，而是删除了这一内容。日本著名教育研究专家堀尾辉久认为："被删文字确实具有重要的历史意义。……至少从这段文字中，可以清楚看到与过去旧理念决裂的意识，现在是要在决裂的基础上提出新理念。……特别是，它明确写下与战前军国主义或国家主义倾向诀别。"③

第二，建议改革战前的教育行政。1946 年 12 月 27 日，教育刷新委员会第 17 次大会通过的有关教育行政改革的决议中，建议"改正以往官僚性的划一主义与形式主义，教育要尊重公正的民意，确保教育自主性与教育行政的地方分权"，"基于以上方针，教育行政尽量独立于一般地方行政，且由国民自治组织进行"④。

3. 其他教育团体的认识

日本民间最具代表性的教育团体是"全日本教员组合"（成立于 1945 年 12 月 1 日，简称"全教组"）与"日本教职员组合"（成立于 1947 年 6 月 8 日，简称"日教组"）。两团体在其有关战后教育改革的政策文件中，也或多或少地言及了战前教育。

"全教组"在其成立纲领中称："以往的教育强化军阀、财阀、官僚统治，将卑屈精神、军国主义、极端且非合理的国家主义强加给人民，而学

① 鈴木英一、平原春好編『資料 教育基本法 50 年史』、勁草書房、1998 年、352 頁。

② 鈴木英一編『资料 教育基本法 30 年』、学陽書房、1978 年、116 頁。

③ 堀尾輝久著『日本の教育』、東京大学出版会、1998 年、81—82 頁。

④ 宮原誠一〔等〕編『資料 日本現代教育史 1』(1945—1950)、147 頁。

校正是集中的组织，这一点从战败的结果来看尤为明显”①。1946 年 3 月 26 日，全教组向美国教育使节团递交了教育改革报告书，其中深刻揭露了战前教育行政的弊端。报告指出：“日本教育的破败现状，教师与学生们的贫穷与饥饿，是日本帝国文部省指导的帝国主义战争、过去所有错误教育的结果。现在日本教育崩溃，出现了饥饿与偷窃的儿童，但文部省仍不采取任何对策，一味地强令推行敕语。督学制度与官制教科书是文部省专制主义的两大武器，文部省据此掌握着任免教师及决定其待遇的专制权力。贫穷、过度劳动与失业的恐怖使教师丧失力量，强制教师无批判地盲从，向学生幼小的头脑中灌输帝国主义与奴隶主义，现在仍没有真正表示出反省的诚意。……教育中的军国主义、官僚主义及警察政治，利用家长与教师管束学生，然后通过家长→巡查→署长→内务大臣这一管理体系，以及教师→校长→督学→知事→文部大臣这一官僚主义体系，造成了现在教师的腐朽性与反动性。”②正是基于对战前教育危害的深刻认识，“全教组”在其成立宗旨中提出“当前的紧急目标”是“追究教育相关人员的战争责任”，“坚决反对将战争责任转嫁给小学教师”，“对军国主义、国家主义的教师进行再教育”等。③

“日教组”成立较晚，其将主要任务放在提出具体的教育改革建议上，因此，其宣言及纲领中几乎未提及战前教育，甚至未出现战败之初频繁被提及的“军国主义”、“极端国家主义”等概念，仅仅在其行动纲领的倒数第二项中提出“从教育界驱逐战争罪犯，打倒法西斯”。④

综上所述，战后初期，三方面改革主体均不同程度地认识到了日本战前教育存在的弊端。以美国为首的占领当局指出了战前教育中央集权的官僚主义和历史、地理、修身等课程的问题之所在。日本文部省分析了日本人性格上的弱点与缺陷及其与战争的关系。日本教育界人士

① 戦後日本教育史料集成編集委员会編『戦後日本教育史料集成』(第 1 卷)、465 頁。

② 宮原誠一〔等〕編『資料 日本現代教育史 1』(1945—1950)、437 頁。

③ 宮原誠一〔等〕編『資料 日本現代教育史 1』(1945—1950)、466—467 頁。

④ 戦後日本教育史料集成編集委员会編『戦後日本教育史料集成』(第 1 卷)、440 頁。

认识到了战前多轨制学校体系的缺陷，对战前教育行政的官僚统治也毫不留情地进行了揭示与批判。

上述认识具有重要的历史意义。其一，该认识是战后民主化教育改革的前提与基础，改革主体只有认识到日本战前教育的问题之所在，才有可能对症下药，制定并实施相应的教育改革政策。其二，该认识是当时历史时点的人们对日本战前教育的证言，其中所指出的日本战前教育的问题及其危害，是对占领结束后教育改革的倒退，也是对当今教育右倾化的有力回击。

同时，上述认识中也存在着一定的局限性。其一，并没有提出战前教育中的“皇国主义”特征，只是在解释“极端国家主义”时列举了有关天皇的现象。这表明战后初期并未真正明确战前教育的本质特征，因而也无法向国民揭示战前“皇国主义”教育的欺骗性。其二，文部省作为战前教育的推行者，并未真正反省战前教育行政体制和教育内容的弊端，反而认为日本国民性格上的弱点及缺陷是导致战前错误路线的根源，这实际上是本末倒置。

就总体而言，战后初期对日本战前教育之弊端虽有所批判，但对其军国主义、皇国主义教育之危害揭露不深、批判不足。这也正是占领结束后至今日本朝野右翼势力否认对外侵略历史的总根源。

二、战后初期“民主化”教育政策的推行

从 1945 年 8 月日本被占领后旧教育制度的改革、新体制的建立，到 1951 年 11 月首相的私人咨询机构“政令咨询委员会”发表《关于教育制度改革的咨询报告》，日本政府在占领当局的主导下，通过立法改革了近代教育体制中的非民主、军事性要素，推行了民主、和平的现代教育政策。教育的“民主改革”标志着日本近代教育体制的终结、现代教育体制的肇始。

日本被占领时期的教育改革，是由以美国为首的占领当局、以文部

省为代表的日本政府、日本教育专家委员会三方面改革主体共同推动完成的。第一主体是以美国为首的占领当局——盟国占领军总司令部(简称“盟总”或“GHQ”)①,掌握着改革的主导权。在1946年3月之前,其直接制定、下达并强令日本政府执行铲除军国主义的“教育指令”,1946年3月“美国对日教育使节团”②提出全面教育改革建议后,改为“指导”日本政府建立民主教育体制。第二主体是日本政府领导下的文部省,该省在改革中的权力较之战前大大削弱,它一方面负责执行占领当局的教育指令,推行教育专家委员会提出的具体民主化改革方案;另一方面又力图维护天皇等旧统治者的教育权力,具有保守性。第三主体是日本教育专家团,主要包括“日本教育专家委员会”(1946年2月设立)和“教育革新委员会”(1946年8月设立),两委员会基本上由教育界民主人士组成,根据占领当局的改革方针,并出于自身的民主要求,审议制定具体的教育改革建议与方案(文部省只负责执行其具体方案)。协调三方改革主体的机构是1946年9月成立的“高级联络委员会”,由文部大臣、文部次官、CIE局长、教育科长、教育革新委员会委员长及副委员长6人组成,文部大臣向教育革新委员会提出的咨询方案、教育革新委员会提出的具体改革方案均须提交该联络委员会。

日本被占领时期“民主化”教育改革政策的推行大致可以分为三个阶段:

第一阶段(1945.8—1946.2)是铲除军国主义与极端国家主义的过

① GHQ中负责教育改革事务的是“民间情报教育局”(简称CIE),CIE下设六个部门,其中教育科直接负责教育问题,制定实施有关教育改革的政策、方针,并下达给日本文部省及各教育机构,同时督促日本政府制定各种具体的教育改革计划。

② 使节团团长为斯托达德博士(伊利诺大学名誉校长、纽约州教育长官),团员由27人组成,包括大学教师14名、教育行政官员5名、教育及劳动等全国性团体人士4名、联邦政府有关人员4名。该调查团于1946年3月底向盟军最高司令官提交的改革日本教育制度的报告书——《美国教育使节团报告书》,被誉为“描绘了战后教育改革的全景”、“是最重要的历史性文件”。《美国教育使节团报告书的意义》,《美国教育使节团报告书——呈交盟军最高司令部》中收录,1960年,日教组。转引自明星大学战后教育史研究中心编《战后教育改革通史》,明星大学出版部1993年,第102页。

程。占领当局 1945 年 10—12 月下达了有关教育的“四大指令”①，意在铲除教育中有关军国主义与极端国家主义的“人”（教育工作者）、“内容”（课程与教科书）及“意识”（国家神道）。日本政府则于 1945 年 9 月 15 日率先公布《新日本建设之教育方针》，一方面主动提出铲除军国主义，另一方面却极力维护天皇的教育统治权。

第二阶段（1946. 3—1949. 6）是通过立法确立民主、和平、平等教育体制的过程。1946 年 11 月 3 日公布的《日本国宪法》（1947 年 5 月 3 日实施）规定了“学问自由”“平等受教育权”“普通义务教育”等教育基本原则；1947 年 3 月 31 日公布实施的《教育基本法》旨在“明示教育目的，确立新日本教育的基础”（“前言 ③”）。它本着“民主”“和平”的主导原则，确立了教育目的、教育方针、教育机会均等、义务教育、男女同校、学校教育、社会教育、政治教育、宗教教育、教育行政等几乎所有教育领域的基本原则。1947 年 3 月 31 日公布实施的《学校教育法》确立了单轨制的学校教育体系，并对各级各类学校做出了具体规定。此后颁布实施的《教育委员会法》（1948. 7. 15）、《教育公务员特例法》（1949. 1. 12）、《文部省设置法》（1949. 5. 31）确立了教育行政的法制框架，《社会教育法》（1949. 6. 10）对社会教育做出了具体规定。

第三阶段（1949. 6—1951. 11）是民主教育改革停滞及酝酿修改新教育体制的过程。该阶段，美国占领当局为了“反共”而将此前的“削弱日本”政策改为“扶植日本”，美国非但不再支持日本民间的民主力量，而且改为镇压之。1949 年 7 月 4 日，盟总司令麦克阿瑟在声明中称“日本是阻止共产主义侵入的防波堤”，CIE 顾问伊路兹 1949 年 6 月至 1950 年 5 月先后在 30 所大学公开声称要开除“共产主义教授”，1949 年 9 月 22 日修改的《学校教育法施行规则》中规定“扰乱学校秩序的学生”将被开除。

---

① “四大指令”：《日本教育制度的管理政策》（10 月 22 日）、《教师及教育官员的调查、开除、认可》（10 月 30 日）、《废除政府对国家神道、神社神道的保护、支援、监督及弘扬》（12 月 15 日）（即“神道指令”，从学校教育中排除神道教育）、《停止开设修身、日本历史、地理课》（12 月 31 日）（停止修身、日本历史、地理三门课程，并收回其教科书）。

与此同时,1950 年 9 月发表《第二次美国教育使节团报告书》[①],1951 年 11 月发表“政令改正咨询委员会”《关于教育制度的建议》,开始酝酿修改刚刚确立的民主教育体制。

(一)“民主”教育理念的确立

鉴于战前“皇国主义”教育的危害,占领时期的民主化改革取消了天皇的神性与国家统治大权,并废除《教育敕语》、删除各种“尊皇”教育内容、取消学校各种崇拜活动与仪式等,从而取消了教育政策中的“皇国”教育理念。与此同时,通过《日本国宪法》《教育基本法》等国家根本大法,确立了主张“个人”的教育理念与目的。但是,这一“破旧立新”的过程中,也存在着不彻底性与局限性。

1.“皇国”教育理念的废除

占领当局首先主导取消了天皇的“神性”与统治权,这是废除“皇国”教育理念的前提。

关于天皇的“神性”问题,天皇 1946 年 1 月 1 日颁布的诏书(即所谓“人间宣言”)中提道:“朕与尔等国民间之纽带,……并非仅靠神话与传说而生,并非基于天皇为现人神、日本国民优越于他民族、进而具有支配世界之命运这一虚构观念之上”[②]。文部省同月 4 日为贯彻该诏书而下达训令,“我国纯正之君民关系,并非建立于虚构之神话与偏狭之民族优越感之上”[③],从而否定了天皇的“神性”。战前,日本政府向学生灌输天皇“神性”的主要途径之一是国家神道教育,因此,1947 年《教育基本法》的“宗教教育”条款规定:“国家及地方政府设置的学校,不得为了特定宗教而实施宗教教育或其他宗教性活动。”(第 9 条第 2 款)此外,历史教育中的“神话”,是战前向学生灌输神国观念的又一主要途径,因此美国占

① 该使节团 1950 年 8 月 27 日抵日,9 月 22 日提交、9 月 30 日发表《第二次美国教育使节团报告书》。

② 宫原诚一等编:《资料日本现代教育史 1》(1945—1950),三省堂 1974 年,第 30—31 页。

③ 宫原诚一等编:《资料日本现代教育史 1》(1945—1950),三省堂 1974 年,第 31 页。

领当局与日本一线教师都主张“应将神话与客观历史分离”①。文部省在《关于新国史教科书》(1946 年 10 月)、《国史教学指导要点》(1946 年 11 月)中也分别规定“省略神话传说”“神话传说没有必要与历史事实混同,不写入教科书。”②此外,日本政府于 1946 年 3 月下令关闭了神宫皇学馆大学,1947 年 6 月通知学校停止遥拜皇宫、“天皇陛下万岁”等天皇崇拜言行。天皇“神性”的废除,符合历史发展的科学趋向,具有进步意义。

关于天皇统治权问题,1946 年《日本国宪法》取消了 1889 年《大日本帝国宪法》中有关天皇政治、经济、军事等统治权的规定,仅规定“天皇是日本国的象征”(第 1 条)。同时,新宪法明文限制了天皇的政治权力:“天皇仅行使该宪法所规定之国事行为,不拥有国政之权能”(第 4 条);天皇任命首相要根据国会指名,任命最高法院院长要根据内阁指名;天皇的国事行为要经过内阁的建议与承认;向皇室让渡财产或皇室接受财产均须经国会决议,等等(第 6—8 条)。上述规定从根本上改变了日本国家的“君主”性质。在社会领域,盟总 1945 年 10 月 4 日下令可以自由讨论天皇;1947 年 10 月 26 日修改《刑法》,取消“不敬罪”。

废除“皇国”教育理念的标志是“排除”《教育敕语》。

日本被占领初期,日本教育专家、美国占领当局均不同程度地批判了《教育敕语》存在的问题。1946 年 2 月,日本教育专家委员会向美国教育使节团提交的报告书中指出:“过去的《教育敕语》,旨在将国家与皇运视为最初的、也是最终的教育目的,而不承认个人与人类的价值,希望改正这一点”③;1946 年《美国教育使节团报告书》指出:“在各种仪式、礼拜天皇像时使用敕语和敕谕,是过去统治学生思想感情的强有力手段,适

① 渡边彰译:《美国教育使节团报告书》,目黑书店 1947 年,第 33 页;文部省教科书局调查科《关于以前的国民学校国史教科书——国民学校教育的经验及意见调查》,1946 年 5 月。引自宫原诚一等编《资料日本现代教育史 1》(1945—1950),三省堂 1974 年,第 228 页。

② 宫原诚一等编:《资料日本现代教育史 1》(1945—1950),三省堂 1974 年,第 337、340 页。

③ 战后日本教育史料集成编集委员会编:《战后日本教育史料集成》(第 1 卷),三一书房 1982 年,第 65 页。

应了好战的国家主义目的。"[①]美国太平洋陆军总司令部军事谍报局1946年7月18日的一份报告中写道:"必须注意《教育敕语》被利用为鼓舞军国主义之核心这一点。"[②]

上述《美国教育使节团报告书》中明确要求停止奉读《教育敕语》、礼拜天皇像等崇拜天皇的仪式,美国太平洋陆军总司令部军事谍报局的报告中提出:"必须废除'欺骗及误导日本人民使其妄图征服世界'之主要策略的《教育敕语》。"[③]于是,文部省于1946年10月8日秘密通知全国各学校"抛弃《教育敕语》是我国教育之渊源的旧有观念",今后在节日仪式上不再拜读敕语,学校保存敕语副本但不再将其神化等。[④] 1947年4月11日,远东委员会发布的《日本教育制度改革指令》中规定:"敕语、诏敕不得用于教学、研究及学校仪式的基础",盟总同日就此发表声明,"《教育敕语》失去了作为教育之基础的性质,成为历史性文献。日本教育的目的与哲理,今后由新宪法及议会通过的法律来规定。"[⑤]继而,占领当局于1948年5月督促日本国会通过废除《教育敕语》的决议。日本政府迫于压力,不得不于1948年6月19日的众参两院先后批准《关于排除教育敕语等的决议》《关于确认教育敕语等失效的决议》,文部省25日下令收回全国所有学校保存的《教育敕语》副本。《教育敕语》的"排除"与"失效",标志着"皇国"教育理念在法律意义上的终结。

战前日本推行"皇国"教育理念的主要途径是修身、历史、地理等课程。GHQ1945年12月31日下令《停止开设修身、日本历史、地理课》,并要求收回其教科书。1946年《美国教育使节团报告书》进一步指出三门课程的弊端:"日本各类学校中的修身课程,以培养顺民为目的。众所周知,日本通过忠诚心来确保秩序,这种努力得到社会上重要人物的支

① 寺崎昌男编:《战后教育改革构想Ⅰ期1美国教育使节团报告书》,日本图书中心2000年,第25—28页。

② 高桥史朗等著:《占领下的教育改革与审查》,日本教育新闻社1987年,第48页。

③ 同上书,第48页。

④ 宫原诚一等编:《资料日本现代教育史1》(1945—1950),三省堂1974年,第142页。

⑤ 同上书,第131、133页。

持，非常有效。其结果，这种手段最终与不正当的目的结合起来”；“在日本典型的课程中，作为客观课程的历史课与地理课，其地位受到非常严重的轻视；但在政治的、军国主义的教育中，却发挥了很大作用。”①1946年5月17日，CIE主导编写《暂定国史教科书》（家永三郎等人承担），同年9月5日由文部省发行国民学校用国史教科书《国家的历程》（上、下）。在此前后，GHQ允许地理（6月29日）与历史课（10月12日，条件是只能使用GHQ承认的教科书）相继重开。关于修身课，则由新设立的“社会课”取而代之，其内容宗旨是遵循《教育基本法》的基本原则而强调“个人”与“个性”。文部省1947年8月25日刊行战后最早的社会课教科书《土地与人》，同年9月小学社会课开始授课。

2. “个人”教育理念的法制化

占领初期，日本教育专家委员会、占领当局、日本政府均指出了战前教育目的中“个人”的缺失。日本教育专家委员会1946年2月报告书中指出：“过去的《教育敕语》……不承认个人与人类的价值。”②1946年3月的《美国教育使节团报告书》指出：“忠诚心与爱国心未必是所有国民所不期望的，问题是如何以合理的代价加以确保。以绝对服从和盲目自我牺牲来确保，未免代价太高了。”③时任文部大臣的高桥诚一郎（1947年1月31日就任）也承认：“我国过去的教育不顾及个人的自由与主动性，置重点于所谓‘皇国民炼成’，强调培养狭隘的国民性。”④

基于上述反省，1947年《教育基本法》在第一条“教育目的”中首先规定：“教育的目标必须是完善人格、培养和平国家及社会的建设者，培养爱好真理和正义、尊重个人价值、注重劳动与责任、充满独立自主精神的

① 寺崎昌男编：《战后教育改革构想Ⅰ期 1 美国教育使节团报告书》，日本图书中心 2000 年，第 13、16 页。

② 战后日本教育史料集成编集委员会编：《战后日本教育史料集成》（第 1 卷），三一书房 1982 年，第 65 页。

③ 寺崎昌男编：《战后教育改革构想Ⅰ期 1 美国教育使节团报告书》，日本图书中心 2000 年，第 7—9 页。

④ 内藤誉三郎：《学校教育法解说》序，光出版社 1947 年，第 1 页。

身心健康的国民。”①

可见，新教育体制规定的教育目的首先是“为个人”（即“完善人格”“尊重个人价值”），从而根本上改变了战前以“皇国”为最终目的的教育理念，具有划时代的重要意义；与此同时，新教育目的也兼顾“为国家”（即“培养和平国家与社会的建设者”“……的国民”），从而避免了极端强调“为个人”；进而，在“个人”与“国家”这一双重教育目的中，新教育理念的原则显然是“个人”为主、“国家”次之。以上三个层面所构成的教育目的，是现代教育体制的“灵魂”与“根本”，它符合人类现代化历程中的民主方向。

3. 教育理念改革的局限性

教育理念改革的局限性体现在对天皇的处理不彻底上，其主要表现为：

一是仍然保留了天皇的特殊地位。日本政府投降后的首要任务是保存“国体”，文部省 1945 年 8 月 16 日下达的遵奉《终战诏书》的训令、9 月 15 日公布的《建设新日本教育方针》中，均首先强调“贯彻维护国体之一念”、“今后之教育要愈加努力维护国体”。② 结果，1946 年《日本国宪法》规定：“天皇是日本国的象征，是日本国民统合的象征”，这表明天皇仍具有“至高无上”的权威与地位。

二是未追究天皇的战争责任，尤其是未指出天皇在“皇国主义”教育中所负有的欺骗民众的战争责任。1946 年 6 月 2 日，远东委员会批准了美国提出的保留天皇制的方案，1946 年 1 月至 1948 年 11 月“东京审判”的战犯名单中未列入天皇。也正因如此，战前教育的最重要特征——“皇国主义”，并没有出现在教育改革的政策与文件中，而是被“极端国家主义”“超国家主义”等概念所取代，这实际上是掩盖了战前日本统治者利用天皇在教育上的特殊地位欺骗国民的实质。

① 长滨功编：《史料国家与教育——近现代日本教育政策史》，明石书店 1994 年，第 595—596 页。

② 宫原诚一等编：《资料日本现代教育史 1》（1945—1950），三省堂 1974 年，第 21、22 页。

三是对《教育敕语》的处理暧昧。战败以后，日本政府一直试图保留《教育敕语》。时任文部大臣田中耕太郎在第 90 次帝国议会(1946. 6. 27)上称“要将《教育敕语》作为今后伦理教育的根本原理”①，时任文部大臣高桥诚一郎在第 92 次帝国议会贵族院教育基本法案特别委员会(1947. 3. 20)上也强调：“《教育敕语》是表明统治者意志的文件，具有约束国民的效力。在《日本国宪法》生效时，《教育敕语》中与之相抵触的部分失去效力，不抵触部分则与之并存。即《教育敕语》丧失了政治上或曰法律上的效力，但将作为像孔孟之道或摩西戒律一样的东西而存在”②。在日本政府的竭力维护下，《教育敕语》在《教育基本法》(1947 年 3 月 31 日)颁布实施后仍存在了 1 年零 3 个月之久(1948 年 6 月 19 日参众两院宣布“废除”)，在迫于压力不得不废除《教育敕语》时，日本政府也是用了“排除”“确认失效”等暧昧表述。

四是“天皇”与国民节日。1948 年的《国民节日法》中规定“天皇生日”为国民节日之一(昭和天皇生日为 4 月 29 日)，“天皇生日”便是战前四大节日的“天长节”。此外，11 月 3 日是明治天皇的生日，明治天皇在世时为“天长节”，1926 年明治天皇去世后，从翌年开始称“明治节”；战后《日本国宪法》的公布日是 1946 年 11 月 3 日，1948 年的《国民节日法》中规定 11 月 3 日为“文化日”，即要求国民以“文化”这一“外衣”，纪念明治天皇及其时代。可见，天皇的实际统治权被取消，但其客观影响仍存在于日本国民的日常生活中。

上述局限性、不彻底性，虽在该时期的民主化改革中居于次要地位，但它为日本当政者日后重新强调“为国家”的教育目的保留了根源、埋下了伏笔。

---

① 近代日本教育制度史料编纂会编：《近代日本教育制度史料》(第 31 卷)，大日本雄辩会讲谈社 1958 年，第 425 页。

② 高桥史朗等：《占领下的教育改革与审查》，日本教育新闻社 1987 年，第 57 页。

(二)"民主"教育行政政策的确立

战败后不久,文部省首先废除或改组了战前的教育统制部门[①],继而在占领当局的主导下,通过颁布一系列相关法令,开始逐步建立起了"民主""独立""分权"的新教育行政体制。

1. 教育行政基本原则的确立

一是"法律主义"原则。如前所述,战前的《大日本帝国宪法》中没有教育条款,教育事务由天皇颁布的敕令规定,代表象征国民民主权利的议会无权讨论教育问题,即教育行政的基本原则是"敕令主义"。战后改革首先在1946年的《日本国宪法》中明确规定了有关教育问题的各项国民权利:"思想及意志的自由不受侵犯"(第19条),"保障学术自由"(第23条),"全体国民都有依法根据其能力接受同等教育的权利。全体国民都有依法使其子女接受普通教育的义务。义务教育免费。"(第26条)[②]教育条款被写入宪法,标志着民众可以通过议会探讨教育问题。继而,又以法律形式颁布实施了有关教育问题的根本大法《教育基本法》。这一"法律主义"原则确保了教育行政的"民主"性质。

二是"分权"原则。战前的教育行政高度集权,1946年《美国教育使节团报告书》指出"日本的教育制度……是以高度中央集权的19世纪教育制度为基础的。……其本质特征是官僚主义","文部省是统治日本思想界的权力中心,该机构的权力有可能像以前那样被恶用,因此我们建议削减其行政管理权"。[③] 教育革新委员会1946年12月27日第17次大会上通过有关教育行政改革的决议中建议:"改正以往官僚性的划一主义与形式主义,教育要尊重公正的民意,确保教育自主性与教育行政

① 如1945年9月4日废除学生动员局,10月15日将"教学炼成所"改称教育研修所(1949年6月改称国立教育研究所),11月13日废除教学局,1947年11月11日废除视学制度,等等。

② 长滨功编:《史料国家与教育——近现代日本教育政策史》,明石书店1994年,第595—596页。

③ 渡边彰译:《美国教育使节团报告书》,目黑书店1947年,第20、22页。

的地方分权。"①

三是"独立"原则。战前的教育行政为内务官僚及军界把持,失去了独立性。1946年《美国教育使节团报告书》指出:"(日本战前)整个制度中的各种重要地位,均被非教育者、未接受专业训练的人占据;许多教育官员由内务大臣或内务省官吏任命并对其负责","文部省的职能应该完全脱离内务省。"②教育革新委员会1946年12月的教育行政改革决议中建议:"应确保教育自主性……教育行政尽量独立于一般地方行政,由国民自治组织行使。"③

上述三项原则的法律保障是1947年《教育基本法》。该法中的"教育行政"条款规定:"教育不服从不正当支配,应对全体国民直接负责。教育行政必须基于这一觉悟,其目标是确立、实现教育目的所必要的各种条件"。(第10条)④文部省的中央集权统制、其他中央省的行政干预当属"不正当支配",均可"不服从",从而明文规定了教育行政的"分权""独立"原则;"应对全体国民直接负责",则更进一步体现了"民主"的原则。

2. 教育行政改革的主要措施

一是颁布《文部省设置法》(1949.5.31),取消中央教育行政统制权。日本政府在颁布该法之前明确宣布:"文部省机构改革的根本方针,是一改以往中央集权的监督行政色彩,成为给予教育、学术、文化等所有方面以指导建议并支持培育的机构。"⑤《文部省设置法》具体规定了文部省的设置、任务、权限等,并特别规定:"文部省在行使其权限时,除法律(包括基于法律的命令)另行规定之外,不行使行政上及运营上的监督。"⑥可见,法律赋予文部省的责任与权限是指导性、建议性的,而非专制性的统

① 宫原诚一等编:《资料日本现代教育史1》(1945—1950),三省堂1974年,第147页。

② 渡边彰译:《美国教育使节团报告书》,目黑书店1947年,第45、46、50页。

③ 宫原诚一等编:《资料日本现代教育史1》(1945—1950),三省堂1974年,第147页。

④ 神田修、山住正己编:《史料日本教育》,学阳书房1986年,第33页。

⑤《文部省设置法提案理由》,1949年4月25日。引自神田修、山住正己编《史料日本教育》,学阳书房1986年,第337页。

⑥ 神田修、山住正己编:《史料日本教育》,学阳书房1986年,第337页。

治权。

二是建立民主的审议会制度。战后教育民主化改革过程中，政府共设立了两个主要的教育审议机构。一是“协助美国教育使节团的日本教育家委员会”(1946.2)，该委员会根据GHQ的指令设立，委员长为东京大学校长南原繁，委员由大学教授、教育行政人员及各种类型的教育机构负责人共29人组成。该委员会的主要目的是协助即将抵日的美国教育使节团研究教育改革方案，1946年2月提交《协助美国教育使节团的日本教育委员会报告书》，就教育敕语、确立教育权、学校体系、教育协会及教育工作者联盟、教育方法、国语等方面的改革提出了建议。二是“教育革新委员会”(1946.8.10—1951.11.8)，该委员会隶属于首相，首任委员长为前文部大臣安倍能成，副委员长为南原繁(1947年11月就任委员长)，委员由政治、教育、宗教、文化、经济、产业等各界的50名权威人士组成。委员会主要根据《美国教育使节团报告书》向日本政府提出各项具体改革建议。委员会于1946年9月7日召开第1次总会，从1946年12月第一次建议到1951年11月最后一次建议止，先后共召开142次大会，开设21个小委员会，提出35次建议。建议内容涉及教育理念及教育基本法、学制、大学教育、科研人员培养、振兴私学、教育财政、教育行政、教师、社会教育等教育领域，而且其改革建议几乎均被政府贯彻实施。

上述两委员会的委员长、委员基本上是来自各界的民主人士，其提出的教育改革建议具有民主性，而且依靠占领当局的强有力“指导”而得以贯彻实施，因此，两委员会具有鲜明的民主性质。当首相咨询机构“政令咨询委员会”提出修改民主教育制度的总方针，并要求教育审议会进行具体审议时，教育刷新审议会于1951年2月8日发表了准备解散声明《关于设置中央教育审议会的声明》，其中指出：“政令咨询委员会教育改革方案，含有我国教育上许多重要问题，难以即刻表示赞成之意。”①表明

① “战后日本教育史料集成”编辑委员会编：《战后日本教育史料集成》(第1卷)，三一书房1982年，第333页。

民主教育界并不赞成政府对教育发展方向的改变。

三是颁布《教育委员会法》(1948.7.15)，确立新地方教育行政体系。日本政府在颁布《教育委员会法》前首先明确宣布了地方教育行政分权、独立、民主的三原则：(1) 教育委员会是地区教育责任行政机构，独立于一般行政机构，国家只规定教育的基本事项，具体教育内容的实际运营由教育委员会负责；(2) 教育委员会的委员一般实行公选，以彻底实现教育行政的民主化；(3) 为了确保教育不受不当干扰，保持教育行政机构的自主性，教育委员会作为都道府县及市町村的独立机构，不隶属于知事及市町村长[①]。公布实施的《教育委员会法》第一条即规定："该法基于教育不服从不当支配、应对全体国民直接负责之自觉，为了根据公正之民意、根据地方实情实施教育行政，设立教育委员会，实现教育本来之目的。"(第1条)

《教育委员会法》[②]规定了"总则""教育委员会组织""教育委员会职务权限""杂则"四章，在如下三方面体现了地方教育行政的民主性：(1) 在民主性方面，都道府县教育委员会7名委员、市町村一级的地方委员会5名委员，教育委员由选举产生，并对教育委员的选举作出了详细规定。(2) 在独立性方面，规定教育委员会由都道府县及市(包括特别区)町村设置，管理执行原来由都道府县或都道府县知事、市町村或市町村长管理的教育、学术及文化事务；除1名委员由地方议会从议员中选举产生外，国会议员、地方议会议员、国家公务员及地方政府职员不得兼任教育委员会委员；教育委员会任命的处理教育委员会职务权限内教育事务的教育长，要持有教育职员资格证。(3) 在分权方面，规定除特别制定法律之外，文部大臣对都道府县委员会及地方委员会、都道府县委员会对地方委员会不得进行行政上、运营上的指挥监督；同时规定了地方教育委员会的23项权限，其中包括学校及其他教育机构的设立、废止、管

① 神田修、山住正己编：《史料日本教育》，学阳书房1986年，第334页。
② 同上书，第326—333页。

理及运营，校长、教师及其他教育工作者的任免、研修，教学课程内容的调查，根据文部大臣制定的标准审定并选用教科书等，该权限原来基本上属于文部省或地方政府。

基于上述法律规定，1948 年 10 月 5 日举行了首次教育委员会委员选举，同年 11 月在 46 个都道府县、26 个市（包括 5 个大市）、16 个町、9 个村设立了公选的教育委员会。1950 年 11 月 10 日，在 46 个都道府县、5 个大市、44 个市町村、15 个新设市举行第 2 次教育委员会委员选举，至 1952 年秋全国所有的市町村都设立了教育委员会。①

前述《教育基本法》《文部省设置法》《教育委员会法》构成了战后新教育行政的制度框架，其特征是民主、分权、独立，从而改革了战前“君主”“集权”与“干预”型的教育行政。但是，新教育行政体制也有一定的局限性。即《文部省设置法》中规定的“文部省在行使其权限时，不行使行政上及运营上的监督”（第 5 条 27），《教育委员会法》中规定的“文部大臣对都道府县委员会及地方委员会，都道府县委员会对地方委员会不得进行行政上及运营上的指挥监督”（第 55 条），均附有前提条件“除法律（包括基于法律的命令）另行规定之外”②，这就为政府日后进行“监督”与“干涉”预留了法律空间。另外，1950 年《第二次美国教育使节团报告书》中指出：“中央（教育行政）组织文部省应该是自由独立的，不应该与其他任何机构合并。现在由其他省实施的教育职能，应该移交文部省。……教育委员会负责教育计划，其财政必须独立。现在的日本，县议会及市町村议会拥有自由削减教育委员会的预算额的权限。”③可见，法律规定的“分权”并未完全付诸实践。

3. 民众教育权的恢复与局限

首先是恢复战前被开除的大学教师的教职。东京大学经济学部教

① 宫原诚一等编：《资料日本现代教育史 2》（1950—1960），三省堂 1974 年，第 109、144 页。

② 神田修、山住正己编：《史料日本教育》，学阳书房 1986 年，第 337、331 页。

③ 寺崎昌男编：《战后教育改革构想 Ⅰ 期 1 美国教育使节团报告书》，日本图书中心 2000 年，第 188、189 页。

授会 1945 年 11 月 4 日决定恢复大内兵卫、矢内原忠雄、山田盛太郎等人的职务，此后，九州大学、东北大学等大学也相继恢复了战前被开除教授的职位。

其次是允许成立各种民间教育团体。一是“全教组”（“全日本教员组合”，1945. 12. 1），该组织是日本民间最具代表性的教育团体，1946 年 1 月 19 日召开第 1 次全国协议会，1946 年 5 月 3 日改称“全日本教育劳动组合”（“全教劳”）。二是“日教组”（“日本教职员组合”，1947. 6. 8），该团体致力于争取教职员民主权利、推动教育的复兴与民主改革，于 1948 年 3 月 8 日发表最早的《教育白皮书》，1948 年 6 月 17 日与其他 44 个民主团体成立“教育复兴会议”，1949 年 4 月 8 日召开“获得教育预算人民大会”等。三是其他民主教育团体，如“日教”（“全日本教育者组合”，1945. 12. 2）、“民科”（“民主主义科学者协议会”，1946. 1. 12）、“民主主义教育研究会”（1946. 4. 19，同年创刊《光明的学校》）、“教全联”（“教员组合全国联盟”，1946. 7. 7）、“全教协”（“全日本教员组合协议会”，1946. 12. 22）、“全国高中教师工会协议会”（1950. 4. 11，9 个县的高中教师退出日教组后成立）、“核心教育课程联盟”（1948. 10. 30，1953 年改称“生活教育联盟”）、“日本缀方会”（1950. 7. 1，1951 年 9 月改称“日本作文会”）。上述民间教育团体的成立及其活动，表明教育民主运动的复兴。

学生的民主权利也被恢复。1946 年 3 月 14 日，文部省废除大学及高等专门学校中监控学生的学生主事制度。各种学生团体相继成立。例如京都大学、同志社大学等联合成立“京都学生联盟”（1945. 11. 20），东京大学、早稻田大学、庆应义塾大学等在东京成立“都内学生联络会议”（1945. 12. 5），“全日本学生自治会总联合”（“全学联”）1948 年 9 月 18 日召开成立大会等。此外，学生经常举行集体罢课。1945 年 10 月，水户高中、上野女子高中等频繁发生“盟休”（集体罢课），1948 年 6 月 23 日，关东地区的 24 所大学及高中由于反对学费上涨而罢课，到 6 月 26

日，全国共有113所学校罢课[①]；1949年5月3日，“全学联”发表宣言，批判《国立学校设置法》《教育职员许可证法》是大学管理法的分割立法，该宣言引起130所学校罢课。

但是，占领当局赋予学校师生的民主权利是有一定限度的。当占领当局将对日占领政策由“削弱”改为“扶植”后，便以“反共”为名开始压制民主力量，教育领域的民主运动也遭到压制与打击。CIE教育课长奥尔1948年9月9日发表谈话，表示不希望政党支持者及日教组成员担任教育委员。文部省1949年6月11日下令根据《教育基本法》第8条“政治教育”[②]限制教师的政治活动。进而，占领当局开始派人到日本各大学进行反共演讲，宣传反共思想。1949年7月，CIE顾问伊鲁茨在新潟大学开学仪式上发表演讲时声称：人民固然拥有思想和信仰自由，但共产主义者加入共产党后便自动放弃了这一自由；因此，日本的大学为了维护自由，不仅有权拒绝共产党员教授任教，而且也有义务拒绝。[③] 伊鲁茨先后在30多所大学作了类似演讲。日本政府在1949年至1950年间开除了许多信奉共产主义的所谓“赤色教员”，1950年全国有1700名高、中、小学教师被开除。[④] 学生运动也受到限制，时任文部大臣田中耕一郎早在1946年9月6日便声明禁止学生的政治活动，1948年10月8日下达的文部次官通知《关于学生的政治运动》中，明令禁止学生的政治运动。

（三）非军事化的教育改革政策

日本战败后，文部省为了确保天皇的教育统治地位，率先提出了废除军国主义教育的方针。文部省1945年9月15日公布的《建设新日本的教育方针》中称：“一扫旧有基于战争需要的教育政策”“肃清军国思想

① 伊崎晓生、松岛荣一编：《日本教育史年表》，三省堂1990年，第162页。

② 1947年《教育基本法》第8条第2项规定：“法律规定的学校，不得进行支持或反对特定政党的政治教育及其他政治活动”。

③ 宫原诚一等编：《资料日本现代教育史2》(1950—1960)，三省堂1974年，第21—22页。

④ 大田尧编著：《战后日本教育史》，岩波书店1978年，第210页。

及政策”“废除决战教育体制的学生队组织，一扫战时性的教育训练，恢复平常之教学，同时完全废除学校中的军事教育，将与战争直接相关的学科、研究所等变为和平性的。”①继而，美国政府1945年9月22日发表的《战后初期美国的对日政策》中提出：“完全解除日本国之武装，并使之非军事化”，并就教育问题指出：“在理论与实践上将军国主义与极端国家主义（包括准军事训练）从教育制度中铲除出去，将职业旧陆海军将校、预备军官及其他一切军国主义和极端国家主义的推行者，从监护及教育位置上清除出去。……禁止增强战争力量的专业研究与教育”②。

在上述政策方针指导下，日本政府开始采取非军国主义的教育改革措施。

1. 学校军事性活动与军事教育的终止

首先是将学生从战时体制中解放出来。文部省1945年8月16日下令废除《学生战时动员令》，翌日下令“尽快解放正在工厂、企业劳动的男学生”③，同年10月6日废除《战时教育令》，10月11日废除《学生劳动令》。上述指令使学生得以停止与军事有关的活动，从战时体制中解放出来。

其次是废除学校军事教育制度。文部省1945年8月25日下达《关于处理学生军事教育及战时锻炼、学校防空相关诸训令》，废除陆海军省在学校实施军事教育的所有规定。此后，文部省于9月2日、19日先后下发命令，内务省也于9月15日发出通告，要求各学校于10月10日前将所有枪支、刀剑、火药上交当地警察局，然后交盟军处理。盟总10月22日发布的《日本教育制度的管理政策》中指示：“禁止普及军国主义与极端国家主义的意识形态，废除所有军事教育的课程及训练。”④11月5

① 战后日本教育史料集成编集委员会编：《战后日本教育史料集成》（第1卷），三一书房1982年，第121页。

② 细谷千博等编：《日美关系资料集1945—1997》，东京大学出版会1999年，第22—25页。

③ 文部省、厚生省：《解除动员》，1945年8月17日。引自日本教育新闻编辑局编《战后教育史的证言》，教育新闻社1971年，第8页。

④ 宫原诚一等编：《资料日本现代教育史1》（1945—1950），三省堂1974年，第24页。

日，陆军省下令废除《陆军现役将校学校配属令》，海军省也于 11 月 9 日下达了相关命令。各级学校内的军事训练与军事教育完全停止。

此外还废除了学校中的武道教育。文部省在 1945 年 10 月 3 日向 CIE 提交的清除军国主义的报告中提到要修改体育课；11 月 6 日要求各学校废除学校教育中的武道，即剑道、柔道及其他战斗性的竞技，并禁止以后援为名在学校内进行武道训练；12 月 26 日下令各学校处理所有的武道器具，禁止在校内讲授武道课程，禁止在学校校友会中传授武道等。

2. 教育领域军国主义分子的开除

占领初期，日本政府在占领当局主导下，分三个步骤开除教育领域中的军国主义、极端国家主义分子：第一，日本政府向 CIE 提交报告，主动提出开除教育领域中的军国主义与极端国家主义者。例如，文部省 1945 年 10 月 3 日提出要免除所有陆军将校的学校任职，学校不得任用任何军人；同月 10 日决定在教育领域清除职业军人、预备军官、具有军国主义或极端国家主义倾向的人员。第二，占领当局下达开除军国主义与极端国家主义分子的指令。盟总 1945 年 10 月 22 日下达的《日本教育制度的管理政策》中明确要求："尽快调查教师及教育行政官员，罢免所有职业军人、军国主义与极端国家主义的积极鼓吹者，罢免积极反对占领政策者。"①10 月 30 日又专门下达指令《调查、开除、认可教员及教育相关官员》，要求立即开除军国主义与极端国家主义思想者以及反对占领政策的教师和教育相关官员的职务；军事人员和复员军人不得在教育领域安排工作；建立与制订在全国范围内审查教师和教育行政人员的组织及条例。第三，日本政府采取具体的开除措施。文部省 10 月 23 日通知所有学校校长及地方官，一律不得任用复员军人担任教师及教育相关职务；进而于 11 月 1 日发布更详细的训令，要求清理军国主义或极端国家主义以及反对占领政策的人，同时向 CIE 教育科提交了审查教员的方案。日本政府 1946 年 5 月 7 日公布《教职员的开除、禁止就职及复职等

① 宫原诚一等编：《资料日本现代教育史 1》(1945—1950)，三省堂 1974 年，第 24 页。

文件》(“教职开除大纲”)。

日本政府根据上述政策，设立了各级审查委员会，逐一审查教师的资格。审查委员会共分为五类：一是“都道府县教师资格审查委员会”，由地方政府长官负责，审查小学、中学以及青年学校的教师；二是“学校团体教育资格审查委员会”，由学校团体委员长负责，审查高等专门学校的教师；三是“大学教师资格审查委员会”，由大学校长负责，审查大学教师；四是“教育职员资格审查委员会”，由文部次官负责，审查学校校长、事务长等；五是“中央教职员资格审查委员会”，由文部大臣负责，审查要求进行再次审查者。①

开除教师的标准是：

(1) 在授课、讲演、著述、论文及其他行动中符合以下之一者：① 鼓吹侵略主义或好战的国家主义并积极宣传者，其学说论述大亚细亚政策、东亚新秩序及其他类似政策者，论述九一八事变、七七事变及对美开战的理论基础者；② 鼓吹独裁主义、纳粹或法西斯主义者；③ 以人种为由迫害及排斥他人者；④ 以鼓吹民族主义优越感为目的而宣传神道思想者；⑤ 以思想或宗教为由，迫害或排斥自由主义或反军国主义思想者、以及信奉其他宗教者；⑥ 除上述之外的军国主义或极端国家主义鼓吹者，以及迎合此类倾向而缺乏教育人员之思想节操者。(2) 向纳粹政权、法西斯政权及其机构提供合作者。(3) 公开反对盟军占领宗旨与政策，指使他人反对该宗旨与政策者。(4) 在执行职务时迫害镇压宗教的国家官吏。(5) 以军国主义与极端国家主义的意图编写教科书及其他教育刊物者。(6) 1938 年 1 月 1 日以后，在日军占领的盟国土地上，在日军庇护下，指挥或参加学术探险或考古挖掘者。

此外，还有一类人不需要审查委员会的审查而属自动开除之列，其标准是：

(1) 职业军人。(2) 非职业军人但在陆军或海军任职 10 年以上者，

① 阿部彰：《战后地方教育制度成立过程研究》，风间书房 1983 年，第 436 页。

其中不包括陆军或海军学校的文职教官。(3) 1937年7月7日以后的下述学校毕业生:东京农林专门学校拓殖科及司政科、盛冈农林专门学校附设第一拓殖训练所、三重农林专门学校附设第二拓殖训练所、宫崎农林专门学校附设第三拓殖训练所、拓殖大学商学部拓殖学科、拓殖专门学校本科及专科、福冈市立拓殖专门学校拓殖科及拓殖土木科、兴亚专门学校本科及专科、明治大学专门部兴亚科、日本大学专门部拓殖科、东京农业大学专门部拓殖科,上述学校以外的与拓殖有关的学校,东亚同文书院(含学部及附属专科)、满洲的建国大学、神宫皇学馆大学祭祀专科、神宫皇学馆大学附属专门部、国学院大学附属神道部,其他以培养神职为目的的学校。(4) 1937年7月7日至1945年9月2日,在以下官职上任职2年以上者:内务省警保局的敕任官及奏任官,从事文部省思想局及教学局相关事务的敕任官及奏任官,国民精神文化研究所、国民培养所、教学培养所、兴亚培养所、兴南培养院及大东亚培养院的敕任官及奏任官,情报局的总裁、敕任官及奏任官,具有特别高等警察经历的官吏,与思想检查、保护观察、预防拘留有关的官吏。(5) 原理日本社、日本学生协会、朱光会、全国大学教授联盟、日本法理研究会、七声社等团体的以下人员:创立者、职员及理事、身居要职者、其所有刊物及机关杂志的编辑人员、自发向该团体捐助大量资金者。①

尽管日本政府对制定的上述开除标准作出了严格规定,但在实际执行中却力度不大。1946年12月,CIE负责人在全国资格审查委员长会议上指出:"德国已经开除了60万教师中的25万人,而日本50万教师中只开除了百余人,太少了!"②关于占领时期教育领域开除的军国主义者的实际人数,麦克阿瑟1947年8月下旬发表的谈话中称:"……占领第二年,2643名教职员自动被开除,2268名教职员被审查委员会指定开

① 荒木田岳:《从开除教职员看"占领改革理论"与"行政理论"》,载同时代史学会编《占领与民主主义的同时代史》,日本经济评论社2004年,第44—45页。

② 同上书,第50页。

除。”[①]另据日本学者考证，到 1948 年 5 月 31 日为止，在小学、中学及青年学校的教育工作者中，经审查后被开除者 2245 人、自动开除者 2375 人，共计 4620 人[②]。对照战前日本军国主义教育的发展程度，这一数字显然微不足道。

3. 军国主义教育内容的删除

战前日本的各门教科书中充斥着军国主义、皇国主义的内容，战后改革首先便要求删除此类教育内容。文部省 1945 年 9 月 20 日向各学校下达《关于终战后教学用图书处理办法》的通知，下令删除教科书中“强调国防军备的内容、激励战争斗志的内容、妨碍国际友好的内容、随着战争结束而明显脱离现实情况的内容等”[③]。GHQ 于 10 月 22 日颁布的《日本教育制度的管理政策》中规定：“迅速检查暂时允许开设的课程、以及使用的教科书、参考书及其他教材，删除助长军国主义乃至极端国家主义意识形态的内容”[④]。于是，各学校让学生用墨汁将战前教材中有关军国主义与极端国家主义的记述涂黑，即为“涂改的教科书”。对于战前充斥着军国主义、皇国主义内容的修身、历史、地理教科书，则令其重新编写。CIE 于 1946 年 2 月 4 日公布的《教科书审定标准》中列出了不允许出现在教科书中的军国主义、超国家主义的具体内容，“军国主义”包括：赞美战争是解决纷争的英雄式的理想方法；称赞出于对天皇的忠义而战死者；将荣获军功的战斗英雄称为伟人；认为普及兵役是最爱国的、为国效劳的观念；赞美大炮、军舰、战车、要塞、军人等与军事有关的人或物；“超国家主义”包括：大东亚共荣圈主义及其他的领土扩张主义；日本人优于其他民族及国民的观念；违反联合国宪章之目的、原则的思想与态度；以绝对忠诚服从天皇的观念；天皇优于他国元首、天皇制神圣不可

① 同时代史学会编：《占领与民主主义的同时代史》，日本经济评论社 2004 年，第 62 页。

② 同上书，第 58 页。

③ 战后日本教育史料集成编集委员会编：《战后日本教育史料集成》（第 1 卷），三一书房 1982 年，第 259 页。

④ 宫原诚一等编：《资料日本现代教育史 1》（1945—1950），三省堂 1974 年，第 24—25 页。

侵犯的观念等。[1] 因此，新编辑、使用的各类教科书中不再出现上述军国主义、皇国主义的内容。

在上述三方面改革措施之下，教育政策及教育实践中消除了军国主义的教育理念、教育活动、教育内容和教育人员等。

(四) 新学校教育政策的确立

日本战败后，就着手恢复在战争中崩溃的学校教育体系。文部省1945年8月28日通知学校9月中旬之前重新开课，9月下令战争中被疏散的小学生返校(到1946年3月全部复校)。进而，日本政府1947年3月17日公布实施《学校教育法》[2](共9章、92条及附则)，综合规定了学校的“总则”“小学”“中学”“高中”“大学”“特殊教育”“幼儿园”等各级教育机构的具体事项，从而确立了新的学校教育制度。中小学从1947年度、高中从1948年度、大学从1949年度相继开始实施新学制。

1. 学校教育体系的基本原则

1946年《日本国宪法》、1947年《教育基本法》及《学校教育法》规定了日本现代学校教育制度的两项基本原则：

(1) 教育机会均等原则。

战后教育改革主体指出了战前教育机会的不平等性。1946年3月的《美国教育使节团报告书》指出：“日本的教育制度……为大众和少数特权阶级准备了不同类型的教育……”[3]时任文部大臣高桥诚一郎1947年3月17日在众议院大会上陈述《〈学校教育法〉提案理由》时称：“以往的学制，国民学校初等科6年毕业后，一是升入国民学校高等科或青年学校，二是经中等学校进入高等学校或专门学校，两个体系截然区别，前者占国民学校初等科生毕业生的75%，这些人即使有能力，也几乎没有

① 高桥史朗等著：《占领下的教育改革与审查》，日本教育新闻社1987年，第80—81页。

② 神田修、山住正己编：《史料日本教育》，学阳书房1986年，第148—157页。

③ 寺崎昌男编：《战后教育改革构想 Ⅰ期 1 美国教育使节团报告书》，日本图书中心2000年，第7—9页。

接受高等教育的机会。”[①]基于上述认识，战后法律明文规定了“教育机会均等”原则。《日本国宪法》规定：“全体国民有依据法律规定、平等接受与其能力相适应的教育的权利”（第26条第1项）；《教育基本法》单列“教育机会均等”条款：“必须平等地给予所有国民与其能力相应的受教育机会，不因人种、信念、性别、社会身份、经济地位及门第而实行教育上的差别。”（第3条第1项）文部省《〈学校教育法〉提案理由》第一条即为“基于教育机会均等的考虑”。[②]

贯彻“机会均等”原则的途径之一是建立“六·三·三·四”单轨制学校制度。文部省《〈学校教育法〉提案理由》中写道：“简化学制，将原来的国民学校、青年学校、中学、高等女子学校、实业学校、师范学校、专门学校、高等学校、大学等复杂多轨的学制简化，根据身心发育阶段，原则上实行六·三·三·四的小学、中学、高中、大学。”该文件所列第四条写道：“六·三·三·四制度不仅在美国，而且将成为世界性趋势，因此从世界文化教育的观点来看也是有意义的。”[③]1947年3月的《学校教育法》所列学校仅包括小学（6年）、初学（3年）、高中（3年）、大学（4年），确立了“六·三·三·四”单轨学校制度，旨在避免精英教育的重演。

贯彻“机会均等”原则的另一途径是实现男女平等。战前初等教育实行男女分班，中等教育单独设置高等女子学校，大学几乎未向女子开放。而且，在义务教育年限上，文部省《〈学校教育法〉提案理由》中也承认：“现在，（义务教育的年限）女子为满12岁，男子包括青年学校在内为满19岁。这与宪法规定的男女平等宗旨相抵触”，因此该提案理由第二条后半部分主张“取消男女差别。”[④]于是，1947年《教育基本法》单列“男女共学”条款：“男女必须互相尊重、互相合作，必须承认教育上的男女共学。”（第5条）1947年《学校教育法》中不再单列各级女子学校。

---

① 神田修、山住正己编：《史料日本教育》，学阳书房1986年，第158页。

② 同上书，第158页。

③ 同上书，第159页。

④ 同上书，第158—159页。

(2) 九年免费普通义务教育原则。

该原则包括三层含义：一是义务教育“九年制”。日本战前原计划从1944年度开始将义务教育年限由6年(1907年开始)延长至8年，但由于应战而未能付诸实施。1947年《教育基本法》“义务教育”条款规定：“国民负有使其所保护的子女接受9年普通教育的义务。”(第4条)1947年《学校教育法》规定：“小学学制6年”“监护人有使6—12岁儿童就学的义务”；“中学学制3年”“监护人有使12—15岁儿童就学的义务。”二是义务教育“免费制”。战前1907年《小学校令》开始规定6年制义务教育不得征收学费。战后《日本国宪法》规定“义务教育无偿”(第26条第2项)，1947年《教育基本法》第4条规定“国家及地方政府所设学校的(9年)义务教育，不征收学费。”三是义务教育“普通制”。战前的义务教育中也偏重职业内容，文部省《〈学校教育法〉提案理由》指出其弊端：“从(学生)心身发育不完全的时期便施以职业教育，决定其将来的方向，这从发展个性的教育观点来看是不合适的。”①正因如此，《日本国宪法》规定：“全体国民有依据法律规定、使其所保护的子女接受普通教育的义务。”(第26条第2项)上述《教育基本法》中规定的9年义务教育为“普通教育”；文部省《〈学校教育法〉提案理由》所列第二条即为“普及提高普通教育”②。1947年《学校教育法》规定：“小学的目的是根据学生身心发展实施初等普通教育”；“中学的目的是在小学教育基础上，根据身心发展实施中等普通教育。”③

上述“均等”、“普通”的学校教育制度基本原则，改变了战前“精英”“职业”的学校制度特征，是战后教育改革民主性的重要体现之一。

2. 初等、中等教育的民主改革

日本战后初等教育机构指小学(日本称“小学校”)，中等教育机构包括初中(日本称“中学校”)、高中(日本称“高等学校”)；其中小学、初中构

① 神田修、山住正己编：《史料日本教育》，学阳书房1986年，第159页。
② 同上书，第159页。
③ 同上书，第149、151页。

成义务教育，高中属于后期中等教育；此外，特殊教育、幼儿教育也是初等、中等教育的组成部分。

第一，义务教育的改革与发展

1947年《学校教育法》第二章（第17—34条“小学”）、第三章（第35—40条“初中”），就中小学的目的、学制及就学义务、课程及教科书、教师、设置主体等均作出了具体规定。与战前教育法不同的是，该法除了规定中小学的“目的”之外，还列出了小学（8条）、初中（3条）的具体目标。其中规定：“（小学）培养日常生活必要的衣、食、住、产业等基础知识与技能”，“（初中）培养社会必要职业的基础知识与技能、重视劳动态度、根据个性选择将来出路的能力”①。可见，义务教育中也并非绝对地一味追求“普通”原则，而是允许存在一定的“职业”教育内容。

义务教育改革的重要环节是课程改革。文部省1947年3月20日编辑出版了《学习指导要领一般编》，同年5、6、12月先后出版了《学习指导要领各科编》。该“学习指导要领”“一切立足于民主主义的基础之上”，“采取儿童中心的原则”，规定小学课程为国语、社会、算术、理科、音乐、图画、手工、家庭、体育共9门课程；初中设置国语、习字、社会、国史、数学、理科、音乐、图画、手工、体育和职业（农、商、工、水产、家庭）11门必修课。

就义务教育的规模而言，小学主要由战前的国民学校初等科改组而成（1947年4月1日开学），战前小学数量最多的是1945年（26332所），战败后1947年降到最少（24997所），1952年（26377所）基本达到1945年的规模；②初等教育在校生人数1944年达到战前最多（10694607人），战后1946年降到最低（10257003人），1948年（10781661人）已超过1944年的人数。③ 初中主要由原国民学校高等科及青年学校普通科改组而成（1947年4月1日开学），1947年度共设立新制中学15778所，

① 神田修、山住正己编：《史料日本教育》，学阳书房1986年，第149、151页。

② 文部省编：《日本的成长与教育——教育的展开与经济发展》，帝国地方行政学会1962年，第173页。

③ 同上书，第178页。

1948年度增为16285所，此后有所减少，1951年为13836所。① 此外，战前义务教育(6年制)就学率在1945年(99.79%)达到战前最高水平，国民小学高等科1946年的就学率一年级约为93%、二年级约为86%②；战后的9年制义务教育以此为基础，1950年度就学率小学为99.64%、初中为99.2%。③

第二，后期中等教育的重建

1947年《学校教育法》第四章对"高中"(第41—51条)作出了具体规定：关于高中的目的，规定"是在中学教育基础上，根据(学生)身心发展，实施高等普通教育及专门教育。"(第41条)具体目标是，"进一步扩展中学的教育成果，培养国家及社会有用人才的必要资质；必须自觉为社会尽其使命，使(学生)根据个性决定将来出路，提高一般教养，熟习专业技能"。关于高中的学制，规定为三年，入学资格是中学或同等学历学校毕业生。关于高中的行政，规定高中的专业及课程由文部省规定；有关高中教科书、入学、退学、转学及其他必要事项，由文部省规定。④

为了贯彻教育机会均等原则，建立新制高中之初，日本政府制定了"高中三原则"，即取消升学与就业区别的"综合制"，取消男女不平等的"男女同校制"，取消地区与学校差别的"学区制"。但是，该原则并未被完全贯彻。就"综合制"而言，1949年9月日本全国共有新制高中1850所，其中同时设置普通课程与职业课程的约600所、占32.4%，设置2种以上职业课程的高中(当时也称为综合制)约200所、占10.8%；就"男女同校制"而言，到1949年9月1850所高中内共有1175所(约占63%)实施了男女同校；就"学区制"而言，全国46个都府县中实施的34个，正在计划的10个，另外2个(群马、埼玉)既未实施、也未计划。⑤

---

① 文部省编：《日本的成长与教育——教育的展开与经济发展》，帝国地方行政学会1962年，第173页。

② 大田尧编著：《战后日本教育史》，岩波书店1978年，第143页。

③ 文部科学省编：《文部科学白皮书》(2005年度)，国立印刷局2006年，第480页。

④ 神田修、山住正己编：《史料日本教育》，学阳书房1986年，第152—153页。

⑤ 大田尧编著：《战后日本教育史》，岩波书店1978年，第145页。

高中也进行了课程改革。1947 年“学习指导要领”规定的高中课程也分为两类：一是以实施普通教育为主的“普通课程”，其中国语、社会、体育为必修课，其他为选修课；二是以实施实业教育为主的“实业课程”，课程种类达 29 种之多，实行选修制、大学科制和学分制。

新制高中主要由原中学、高等女子学校、实业学校改组而成（1948 年 4 月 1 日开学）。从高中学校的数量来看，1948 年有新制高中 3575 所，1950 年达到 4292 所；从在校生人数来看，1950 年度高中生共 1935118 人，全国高中的平均就学率为 42.5%。①

第三，其他初等、中等学校教育机构的改革

1947 年《学校教育法》中规定的初等、中等教育机构还包括“特殊教育”及“幼儿园”。

关于特殊教育机构，1947 年《学校教育法》“第六章特殊教育”（第 71—76 条）规定了特殊学校的定义（盲人学校、聋哑学校、养护学校②）、课程设置（必须设置小学部、初中部，可设置幼儿园及高中部；普通的小学、初中、高中可设置特殊班）、教育行政等。1950 年度，日本有特殊教育机构 161 所（盲人学校 76 所、聋哑学校 82 所、养护学校 3 所）、在校生 16865 人。③

关于幼儿教育机构，1947 年《学校教育法》“第七章幼儿园”（第 77—82 条）规定了幼儿园的目的、具体目标、行政方式、师生资格等。战前 1942 年（2085 所）幼儿园数量最多，1946 年降到最少（1303 所），到 1950 年基本恢复到战前最高水平（2100 所）④、在园幼儿人数为 224653⑤。

3. 高等教育的民主改革

1947 年 3 月《学校教育法》“第 5 章大学”（第 52—70 条）对大学的目

① 文部科学省编：《文部科学白皮书》（2005 年度），国立印刷局 2006 年，第 478、480 页。

② 养护学校是特殊学校的一种，大多招收弱智儿童，也有少部分残疾儿童。

③ 文部科学省编：《文部科学白皮书》（2005 年度），国立印刷局 2006 年，第 478 页。

④ 文部省编：《日本的成长与教育——教育的展开与经济发展》，帝国地方行政学会 1962 年，第 173 页。

⑤ 文部科学省编：《文部科学白皮书》（2005 年度），国立印刷局 2006 年，第 478 页。

的、组织机构、学制年限、入学资格、教职员、研究生院等相关事项作出了具体规定。继而，1947 年 7 月设立“大学基准协会”，制定新制大学的标准(1948 年 2 月 23 日提出《大学设置基准》，详细规定了《学校教育法》规定的四年制大学所必要的设施、设备、教师资格、学生毕业条件、学分等)。1948 年 1 月成立“大学设置委员会”，审查大学的设立资格；1948 年 6 月制定“国立大学设置 11 原则”①。以上述法律法规为原则，旧的高等教育机构(帝国大学、单科大学、高等学校、大学预科、专门学校、高等师范学校、师范学校、青年师范学校及其他教师培养机构等近 10 种)分别被改组为新制大学：原帝国大学改称国立综合大学；旧制大学改组为四年制新制大学，大学预科被改为新制大学的一部分；原专门学校中规模较大者或单独升格为新制大学，或成为新制大学的一个学部；旧制国立高等学校被改组为各府县新制大学的一个学部，有的私立高等学校被改编为独立的大学。新制大学即建立在改组旧高等教育机构的基础之上。文部省 1948 年 3 月率先批准了 12 所公立大学，1949 年 1 月举行大学入学资格考试，1949 年全国的新制大学同时开学。

上述高等教育改革的过程，也体现了“民主”“机会均等”“普通教育内容”的原则。

(1) 大学教育目的的改变。

战前大学自 1886 年《帝国大学令》起便将“国家”列入其教育目的中。1947 年《学校教育法》第 52 条则规定：“大学作为学术的中心，目的是在传授广泛知识的同时，深入传授并研究专业学艺，培养知识性、道德性及应用性能力。”从而取消了大学的学术及教育专为“国家”的法律规定，体现了一定程度的“民主”。

(2) 大学行政的民主运营方式。

① 新制大学设立所依据的标准是“大学基准”，该标准由“大学基准协会”(1947 年 7 月)制定，而该协会的成员几乎均是国立、公立、私立大

① 大田尧编著：《战后日本教育史》，岩波书店 1978 年，第 152 页。

学的校长，而非教育行政官员。② 审查大学资格的“大学设置委员会”委员半数是由“大学基准协会”推荐而由文部大臣任命的基准协会会员，多为大学校长。1947 年《教育基本法》规定文部省批准设立大学时，必须咨询大学设置委员会。③ 大学的运营权属于教授会，1947 年《学校教育法》规定大学必须设立教授会，审议大学的重要事项；1948 年 6 月公布的“国立大学设置 11 原则”中规定，大学教师由其所在校推荐、并由大学设置委员会审查合格后任命。以上大学的设置、运营过程中，均最大限度地抑制了文部省的干预，更多地发挥了教育界人士的作用，因而体现了一定的民主性。

（3）大学向民众平等开放。

战前的大学只为少数精英子弟开设，战后则扩大了大学的招生范围，1946 年 2 月的《大学入学者选拔纲要》中规定允许女子及专门学校毕业生报考。尤其是对于女子大学教育，1948 年 3 月文部省批准设立的首批 12 所公私立大学中，便有 5 所女子大学；1948 年“国立大学设置 11 原则”规定在关东及关西各设置一所国立女子大学。此外，1947 年《学校教育法》规定大学学制一律 4 年，从而废除了大学间的差别，避免了由于高等教育机构分类而造成的国民受教育机会的不均等。

（4）教育内容的普通原则。

战前的高等教育为了培养经济发展的人才而偏重职业技术教育。1946 年《第一次美国教育使节团报告书》中指出：“日本高等教育机构的课程，一般普通教育的时间太少，其专业化过早、过窄，过多地着力于职业教育。为了让学生能够自由思考问题，必须为其提供广阔的背景，为了奠定职业训练的坚实基础，必须培养广泛的人文主义精神。”①1948 年的“国立大学设置 11 原则”规定各府县的大学必须设置教养学部。1949 年 5 月 31 日，东京大学在全国率先设立的 2 年制教养学部开学。

但是，上述原则也有一定的限度。例如，1947 年《学校教育法》规定

① 渡边彰译：《美国教育使节团报告书》，目黑书店 1947 年，第 88 页。

教授会可以让副教授或"其他职员"参加，大学设置委员会的有关事项由政府命令决定，从而为文部省干涉大学行政埋下了伏笔。再如，1947 年《学校教育法》规定大学学制四年，是"六・三・三・四"单轨学校制度的最高阶段，但 1949 年 5 月 18 日修改的《学校教育法》规定临时设立二年制短期大学。1950 年度设立短期大学 149 所、在校生共 15098 人。[1] 此外，大学教育内容也并非绝对"普通"，众议院 1946 年 8 月 3 日全体一致通过的《关于重建文教的决议》中就强调要"革新、强化科学技术教育"。[2]

就高等教育的规模而言，1945 年日本战败时共有高等教育机构 476 所[3]，1950 年全国共有高等教育机构 350 所（大学 201 所、短期大学 149 所）[4]；1945 年战败时高等教育在校生人数为 39 万 3373 人，1950 年达到 39 万 9900 人。[5] 可见，高等教育机构的数量较之战败时有所减少，但高等教育机构的在校生人数却较之战败时有所增加。

此外，日本政府还重视高等教育的升级。1947 年《学校教育法》具体规定了有关研究生教育的目的、研究科设置、学位授予等问题，大学基准协会 1949 年 4 月制定《研究生院基准》，分为硕士、博士课程，采取学分制，1950 年 3 月在同志社大学、关西大学、关西学院大学设置研究生院（硕士课程），成为战后最早的新制研究生院。

4. 学校教育的外延——社会教育改革政策

社会教育在日本战败之初就受到重视。文部省 1945 年 11 月 6 日下达的训令《关于振兴社会教育》开篇即强调："兹与学校教育一道，诚切要求面向一般国民，积极开展社会教育。"[6]1946 年《美国教育使节团报告

① 文部科学省编：《文部科学白皮书》(2005 年度)，国立印刷局 2006 年，第 478 页。

② 近代日本教育制度史料编纂会编：《近代日本教育制度史料》(第 31 卷)，大日本雄辩会讲谈社 1958 年，第 546 页。

③ 文部省编：《日本的成长与教育——教育的展开与经济发展》，帝国地方行政学会 1962 年，第 173 页。

④ 文部科学省编：《文部科学白皮书》(2005 年度)，国立印刷局 2006 年，第 478 页。

⑤ 文部省编：《日本的成长与教育——教育的展开与经济发展》，帝国地方行政学会 1962 年，第 179 页。

⑥ 神田修、山住正己编：《史料日本教育》，学阳书房 1986 年，第 263 页。

书》指出:“在日本国民面临当前危机之时,成人教育具有极为重大的意义,因为民主国家的每个公民都负有重大责任。”[①]基于上述认识,日本政府从以下几个方面积极推进社会教育改革。

一是制定社会教育基本法。1947 年《教育基本法》第 7 条“社会教育”条款规定:“国家及地方政府必须奖励家庭教育、劳动场所及其他社会上实施的教育。国家及地方政府必须通过设置图书馆、博物馆、公民馆等设施,利用学校设施以及其他适当方法,努力实现教育目的。”进而,1949 年 6 月 10 日公布《社会教育法》(共 6 章、57 条),对社会教育的“总则”“社会教育团体关系”“社会教育委员”“公民馆”“学校设施的利用”“通信教育”等作出了具体规定。

二是建立各级社会教育行政机构。在中央方面,文部省 1945 年 10 月 15 日恢复了社会教育局,1946 年 9 月开始设置社会教育委员(20 人),负责有关社会教育的调查、建议等事宜,该委员会于 1949 年《文部省设置法》公布后改为社会教育审议会。在地方政府中,文部省 1946 年 5 月 31 日下达通知《关于设置都道府县社会教育委员及市町村社会教育委员》,要求都道府县、市町村两级政府均设置社会教育委员,并对各级社会教育委员的选任、职责、运营、人数(都道府县 20 人)、任期及待遇等作出了具体规定,以期“实现社会教育的划时代振兴”。[②] 进而,1949 年的《社会教育法》对中央政府、地方政府与社会教育团体的关系、社会教育委员等做出了具体规定。[③] 时任文部大臣高濑庄太郎 1949 年 5 月 7 日在参议院文部委员会上陈述《〈社会教育法〉提案理由》时称:“该法案……目的是为了明确中央与地方政府在社会教育中的任务。”[④]

三是规定各种社会教育发展途径。

学校是社会教育发展的重要一翼。1947 年《学校教育法》规定高中

① 渡边彰译:《美国教育使节团报告书》,目黑书店 1947 年,第 100 页。
② 神田修、山住正己编:《史料日本教育》,学阳书房 1986 年,第 263—264 页。
③ 同上书,第 268—272 页。
④ 同上书,第 277 页。

可设置“夜间课程”，大学可设置夜间授课的院系，高中及大学均可实施通信教育，大学可开设公开讲座。① 1949 年《社会教育法》中规定“学校的管理机构，在不妨碍学校教育的情况下，必须努力将其管理的学校设施用于社会教育”②，还规定学校等机构应利用“通信教育”进行社会教育。

公民馆是社会教育发展的新生部分。文部省 1946 年 7 月 5 日下达《关于公民馆设置运营》通告，奖励设置町村公民馆，并明确规定公民馆具有“综合推进教化活动与产业指导活动”的性质。③ 1949 年《社会教育法》规定了“公民馆”的目的、设立者、活动、运营方针、职员、运营审议会、特别基本财产、特别会计等。至 1949 年公布《社会教育法》时，日本全国 1 万多个町村里，共有 4000 多个设置了公民馆并开展活动，设置率为 40％。④

社会教育团体是推行社会教育的重要组织。文部省早在 1945 年 9 月的《新日本建设教育方针》中便提倡设立新青少年团体，于是，各地方纷纷设立青年团体，地方青年团的组织率在 1950 年达到 21.1％⑤，1951 年成立日本青年团协议会（“日青协”）。社会教育团体的重建中排除了国家的干涉与统制。1949 年《社会教育法》规定文部大臣及教育委员会根据社会教育团体的要求，向其提供专业技术指导、建议及必要的物资援助；中央及地方政府不得以任何方式对社会教育团体进行不正当的统制，不得干涉其事业，不得向其提供补助金。⑥

图书馆在社会教育中必不可少。国立国会图书馆于 1948 年 6 月 5 日开馆。1950 年 4 月 30 日公布的《图书馆法》“规定了图书馆设置运营的必要事项，实现其健全发展，以贡献于国民教育及文化发展”，并具体

---

① 神田修、山住正己编：《史料日本教育》，学阳书房 1986 年，第 152、153 页。
② 同上书，第 275 页。
③ 同上书，第 265 页。
④ 引自梁忠义主编：《日本教育》，吉林教育出版社 2000 年，第 474 页。
⑤ 明星大学战后教育史研究中心编：《战后教育改革通史》，明星大学出版部 1993 年，第 349 页。
⑥ 神田修、山住正己编：《史料日本教育》，学阳书房 1986 年，第 270—271 页。

规定了公立、私立图书馆的相关事项。①

总之，日本教育在被占领时期基本恢复到战前最高水平，并建立了“民主”“和平”的新教育制度，从而为日本现代教育的发展打下了基础，规定了制度框架。

三、教育改革与战后经济高速增长

20世纪50年代中期到70年代初，日本实现了令世人瞩目的经济高速增长。众所周知，教育的发展是战后日本经济高速增长的原因之一。以下拟综合考察该时期教育改革的主导机制与教育改革理论、教育改革的诸措施、教育改革的效果等问题，以揭示日本经济高速增长时期教育改革的经验与教训，以资为我国当前的教育改革提供某种借鉴。

(一) 教育改革主导机制与教育改革理论

探讨教育改革，必须先考察改革是由哪些力量来推进实施的，即教育改革的主导机制问题；另外还需要考察教育改革的指导理论问题。

1. 教育改革的主导机制

经济高速增长时期，日本教育改革的主体分为三部分：以日经连等为代表的经济界、以中央教育审议会为代表的各种审议会、以文部省为代表的日本政府。

经济界主要指日经连、经团连、关西经济联合会等大的经济联合组织，此类团体大都设专业部门研究教育问题，并通过两种途径对教育改革发挥作用：第一，通过向政府提交意见书反映其教育改革要求。据不完全统计，1956年至1972年间，经济界向政府提出的教育建议书近20

① 长滨功编：《史料国家与教育——近现代日本教育政策史》，明石书店1994年，第703—708页。

个[1]，内容涉及从义务教育到大学教育的各个方面，主要是要求政府通过改革从小学到大学的教育制度与内容，培养适应经济迅速发展的科技人员和技术工人。第二，经济界人士参加政府各种审议会（主要是经济审议会），直接将其要求反映到政策建议中，然后由政府的经济部门或内阁经济计划，向文部省提出教育改革要求。例如，提出“经济发展中人的能力开发的课题与对策”咨询报告的经济审议会，会长石川一郎曾任经团连首任会长（1948 年 3 月至 1956 年 2 月），另外，时任经团联副会长的植村甲午郎（1968 年 5 月至 1974 年 5 月任经团联第三任会长）也为该审议会委员。[2] 第三，通过教育学者将其要求反映到各教育审议会。例如，以植村甲午郎为代表的日本经济调查协议会于 1968—1972 年研究制定了教育报告书——《新产业社会的人的形成——从长期的观点看教育的状态》，负责制定该报告书的调查主任平塚益德（国立教育研究所所长）及副主任坂本二郎（原一桥大学经济系副教授）均任第 8、9 期中央教育审议会委员（1967. 7. 1—1971. 7. 3）[3]，恰好直接参与制定了中央教育审议会的咨询报告“今后学校教育综合扩充整备的基本施策”（1967. 7—1971. 6，“四 · 六答审”）。

与教育改革相关的审议会主要有文部省下属的中央教育审议会、中央产业教育审议会、理科教育及产业教育审议会、教育课程审议会等，还有经济省厅下属的经济审议会、科学技术会议等。其中，中央教育审议会对教育领域的整体问题进行审议，中央产业教育审议会、理科教育及产业教育审议会专门审议产业教育问题，教育课程审议会则审议如何改

---

① 笔者根据《资料日本现代教育史》（2、3）、《战后日本教育史料集成》（第 6—9 卷）统计，意见书题目略。

② 经济审议会：《经济发展中人的能力开发的课题与对策》（1963 年 1 月 14 日），寺崎昌男编《战后教育改革构想 Ⅰ期 8》（复刻板），日本图书中心 2000 年，第 345—346 页“经济审议会成员名单”。

③ 文部省：《为了教育改革的基本施策》（1973 年），寺崎昌男编《战后教育改革构想 Ⅰ期 10》（复刻板），日本图书中心 2000 年，第 187—190 页，“中央教育审议会（第 8 期，第 9 期）委员名单”。

革学校课程。经济审议会、科学技术会议从经济政策的角度提出所需要的教育政策。各个审议会的建议内容包括从小学到大学的几乎全部教育领域，其建议的突出内容是如何从制度及内容上改革教育，以促进经济的发展。

日本政府方面直接负责教育改革的是文部省。但是经济高速增长时期，参与教育改革的还有内阁及劳动省。1957 年以后，日本内阁制定的经济发展计划中均涉及人才供给问题，于是此类经济计划从经济发展的角度对教育提出要求。文部省根据其要求，并参照经济界提出的教育改革建议，向各级教育审议会提出咨询，然后根据审议会的咨询报告制定具体的教育改革计划和政策，其中涉及教育制度改革的问题，则向国会提交新法案或修改已有的教育法律，获得通过后即可付诸实施；涉及教育内容方面的改革，对高等教育通过财政手段加以诱导，对初中及中等教育则通过修改学习指导要领来贯彻实施。另外，经济高速增长时期需要进行大规模的教育培训，因此劳动省从劳动力培训的角度参与到教育改革之中，例如要求文部省承认职业培训机构的学分并颁发毕业证书等。

三方面改革主体在教育改革中的具体操作过程是：经济界（提出改革要求）→文部省（提出咨询）→教育审议会（调查审议并提出建议）→文部省（根据建议实施改革）。例如，关于培养科学技术人才问题，日经连首先发表《关于适应新时代要求的技术教育的意见》（1956 年 11 月），文部大臣便向中央教育审议会提出“有关振兴科学技术教育”的咨询（1957 年 5 月），并于同年 11 月接到咨询报告后制定了“科学技术教育振兴方案”；另一方面，同年 12 月，理科教育审议会在文部大臣的咨询下提出“有关加强科学技术教育的建议及振兴小学、初中、高中理科教育”的建议，文部省根据此建议于 1958 年和 1960 年先后修改了小学、初中及高中学习指导要领，最终将加强理科教育及职业教育的内容贯彻到学校教育中。

经济高速增长时期，日本政府、教育审议会、经济界三方面互相合作，有效地制定了各种适应经济发展的教育政策。教育审议会由政府根据法律聘请专家学者组成，就某个有待解决的问题进行专业性的调查和审议，并最终向政府提出政策建议，从而保证了政策的科学性和专业性。经济界参与教育改革并将其意见上升为国策①，是战后教育改革的新特点，在某种程度上具有一定积极意义：经济界处于经济发展的第一线，最清楚经济发展需要什么样的人才，因此由其直接提出人才培养要求，将有利于制定符合经济发展的教育改革政策。

2. 教育改革理论

经济高速增长时期，人的能力开发论、教育投资论、教育计划论成为日本教育改革的主导理论。三种理论密不可分：人的能力是促进经济发展的重要因素，因此要积极开发人的能力，而开发人的能力需要教育投资，要进行有效的投资就需要制定合理的教育计划。

（1）人的能力开发论。

60 年代初，美国兴起“人力资本论”，日本受该理论的影响，开始倡导“人的能力”开发论。1960 年的《国民收入倍增计划》、1965 年的《中期经济计划》、1967 年的《经济社会发展计划》、1970 年的《新经济社会发展计划》均在“提高人的能力”的标题下阐述其人才培养要求，经济审议会于 1963 年提交的咨询报告的标题即为《经济发展中人的能力开发的课题与对策》。

日本政府之所以重视开发“人的能力”，是因为充分认识到人的能力是促进经济发展的重要因素。“经济增长的因素分为资本、劳动、土地等生产要素量的增加，以及生产率的提高。生产率的提高，在于生产要素本身质的提高以及各生产要素结合方式的改善，即技术的进步。而且，任何一种情况下，劳动力质量的提高都是决定性的重要因素。”②《日本的

① 1957 年日经连提出的《振兴科学技术教育的意见》称：“根据去年 11 月本委员会提出的《关于适应新时代要求的技术教育的意见》，政府将振兴科学技术确定为重要国策之一，积极采取措施振兴科学技术教育，这是令我们欣幸的。”。

② 前揭《经济发展中人的能力开发的课题与对策》，第 16 页。

成长与教育》中称:“科学的创见、技术的熟练、生产者的才能等重要因素,对于经济发展所起的作用,不亚于物力资本和劳动力的数量。这些新引起人们注视的因素,被称为‘人的能力’。”①正因为认识到“人的能力”是经济发展的重要因素之一,所以才强调:“当经济增长成为经济政策的主要课题时,意在提高劳动力质量的人的能力政策,便成为经济政策的重要一环。”②

日本经济高速增长时期提倡的“人的能力”,主要是指经济发展所需的劳动能力。“我们的视点在于开发与经济发展相关的人的能力。……我们在把人的能力作为劳动力来考虑时,将主要探讨其与经济发展的关系”。③“人的能力”又有国民整体的一般能力和高才能人力之分:“考虑现在我国人的能力培养问题时,首先重要的是提高国民整体的一般能力,……同时,直接领导经济发展的人的能力——例如技术者、技能者等——进而高才能的开发,具有特别重要的意义”,④高才能人力“指在经济各个方面发挥主导作用、领导经济发展的人的能力”,即将来成为“创造自主技术的科技人员、吸收新技术并开拓市场的革新经营者、圆满地处理复杂劳资关系的劳资领导者等”的优秀人才,“从某种意义上讲,高能人才是社会资产”。⑤

开发“人的能力”的主要途径是教育与培训:“人的能力开发政策的中心是教育训练”⑥。而扩大教育训练的措施主要有扩充学校教育、扩充职业训练并使之体系化等。另外,为了更好地开发适应经济发展的“人的能力”,还应该进行广泛的产学合作,形成尊重能力的社会风气和制度,摒弃偏重学历的旧习惯。

---

① 文部省:《日本的成长与教育——教育的展开与经济发展》,帝国地方行政学会 1962 年,第 1 页。
② 前揭《经济发展中人的能力开发的课题与对策》,第 16 页。
③ 同上书,第 2—3 页。
④ 同上书,第 8 页。
⑤ 同上书,第 15 页。
⑥ 横滨国立大学现代教育研究所:《中教审与教育改革》,三一书房 1973 年,第 203 页。

(2) 教育投资论。

开发人的能力需要大量经费，而教育经费的投入量、投入领域等问题，便涉及教育投资。教育投资论认为：第一，对教育的投资是与其他对物的投资相并列的。“经济增长的因素……任何一种情况下，劳动力质量的提高都是决定性的重要因素。……为了提高劳动力质量而扩充教育训练需要高额的经费，这种经费不仅在被支出时实现支出目的、发挥效果，而且在接受训练的人长期的职业生活中发挥作用，贡献于经济增长。因此，这种支出不是消费，应被看作是投资。”①第二，对教育的投资是生产性投资：“如果‘人的能力’在提高生产中的效果被大大肯定，当然应该积极地计划提高人的能力。为此发挥主角作用的只能是教育。扩大教育规模、提高教育水平，需要增加其所需费用。因此，扩充教育经费，可以看作是提高生产的投资”。② 而且，日本当时倡导的“教育投资”，是指国民收入中由国家及地方政府投入到教育中的费用，即对公共教育的投入。③

教育投资论主要包括四方面的问题：第一，“教育投资”占国民收入及行政经费的比例。60 年代初期，日本与西方发达国家相比，其公共教育占国民收入及行政费的比例均居于前列，但 1955 年至 1960 年基本上处于停滞状态，文部省指出：“必须充分反省我国最近教育投资比重的停滞”④，即建议今后要加强教育投资。第二，中央与地方教育经费的负担比例。1960 年，日本公共教育费的 48.4%由中央政府负担，51.6%由地方政府负担，而当时国际社会的发展趋势是国家对教育经费的负担将日益增加。⑤第三，教育投资在各教育阶段的分配。文部省预测：今后世界各国的教育经费分配的重点将从初等教育向中等教育、中等教育向高等教育转移。因

① 前揭《经济发展中人的能力开发的课题与对策》，第 16 页。
② 前揭《日本的成长和教育——教育的展开与经济发展》，第 13 页。
③ 同上书，第 109 页。
④ 前揭《日本的成长和教育——教育的展开与经济发展》，第 138—139 页。
⑤ 同上书，第 125—126 页。

此日本今后的课题是增加对高等教育经费的分配额、提高高等教育的质量。① 第四，对职业训练的投资。教育投资的另一个重要方面是职业训练，“形成人力资本的投资范围，包括提高劳动力生产率的所有支出，也与维持并提高健康、职业训练、学校教育、成人教育、劳动力移动费用等相关。……关于职业训练的投资也是数额巨大的，其意义很大。”②

日本提出教育投资论后，日本的教育经费投入显著增加。例如，1955—1960 年，国民生产总值增加 82.8%，教育经费增加 68.7%；而 1960—1970 年，国民生产总值增加 3.5 倍，国民收入增加 3.4 倍，教育经费总额则增加了 3.7 倍，教育经费的增长幅度已经超过了国民生产总值及国民收入的增长比例。③ 可见日本在经济高速增长时期对教育投资的重视。

(3) 教育计划论。

60 年代初期，联合国教科文组织开始提出教育计划问题，并于教科文组织本部设立了教育计划部，于 1961 年度至 1962 年度组织了 25 个由经济学者及教育学者组成的使节团到各国调查研究，并就教育计划提供各种建议。1964 年，联合国教科文组织的部分官员以及当时一流的著名学者共同编写了《教育计划——及其与经济社会之关系》④，系统介绍了教育计划的意义、制定方法、注意事项等。60 年代日本文部省官员曾经称：“当今世界是‘教育的爆炸性扩大’时代，是‘教育竞争’的时代，也是‘教育计划’的时代。”⑤

日本的教育计划实践早于国际社会的上述潮流。⑥ 进入经济高速增

① 前揭《日本的成长和教育——教育的展开与经济发展》，第 123 页。

② 前揭《经济发展中人的能力开发的课题与对策》，第 16—17 页。

③ 梁忠义主编：《战后日本教育——日本的经济现代化与教育》，吉林教育出版社 1988 年，第 151 页。

④ *Economic and Social Aspects of Educational Planning*, Published by Unesco in 1964.

⑤ 联合国教科文组织编、木田宏译：《教育计划——及其与经济社会之关系》，第一法规出版株式会社 1966 年，译者序。

⑥ 二战期间，日本为了推行侵略战争而在国家总动员计划中制定教育计划。战后，日本 1950 年制定《国土综合开发法》开始实施地区开发计划，各地也制定并实施了与地区开发计划紧密相连的局部的教育计划。

长时期后，更加重视教育计划问题:《新长期经济计划》(1957年)正式将教育问题纳入计划之内;文部省的《日本的成长与教育》(1962年)专辟一章，从教育投资的角度论述了“长期综合教育计划”;文部省还主持翻译了上述教科文组织的《教育计划——及其与经济社会之关系》(第一法规，1966年)一书;此外，民间教育学者也出版了专门研究成果，如三井透的《教育计划》(国土社，1957年4月)、清水义弘等的《教育计划》(第一法规，1968年)等。

“教育计划是为了从量的方面实现教育政策目标的手续总称”[①]，即为了实现某一教育政策目标而制定的一系列计划。教育计划应该包括教育人口的变动与预测、未来人才需要的预测、教育指标的设定、教育经费的分析与预测等内容。另外，从教育投资的角度来看，教育计划应该考虑:教育经费在国民收入及政府行政经费中应占的比重、教育投资应侧重的教育领域、教育经费的负担者等问题。[②]

战后日本正式将教育问题纳入国家经济发展计划是1957年的《新长期经济计划》，教育在该计划中被作为科学技术劳动力的供需问题提了出来，文部省为此制定了《科学技术者养成扩充计划》。在整个60年代，日本的教育计划都与经济发展计划紧密相连。例如，1960年的《国民收入倍增计划》、1965年的《中期经济计划》、1967年的《经济社会发展计划》、1970年的《新经济社会发展计划》都列入了教育发展计划。另外，1955年以后，地方各府县也纷纷制定教育计划，从1960年到1966年，日本全国46个都道府县中，有32个制定了教育发展计划。[③] 各种教育计划的制定，保证了教育对经济发展人才的有效供给。

(二) 适应经济发展的教育改革措施

如上所述，“人的能力开发论”将“人的能力”分为普通国民的一般能

① 清水义弘、天城熏编著:《教育计划》，第一法规出版株式会社1968年，第3页。

② 前揭《日本的成长与教育——教育的展开与经济发展》，第137页。

③《文部时报》1966年8月号。引自《战后日本教育史料集成》第8卷，三一书房1983年，第163—167页。

力与作为领导人的高才能。为了培养具有这两方面能力的人，日本经济高速增长时期提出的教育目标是“我国的长期课题是完成中等教育，但该计划期间最重要的是确保科技人员与技能人员的数量并提高其质量”。[①] “完成中等教育”，即在实现了9年制义务教育之后，让全体国民都接受3年制高中的后期中等教育，从而提高普通国民的一般能力。“确保科技人员与技能人员的数量与质量”，顾名思义即要求保质保量地培养经济发展所需要的各级科技人才。

为了实现上述人才培养的需求，教育改革在学校教育、职业训练以及将两者结合的产学合作三个层面展开。在学校教育方面的主要措施有：加强初中等教育的理科基础教育，增设高中并提高高中入学率、加强高中的职业教育，扩大大学规模并增加大学理工科的比重、发展研究生教育尤其是理工科研究生教育，创设与发展短大及工业高等专科学校等。职业教育与训练主要包括企业内职业教育、公共职业教育等。产学合作除了企业与大学的合作研究及人员交流之外，职业训练与高中的合作是该时期日本教育改革的一大特点。

1. 加强初中等教育的理科教育与职业教育

日本历来重视基础教育，因此培养科技人才也从初中等教育开始。“我国科学技术振兴的基础在于贯彻幼年、少年时期的理科教育和职业教育，因此，小学及初中应该积极促进此类教育。”[②]为此，文部省于1958年颁布新中小学学习指导要领、1960年修改高中学习指导要领，对中小学及高中的课程进行改革，加强了初中等教育的理科教育与职业教育。1958年修改后的学习指导要领将原来的“职业・家政科”改为“技术・家政科”，并新设农业、工业、商业、水产及家政等职业选修课，要求学生每学年必须选修一门以上的职业课，课时数不得少于105学时；第三学年

① 内阁决议：《国民收入倍增计划》(1960年12月27日)，引自宫原诚一等编《资料现代日本教育史3》(1960—1973)，三省堂1974年，第18页。

② 日经连：“关于适应新时代要求的技术教育的意见”(1956年)，寺崎昌男编《战后教育改革构想 Ⅰ期7　新教育制度再探讨的请愿书》，日本图书中心2000年，第70页。

要根据地区、学校及学生自身需要，学习 140 学时以上的职业课。①

为尽早发现优秀人才，同时让一般人才尽早接受职业教育，文部省在全国范围内实施统一的学力考试。学力考试开始于 1956 年，最初在 4—5％的公立小学、初中及高中中，按课程类别选择 10％的学校加以实施，1961 年以后开始在全国所有的初中实施，1961 年接受学力考试的初中生达 447 万。② 在学力考试基础上，学校根据学生成绩，判定其适于继续升学，还是适于尽早就业。学习成绩优秀，将主要学习基础课程，为继续升学做准备，而学习成绩较差者，则重点接受职业课程教育，为将来就业做准备。同时为此而加强对初中生、高中生的毕业出路指导。“为了贯彻能力主义，毕业出路指导无疑是重要的。……决定毕业出路的重要时期的初中及高中阶段的指导。这一阶段薄弱的话，问题的解决在大学里就会出现问题，多发生不适应现象。这在教育投资方面及本人的幸福方面都是很大的浪费”。③

2. 高中教育的改革

经济高速增长时期，日本对高中教育阶段采取的改革措施主要表现在两个方面：一是增设高中、提高高中入学率；二是增加高中的职业课程比重。

日本经济进入高速增长后，一方面产业结构的升级、科学技术的发展需要更高一级水平的劳动力；另一方面，民间教育界及学生家长们也要求普及高中教育（“高中全入运动”）。在两方面的要求下，高中数量显著增加：从全国高中学校总数来看，1955 年为 3294 所，1965 年达到最高峰 4849 所，1970 年为 4798 所，15 年间增加了约 1.5 倍；从高中在校生人数来看，1955 年为 2571615 人，1965 年达到最高峰 5065657 人，1970 年

① 文部省编：《产业教育九十年史》，东洋馆出版社 1974 年，第 491 页。

② 中内敏夫、竹内常一、中野光、藤冈贞彦：《日本教育的战后史》，三省堂 1987 年，第 187—188 页。

③ 清水义弘：《人才开发与高才能人力的培养》，1962 年 6 月。见清水义弘著《现代日本的教育》，东京大学出版会 1968 年，第 93 页。

为 4222840 人，增加了近 2 倍。[①] 另外，高中的入学率直线上升：1950 年为 42.5%，1954 年超过 50%，1961 年突破 60%，1965 年突破 70%，1968 年为 76.7%，1970 年时超过 80%。[②]

战后初期的新制高中采取综合制，即普通科和职业科结合，或者两种以上的职业科结合。但经济发展需要大量职业人才，因此日本政府开始改革高中制度：1951 年开始逐渐增设单科制工业高中；1955 年 12 月公布的《高中学习指导要领 一般篇》，改变了战后高中的综合制课程编成方针，确立了根据毕业出路、适应性、能力编制教学课程的方针；1960 年 10 月公布新高中学习指导要领，扩充了数学、理科、职业等专门学科，并设立新的职业课程，职业必修课由原来的 30 个学分增加到 35 个学分(有的甚至增加到 40 个学分)。[③] 此外，文部省从 1968 年开始在个别高中开设"数理科"，进一步培养对数理专业有兴趣和能力的学生。此外，在扩大高中规模的过程中，重点增加工业等职业课程的招生规模。例如，1955 年与 1970 年相比，工业科学科数所占比例由 6.2%增加到 24.1%、学生所占比例由 9.2%增加到 13.4%。[④]

3. 大学教育改革

经济高速增长时期大学教育改革的重点措施，一是加强大学本科及研究生的理工科教育，培养高级科技人才；二是发展短期大学、创设高等专门学校，培养中级技术人才。

日本在二战期间为了配合战争生产曾大量增招理工科学生，因此 1945 年战败时，理学、工学及农学在学人数占总数的 32.5%，法文经类占 33.4%，比例大体相当。战后实行新制大学后，法文经类的比例大幅度提高，理工类比例则大幅度下降，1950 年法文经类占 59.7%，理学、工

① 国立教育研究所编：《日本近代教育百年史 10》，文唱堂 1973 年，〈产业教育基本统计〉第 36、40 页。

② 日本经济调查协议会：《新产业社会的人的形成——从长期的观点看教育的状态》(1972 年)，寺崎昌男编《战后教育改革构想 Ⅱ期 8》(复刻板)，日本图书中心 2001 年，第 147 页。

③ 前揭《日本教育的战后史》，第 153 页。

④ 根据前揭《日本近代教育百年史 10》〈产业教育基本统计〉第 38—41 页算出。

学及农学共占21.2%。[①] 进入经济高速增长时期后,日本经济界强烈要求改变高等教育重文轻理的状况。[②] 于是,日本政府不断扩大理工科大学生的招生规模。文部省于1957年和1960年分别制定了增招理工科类大学生8000人和20000人的计划,1965年至1968年新设理工科56个,改组和扩充20多个。在上述改革政策之下,理工科毕业生的比例逐渐发生变化,1964年占大学毕业生总数的30.5%,1965年达到大学入学总人数的45.3%,此后,理工科大学生数量基本呈增加势头,1966年219859人,1970年320510人,增加了1.46倍。[③] 同时不断加强研究生教育,1960年大学本科升研究生院的比例为5%,1968年为10%。[④] 其中工科的硕士生的增长较快,如1960年度工科硕士生占14.7%,到1973年增至39.2%.[⑤]

日本战后初期确立了六、三、三、四制的单轨制学校制度,前9年的中小学属于义务教育,3年高中培养的是初级技术人才,4年大学培养的是高级科技人才,显然缺少中级技术人才的培养场所。为了培养中级科技人才,日本政府一方面继续发展短期大学,另一方面创设高中与短期大学结合的工业高等专门学校。短期大学始设于1950年[⑥],刚设立时有149所,1955年为264所,1960年为280所,1970年为479所。[⑦] 在短大的学科设置中,农学、工学、法·商·经、家政四个学科的总数占短大学科总数一半以上(1955年为58.8%,1965年升为59.1%),其中工科短大的学科数与学生数的增长速度颇快,1955年与1970年相比,学科数由

---

① 前揭《日本的成长与教育——教育开发与经济发展》,第191页。

② 日经连先后在《关于改善当前教育制度的请愿》(1954年)、《关于适应新时代要求的技术教育的意见》(1956年)的教育改革意见书中提出改变重文轻理的建议。

③ 前揭《产业教育九十年史》,第674页。

④ 前揭《新产业社会的人的形成——从长期的观点看教育的状态》,第182页。

⑤ 梁忠义主编:《战后日本教育——日本的经济现代化与教育》,吉林教育出版社1988年,第189页。

⑥ 1964年6月通过国会部分修改《学校教育法》而由临时措施改为长久制度。

⑦ 前揭《日本的成长与教育》第172页、梁忠义主编《战后日本教育》第155页。

71个增至113个，学生数由6579人增至21799人，增加了2倍多。[①] 这对于解决当时技术力量不足发挥了不小的作用。工业高等专门学校始设于1962年，新设立时有19所，此后逐渐增加，1965年54所，1970年达到60所。虽然学校数量增加不多，但是学生人数猛增，1962年共3375人，1965年22208人，1970年44314人。[②] 高等专门学校培养经济发展所急需的中级技术人才，受到政府的重点发展，所以以国立居多，在1970年的60所高专中，国立49所（占81.7%），公立4所、私立7所（合计占18.3%）。[③] 高等专科学校的毕业生受5年一贯的专门职业教育，长于务实，因此也受到经济界的欢迎，在经济高速增长时期供不应求。

4. 强化职业训练

日本战败之初便较为重视职业训练，1958年日本国会又通过《职业训练法》，加强对在职人员的培训。1960年《国民收入倍增计划》赋予职业训练以新的意义。首先是将职业训练提高到与学校教育并列的高度："与学校教育并列，职业训练的重要性与紧急性增加。……随着产业的升级，必须对现有劳动者进行专门知识与技能的再训练，同时加强对新劳动力的培养与训练。这对于劳动力从生产性较低部门向高部门顺利移动也是必要的。"[④]其次是将职业教育作为完善后期中等教育的一环："从开发提高人的能力与形成符合近代生活的人两个方面，教育训练的重要性都在增大。……'给所有人以中等教育'这一原则成为一个世界性课题，鉴于此，15—18岁的青少年必须接受某种形态的教育训练。……（在目标年度）中等教育的完成不应该只依靠高中教育来实现，将来有必要制定政策，将职业训练、各种学校等各种对青少年的教育训练均作为中等教育的一环。"[⑤]可见，日本经济高速增长时期，为了向经济

① 前揭《日本近代教育百年史10》，〈产业教育基本统计〉第48—49页。
② 同上书，第50—53页。
③ 同上书，第51页
④ 前揭《资料日本现代教育史3》(1960—1973)，第20页。
⑤ 同上书，第20页。

发展提供更多更好的劳动力，要求将职业训练与学校教育并重，甚至将职业训练纳入中等教育。

日本经济高速增长时期的职业训练主要分为两大类。第一，企业内训练。企业主要通过设立各种学校及培训机构对其职工进行职业培训。据日本产业训练协会1970年对855个企业进行的调查结果显示，其中开展经营者教育的占41.7%，管理者教育的占84.8%，骨干职工教育占74.9%，新职员教育占96.4%，其中大企业的普及率高，小企业的普及率低。第二，公共职业训练。包括各种学校、青年补习班、劳动青年学校、一般职业训练所、综合职业训练所、经营传习农场、准护士养成所等。上述训练机构大多借用小学、初中及高中校舍或公民馆等社会教育设施，接受国家财政补助，并规定最低授课时数，而且多数为夜间授课。

据统计，1958年接受企业内训练的人数为5.5万人，接受公共职业训练人数为5.1万人，1963年经济审议会提出《经济发展中人的能力开发的课题与对策》后，1964年接受培训人数，企业内训练为8万人、公共职业训练为12.1万人，1970年企业内训练9万人、公共职业训练13.6万人。尤其是1964—1966年，公共职业训练机构的受训人数连续三年超过计划人数。① 此外，60年代前期，职业训练的对象主要是初中毕业生，1969年实施新的《职业训练法》以后，开始重点对高中毕业生实施职业教育与训练。

5. 确立产学合作体制

经济高速增长时期，日本教育改革的又一特点是建立了产学合作制度。产学合作包括产业界与大学合作、产业界与高中合作两种，而职业培训与高中的合作是该时期的突出特点。

第一，高中与职业训练的产学合作。为了提高初中毕业在职人员的劳动力水平，日本国会于1961年部分修改了《学校教育法》，规定高中可以与企业合作培养人才：高中函授制或定时制的在学人员，凡在文部大

① 前揭《日本近代教育百年史10》，第422页。

臣承认的技能教育机构里学习 3 年、每年授课时间 800 小时以上者，其在该机构所学课程与学分可以被认定为高中课程及学分的一部分，毕业后发给证书，享有同高中毕业生同等的待遇。该制度 1962 年开始实施，以工科为主。1967 年 12 月又修改《学校教育法施行令》，降低了文部省的认定资格（学习年限改为 1 年以上、每年受训时间为 680 小时），扩大了合作领域（除工业外，农业、商业、水产业均属于合作范围）。[①] 高中的合作对象一般是三年制的企业内职业训练机构及 1—2 年制的公共职业训练机构。另外也采取职业训练机构、定时制、函授制三结合的方式（普通文化课为函授教育、专业课为定时制、实习课为职业训练），还有巡回指导、集体入学、委托制等合作方式。

高中阶段的产学合作制度自实施以来，合作范围不断扩大。1968 年，与高中合作的各种职业训练设施达到 155 所，[②]从 1962 年到 1972 年，被文部省认定的职业训练设施共 348 所，通过合作方式培训技工共约 6 万多人。[③] 高中与产业界的产学合作，实现了学校教育与职业训练的有机结合，为经济高速增长培养了大量既具有高中水平、又具有实践经验的人才。

第二是大学与产业界的合作。1958 年 8 月，日本生产性本部产学合作委员会向文部省提出《关于大学毕业后继续教育的产学合作方式问题》，建议实行大学与产业界的合作。文部省于 1958 年度在国立大学实施“委托研究员制度”“选拔委托学生制度”。据 1959 年的调查显示，76％的大企业、44.5％的中小企业知道“委托研究员制度”，9.4％的大企业、2.7％的中小企业采用了“选拔委托学生制度”，另有 64.8％的大企业、17.4％的中小企业利用“研究委托开发制度”。[④] 大学阶段的产学合作方式有产业界提供财政资助、委托研究、人员派遣与交流、举办开放讲

① 前揭《资料 日本现代教育史 3》(1960—1973)，第 252 页。

② 前揭《新产业社会的人的形成——从长期的观点看教育的状态》，第 165—166 页。

③ 前揭《战后日本教育——日本的经济现代化与教育》，第 201 页。

④ 宫原诚一编：《资料 日本现代教育史 2》，第 102 页。

座、现场实习等。

(三) 对经济高速增长时期教育改革的评价

经济高速增长时期的教育改革政策，具有一定的积极作用，既促进了日本教育本身的发展，同时通过其培养的人才促进了经济的发展。但是，由于其教育改革的第一目标是为经济服务且一味追求能力主义，而忽视了教育的第一目标应是人自身的发展，忽视了教育的社会文化功能，从而造成了严重的“教育荒废”现象及大学学潮的高涨。在经济高速增长的后期，日本朝野开始反省一味为经济服务的教育政策。

1. 促进了教育与经济的发展

首先是促进了教育量的发展与教育结构的升级。第一，高中及大学入学率的提高。高中入学率由 1954 年的 50%增长到 1972 年的 83%，[①]高等教育的入学率由 1960 年为 10.3%增长到 1970 年的 23.6%。从入学人数来看，1959 与 1969 年相比，四年制大学由 155000 人增加到 329000 人，短期大学由 38000 人增加到 128000 人。[②] 第二，高一级教育阶段受教育人口占总人口的比例增大。1957 与 1967 年相比较而言，全体受教育人口的总数基本未变，但整个教育的内部结构却发生了变化：小学所占比例大幅度下降(54.1%→39.8%)，初中所占比例亦有所下降(23.9%→22.2%)；而幼儿园、高中、大学及短大的比重均增加了一倍左右，其中增幅最大的是短大(0.3%→1.0%)，增加了 3.22 倍，其次是大学(2.2%→4.9)、幼儿园(2.8→5.5)、高中(12.1→20.2)、研究生院(0.1→0.2)。[③] 初等教育比重减少、高中及高等教育比重增加，说明日本教育结构的升级，而幼儿园比重的增加，则说明日本教育范围的扩大。

其次是促进了经济的发展。教育结构的升级，直接导致全体国民中

---

① 前揭《新产业社会的人的形成——从长期的观点看教育的状态》，第 62 页。
② 梁忠义编：《日本教育》，吉林教育出版社 2000 年，第 562 页。
③ 前揭《新产业社会的人的形成——从长期的观点看教育的状态》，第 143 页。

高学历人口比例的增大。从应届毕业生劳动力的学历结构来看，1960年与1968年相比，高中毕业生由41.7%上升到60.8%，大学及短大毕业生由8.5%上升到14.3%，初中毕业生则由1960年的41.7%减少到24.9%。[①] 从应届毕业生的劳动力人口总数来看，1960年、1968年、1971年，初中为分别为68.4万人、38.6万人、24.9万人，高中分别为57.2万人、94.3万人、91.0万人，大学及短大分别为11.8万人、22.2万人、36.7万人。[②] 可见，初中毕业生人数逐年减少，高中毕业生从1960年到1968年逐年增加，但到1970年转为减少，而大学毕业生一直呈直线上升状态。

整个60年代，大约有700万高中毕业生到国家各个部门，主要是各经济部门去工作，满足了产业界的需求。[③] 1960年至1970年的10年间，在技工、生产工程作业者中，高中毕业生的比例由27.7%增至57.4%。[④] 日本经济学者指出："高速增长时期，就业人数中约60%为高中毕业者，而战前生产一线的劳动力则主要是小学毕业者，这种劳动力质量的变化，为经济增长做出了贡献。"[⑤]此外，1956年到1968年的13年间，整个高等教育机构培养的科技人才数量从2.5万人上升到7万人，其中以工科为中心的研究生院及短大、高专的增加率超过了大学的增加率，研究生毕业生的比例从4.7%上升到8.4%，短大与高专的比例则由12.5%上升至17.2%。[⑥] 劳动力学历水平的普遍提高，带来了劳动生产率的提高，从而直接促进了经济的发展。据统计，1951—1955年的经济增长率中，靠提高劳动生产率取得的部分占58.5%，1955—1960年上升至82.1%，1965—1970年则达到87.6%。[⑦]

---

① 前揭《新产业社会的人的形成——从长期的观点看教育的状态》，第178页。
② 同上书，第188页。
③ 前揭《日本教育》，第552页。
④ 前揭《战后日本教育——日本的经济现代化与教育》，第176页。
⑤ 桥本寿朗：《战后的日本经济》，岩波书店1997年，第144页
⑥ 前揭《新产业社会的人的形成——从长期的观点看教育的状态》，第181页。
⑦《经济发展与就业结构》，东洋经济新报社1973年，第21页。

2. 造成了“教育荒废”与大学学潮

经济高速增长时期，日本的教育政策过于注重经济发展的需要及教育量的发展，而忽视了教育自身的质的发展，因此引发了严重的教育问题。

首先是初等、中等教育阶段的“教育荒废”问题。如前所述，日本为了尽早发现并开发“人的能力”而实行全国“学力考试”，这一方面使学校的教学均围绕应付考试而展开，导致能力主义、考试主义之风盛行，影响了正常的教学秩序。更为严重的是，学力考试使学生时时处于被进行优劣划分的状态下，从而给学生造成了无形的精神压力。一方面是学校为应付考试而忽视了对学生的德育教育，另一方面学生由于被选拔而不断积聚着精神压力，久而久之，便形成了欺侮弱小、行为不良、不上学、高中退学等严重的“教育荒废”现象。60 年代后期，学生的不良行为盛行，当时每 1000 人中平均有 11 人发生不良行为。① 1975 年，拒绝上学的中学生有 7704 人，占当时日本全国中学生的 0.16%，1977 年被称为“不良行为爆发之年”。② 日本学者称：“60 年代的高速增长造成了教育目的的矮小化，高学历实际上仅仅靠消瘦的人格来支撑”，“战后日本的教育，学力水平世界第一，人际关系的荒废也成为世界第一”，从这一意义上说，1960 年代是“繁荣学校而灭亡教育”的时代。③

其次是大学学潮的爆发。日本政府为了培养大量的高级人才而不断扩大高等教育的规模，规模的扩大主要是增招大学生，1961 年为 626421 人，1969 年为 1354827 人，增加了 1 倍有余④，但对大学的师资、校舍、设备、图书等的增加却跟不上学生增长的幅度，教育的外部环境与条件相对恶化，从而导致教育质量的下降。此外，国家为了重点培养高科技人才，一方面加大了对国立及公立大学的财政投入，重点扶植国立

① 前揭《日本教育的战后史》，第 218 页。

② 同上书，第 220 页。

③ 同上书，第 197、166 页。

④ 细谷俊夫主编：《新教育学大事典(8)》，第一法规出版社 1990 年，第 66、72 页。

大学的理工科教育；另一方面也允许私立大学扩大规模，但是在财政上的投入并不大，从而造成了国立、公立大学与私立大学差距悬殊的问题。[①] 此类大学本身的问题，加之60年代后期日本国内的各种政治及社会问题，最终引发了大规模的大学学潮。据统计，爆发学潮的大学1960—1964年有5所，1965年20所，1966年60所，1967年90所，1968年115所。[②] 大学学潮的爆发，既严重影响了大学教育的正常开展，同时也引起了社会秩序的混乱。

3. 对经济高速增长时期教育改革的反省

经济高速增长后期，当上述教育问题出现后，国内外开始反思日本以往的教育改革政策。

日本政府首先是认识到"教育荒废"问题的严重性，中央青少年问题协议会于1965年11月向首相提出了"关于加强青少年的对策"的咨询报告，建议加强对青少年的教育指导，有效处理青少年的不良行为。对此，内阁会议报告表示："要在长期展望的基础上，站在更高的层次，重点且积极制定健康培养青少年及防止其不良行为的政策，并迅速实现之。"[③]1966年中教审答申"理想的日本人"中指出："产业技术的发达必须伴随着人性的提高……如果缺少这一面，现代文明将是跛行的"。[④] 1971年中教审提交的咨询报告"今后综合扩充整备学校教育的基本施策"（"四六答申"）中，首先提出"今后社会中人的形成的根本问题"。1972年3月，经济调查协议会发表的有关教育改革的意见书的标题即为《新产业社会的人的形成——从长期观点看教育的状态》，而且意见书的开头也主要论述了"人的形成"问题。

此外，OECD于1970年1月派出教育调查团赴日本，该调查团报告

---

① 详见胡建华《战后日本大学史》，南京大学出版社2001年，第164页。

② 大学问题检讨委员会编：《日本的大学——对其现状及改革的提言》，劲草书房1979年，第62页。

③ 前揭《资料日本现代教育史3》(1960—1973)，第519页。

④ 前揭《新产业社会的人的形成——从长期的观点看教育的状态》，第197页。

书也指出了当时日本存在的问题:第一,教育与经济的关系问题。“以经济增长为目的的OECD之所以对教育政策抱有极大关心,无非是因为在60年代的急速经济发展中,各国都痛感到了人力资源的重要性。但是,到了70年代,人们开始反省这种教育观。”“(日本)‘教育’这一车身被连接在‘经济’这一车头上,现在到了将其从车头上分离的时期了。”①第二,能力主义下的教育选拔问题。“(日本)较之开发学生天生的能力,更加重视选拔,这事实上发生在教育的所有阶段。这一倾向,是高等教育及大学入学考试制度具有阶层性质的一大原因……这种选拔制度,大学教育自不待言,正大大歪曲着高中以下的教育。从这一意义上说,它是日本教育的核心问题之一”。②

以上综合考察了日本战后经济高速增长时期的教育改革问题,其中不乏值得借鉴的经验,例如由经济界建议、专业审议会审议、文部省制定政策实施的教育改革主导机制,有计划地进行教育投资与人才培养的教育指导理论,人才培养从基础教育抓起、加强职业培训并将其纳入学校教育的范畴、加强产学合作等各项改革措施等。但是,任何事物都存在着一个“度”的问题,一旦“过度”便会走向事物的反面。例如,从教育观的角度来看,教育应该为经济发展服务,但一味从属于经济发展就会忽略教育的其他社会功能;从教育改革主导机制来看,经济界的教育改革建议反映到国家政策中,固然会有利于使教育更好地为经济发展服务,但是如果经济界过渡干预教育发展③,便会破坏教育自身的发展规律;从教育改革措施来看,重视开发人的能力、实行一定程度的考试、扩大高等教育招生规模,都有利于教育与经济的发展,但如果此类措施超出了一定的范围,就会引发严重的教育问题。上述战后日本经济高速增长时期

① 前揭《日本的教育政策》,第144页。

② 同上书,第8—9页。

③ 日本经济高速增长时期便出现了此类现象。例如,1960年10月,科学技术会议预计1960—1970年期间将缺少理工科技术人员17万人,文部省计划1961年度增加理工科入学名额2600人、7年内共增招16000人,于是民间经济界及科学技术厅均要求进一步增加招收名额,文部省最终于1961年9月决定在1964年之前增招理工科大学生2万人。

的教育改革经验与教训，无疑为我们提供了正反两方面的借鉴。

四、“自由化”的教育改革政策

从1984年8月设立直属内阁的“临时教育审议会”（略称“临教审”）到2000年3月的“教育改革国民会议”，日本政府开始推行“自由化”教育改革政策。

80年代前半期，日本政府、民间经济界及教育界均提出了改革教育制度的政策建议：政府1984年8月设置的“临时教育审议会”到1987年8月共提出了四次教育改革咨询报告；经济界的综合调查机构“日本经济调查协议会”1985年3月发表《面向21世纪思考教育》；日教组第二次教育制度研究委员会1983年7月提出《现代日本的教育改革》。这预示着日本将实施新一轮的教育制度改革。

日本国内从80年代初年便展开了有关“教育自由化”的论争：1984年2月，时任首相中曾根康弘在其施政方针演说中提出“教育制度、教育内容的多样化与弹性化”，“扩大受教育者的选择自由”；①1984年11月，临教审第一部会审议的内容之一是教育如何应对“自由化”②。围绕着教育“自由化”问题，日本朝野大致分为三派：自民党内的中曾根派、原通产省官僚、财界以及相关学者与评论家等积极主张实施教育自由化；自民党内的文教派、文部省方面对教育自由化持慎重态度；社会党与共产党议员、民间的日教组等则坚决反对教育自由化。上述三方的主要代表人物纷纷就“教育自由化”提出自己的主张，仅1985年1月至4月就有25篇文章发表在各类杂志上。③ 三方论争的结果是，临教审1985年2月提

---

① 内阁制度百年史编纂委员会编：《历代内阁总理大臣演说集》，大藏省印刷局1985年，第1097页。

② 永井宪一、三轮定宣编：《资料集临教审·教育改革的动向》，Eidell研究所1985年，第24页。

③ 同上书，第22页。

出以“个性主义”取代“自由化”①，1987 年临教审最终报告中将“个性原则”确立为教育改革的首要原则。90 年代后期则代之以“规制缓和”：日本政府的行政改革委员会规制缓和小委员会从 1996 年度开始探讨有关教育的规制缓和问题，同年 12 月向首相提交的《关于推进规制缓和的意见(第二次)》中包括教育领域的 4 个方面 7 项内容；日本内阁 1997 年 3 月修改的《规制缓和推进计划》(1995 年 3 月内阁会议通过)中在原有 10 个领域之外，首次独立设立教育领域，并新增教育规制缓和项目 30 项(加上原有的共 65 项)。②

(一) 教育理念的“国家个性”

该时期，日本政府一方面维持战后初期确立的“个性”原则，另一方面，又在实际的政策解释中，将“集体”“责任”“爱国”等内涵加入“个性”“自由”“国际化”等概念中。进而，日本政府通过道德教育、志愿者活动、历史教育以及国旗国歌等途径，进一步在教育实践领域加强学生的“国家”意识。

1. 教育基本理念的“个性”解释

《教育基本法》中规定了战后教育的基本理念，1987 年 8 月，临教审的最终咨询报告中确立了维持《教育基本法》的基本方针：“教育必须根据《教育基本法》的要求，以完善人格为目标，培养和平国家及社会的成员的、充满自主精神的身心健康的国民。”③

但是，日本政府在政策表面上维持《教育基本法》的同时，也对其内涵进行了重新解释。早在上述方针确立之前的 1984 年 2 月，时任首相中曾根康弘在的众议院预算委员会上称：“虽然不改变《教育基本法》，但

① 永井宪一、三轮定宣编：《资料集临教审 · 教育改革的动向》，Eidell 研究所 1985 年，第 265 页；伊崎晓生、松岛荣一编《日本教育史年表》，三省堂 1990 年，第 236 页。

② 文部省编：《我国的文教施策》(1997 年度)，大藏省印刷局 1997 年，第 203 页。

③ 文部省编：《教育改革报告——临时教育审议会第一次～第四次(最终)咨询报告》，大藏省印刷局 1988 年，第 275—276 页。

是由我来解释。”[①]临教审于1985年提出的第一次咨询报告中，对《教育基本法》中的“个性”理念作了解释：“所谓个性，不仅指个人的个性，还意味着家庭、学校、社区、企业、国家、文化、时代的个性。……自由伴随着重大的自我责任。……个人的尊严，尊重个性、自由、自律、自我负责，是密不可分、互为一体的。”[②]也就是说，临教审确立的“重视个性”的基本原则，表面上主张“个性”与“自由”，实际上则意在强调“集体”与“责任”。

进而，临教审于1986年提出的第二次咨询报告中，主张教育必须“努力维持并继承人类文化与日本文化的优秀遗产与传统”。[③] 即使临教审确立的本应具有开放性内涵的“国际化”政策中，也将“爱国心”与“日本文化”作为首要前提：“要深刻认识到，一个好的国际人是一个好的日本人，必须实现爱国心的教育，使学生牢牢掌握日本文化的个性，同时加强理解外国文化及传统等的教育。”[④]

可见，该时期日本政府确立的“个性”“自由”“国际化”等教育基本原则中，也同时包括了“集体”“责任”“爱国”等方面的内涵。

2. 道德教育与志愿者活动的加强

文部省1983年8月公布《公立中小学的道德教育实施状况调查》，指出道德教育时间在年均标准课时量以下(35小时)的小学占46.7%、初中占75.3%，并要求各地中小学加强道德教育[⑤]。临教审咨询报告中提出的初等、中等教育改革的重要支柱是“充实道德”，教育课程审议会1987年12月的报告，提出了加强道德教育的四大具体措施为“个人自身的事项”“个人与他人间的关系”“个人与自然及崇高事物的关系”“个人与社会及国家间的关系”；要求小学低年级培养基本的生活习惯、中年级培养遵守日常社会规范的态度、高年级培养遵守公德并为公尽力的态

① 大田尧、堀尾辉久著：《何为教育改革》，岩波书店1985年，第80页。
② 文部省编：《教育改革报告——临时教育审议会第一次～第四次(最终)咨询报告》，大藏省印刷局1988年，第12—13页。
③ 同上书，第54页。
④ 同上书，第15—16页。
⑤ 伊崎晓生、松岛荣一编：《日本教育史年表》，三省堂1990年，第232页。

度;并建议为了加强道德教育而使用道德教育副读本,校长等教育行政人员指导道德教育授课,加强校内道德课程指导体制,并要求在师资培养阶段加强道德教育的课程。① 文部省为了贯彻国家的道德教育要求,1990 年编制了道德教育"指导手册"用作学生的道德教材,下发给日本全国的中小学、班主任及教育委员会;制作了具体授课范例的"影像资料",下发到都道府县教育委员会。从 1991 年度实施"市町村道德教育推进事业",学校与当地社会密切合作,整个市町村共同促进道德教育;从 1995 年度实施"传统文化教育推进事业",文部省指定传统文化教育推进地区,通过当地社会合作,在小学、初中及高中的教育活动中使学生们体验当地的传统文化;从 1996 年度实施"培育丰富心灵教育推进事业",在小学、初中及高中的教育活动中实施各种体验活动,实践性地培养学生的道德性,培育学生的"丰富心灵"。1998 年 12 月公布的新学习指导要领中,要求幼儿园及小学低年级要通过志愿者活动及自然活动等体验活动加强道德教育,因此,文部省为小学低年级及幼儿园制作并下发了动画片,以通俗易懂的方式传授道德内容,以达到感化孩子们心灵的效果;此外召集指导主事、中小学校长、教导主任、教师及家长会成员举办"道德教育合作推进讲座",以便提高其道德教育指导能力。②

志愿者活动既是道德教育的重要手段之一,也是"终身学习"的重要内容。由于该活动能够培养"奉公"意识,因此文部省采取措施,大力推行。

一是建立了推进志愿者活动行政体制。文部省 1991 年开始实施"终生学习志愿者活动综合推进事业",为从青少年到老年人的所有年龄阶段的人,创造将学习成果用于社会活动的环境,鼓励人们将学习成果积极用于志愿者活动;1994 年度开始召开"志愿者教育研究协议会",并

① 文部省编:《我国的文教施策》(1988 年度),大藏省印刷局 1988 年,第 200—201 页。
② 同上书,第 250 页。

制作指导志愿者实践活动的资料;1996 年度开始实施“志愿者体验示范推进事业”,利用当地社会的教育力量,为该地区的中小学生提供各种志愿者体验活动的机会;1999 年度开始资助地方建立“终身学习志愿者中心”“志愿者银行”,作为地方推行志愿者活动的据点。实施志愿者活动的场所主要包括国立科学博物馆、国立青少年教育设施、国立妇女教育会馆(从 1999 年度开始设立全国志愿者信息提供与咨询窗口)等国立社会教育设施,以及各地方政府、公民馆、博物馆、图书馆等社会教育设施。

二是积极在学校教育中推行志愿者活动。文部省从 1988 年实施初等中等教育的“奉仕等体验学习研究”,即指定学校研究并实践学校、家庭、地方三者合作,共同推进学生“有关奉仕的体验学习”,以加强道德实践力。[①] 学校教育中高、中、小学生参加的志愿者活动,主要包括体育俱乐部活动、在劳动生产及奉仕仪式中清扫地区卫生、到老年福利院进行的奉仕活动等;学习指导要领中的道德、社会科、家庭科中也加入了志愿者活动。从 1992 年开始要求在高考档案中记录参加志愿者活动情况,1993 年度开始要求升入高中的材料中记录学生参加志愿者活动的情况。[②] 1998 年 3 月,文部省规定高中校长可以根据其判断,对志愿者活动等校外活动给予学分。1998 年修改的新学习指导要领(小学、初中从 2002 年开始实施,高中从 2003 年开始实施)总则中写入了“志愿者活动”,明确要求在“综合学习时间”、特别活动、道德中进行志愿者活动等实践活动,进一步将志愿者活动作为学校教育的一部分内容。[③] 在大学阶段,日本政府编制并向国立大学、高等专门学校下发志愿者指南,鼓励大学生们积极参加“志愿者活动”,并从 1998 年开始在几所国立大学进行试点,开设志愿者培养课程,举办讲座,设置信息与咨询援助窗口等,以便综合推进学生志愿者活动。

① 文部省编:《我国的文教施策》(1988 年度),大藏省印刷局 1988 年,第 202 页。
② 文部省编:《我国的文教施策》(1993 年度),大藏省印刷局 1999 年,第 236—237 页。
③ 文部省编:《我国的文教施策》(1999 年度),大藏省印刷局 1999 年,第 251 页。

3. 国旗、国歌的法制化

升国旗、唱国歌是日本政府培养学生“爱国心”的重要手段之一。文部省在1989年修改的学习指导要领中明确规定:在入学仪式及毕业仪式上要升国旗、唱国歌。1990年的入学仪式上,升国旗的比例小学为95.7%、初中为95.5%、高中为90.1%,唱国歌的比例小学为75.1%、初中为76.8%、高中为64.8%,①升国旗、唱国歌的比例大幅度提高。1993年高中、初中、小学毕业仪式上升国旗的比率分别为98.3%、97.8%、94.2%,唱国歌率为86.7%、82.4%、73.0%。② 可见,到1993年时,日本高中以下学校升国旗、唱国歌已经实现了一定程度的普及(1993年以后,文部省的教育白皮书中不再登载各级学校升国旗、唱国歌的比例)。

但是,日本政府仍不满足,而是要求全体中小学均在学校重要仪式上升国旗、唱国歌。1999年8月,日本政府公布实施了《国旗国歌法》,该法仅2条:“国旗为日章旗”“国歌为《君之代》”,“附录”中规定了国旗的规格、《君之代》的歌词。文部省遂根据该令通知各都道府县知事、各都道府县教育委员会教育长,要求“以该法律的制定为契机,进一步促进对国旗及国歌的正确认识”。③ 1999年度以后(至2007年度)的文部(科学)省白皮书中均在初等中等教育部分列有“指导国旗国歌”一目,要求学校指导国旗国歌,“要使学生理解我国国旗国歌的意义,并培养尊重的态度”。④ 战前的“日之丸”、《君之代》虽然未被法制化,但前者被视为天皇的象征、后者歌颂天皇永远昌盛,两者均是执政者将国民引入战争的手段。正因为有此历史教训,日本朝野的民主人士曾强烈反对国会批准该法律。但是,日本政府仍然不顾反对而颁布实施了《国旗国歌法》,该法一方面有利于日本政府继续加强“尊皇”教育,同时也为其打击不参加升国旗、唱国歌仪式的教师提供了法律依据。

---

① 文部省编:《我国的文教政策》(1990年度),大藏省印刷局1990年,第299页。
② 文部省编:《我国的文教政策》(1993年度),大藏省印刷局1993年,第246页。
③ 文部省编:《我国的文教政策》(1999年度),大藏省印刷局1999年,第254页。
④ 同上书,第253页。

日本政府通过上述诸政策措施，在"个性"的口号下，不断地在教育领域加强国民的"国家"意识。

(二) 教育行政的"灵活化"

该时期，中央教育行政机构的教育决策与实施功能进一步加强，并开始要求地方教育行政与其他行政的"一体"化；与此同时，经济界、政界等其他行政力量进一步干预教育行政，而民间教育界对抗政府教育政策的力量则发生分裂并因此而削弱。总之，日本政府在"灵活化"的口号下，"暗度陈仓"地进一步加强了对教育行政的国家控制。

1. 中央及地方教育行政改革

该时期，中央教育行政呈现出被纳入综合行政、功能增强的特点，地方教育行政中也出现了与"独立""分权"原则相悖的倾向。

第一，日本内阁成为教育政策的决策者，教育行政被纳入综合行政的范畴。内阁的教育决策主要表现在两个方面：一是设立直属内阁的教育审议机构——临时教育审议会(1984 年 8 月 8 日公布《临时教育审议会设置法》，1987 年 8 月 18 日解散，简称"临教审")。该审议会直属内阁，三年期间共向首相提出四次报告(1985. 6、1986. 4、1987. 4、1987. 8)，确立了"个性原则""向终身学习体系过渡""适应变化(国际化、信息化)"三项教育改革基本原则，并就各个教育领域的改革提出了具体建议，从而确定了日本教育改革与发展的基本国策。日本政府此后的教育改革措施均以临教审的建议为指导性纲领，因此，该审议会在日本现代教育发展过程中具有重要的历史地位。二是内阁下设教育改革的推进机构。1985 年 6 月(临时教育审议会提出第一次咨询报告后)，内阁设立"推进教育改革内阁部长会议"，以便"整个政府都参与教育改革"。进而，1987 年 10 月，内阁会议制定了《当前教育改革的具体政策——教育改革推进大纲》，确定了临时教育审议会建议中亟待落实的七项重要政策，并制定了具体方针。

第二，文部省的教育调查、政策立案功能增强。该时期，文部省的职能是“根据临时教育审议会咨询报告及教育改革推进大纲，努力具体落实各项教育改革措施。”[①]为此，文部省先于1985年6月设立文部事务次官为首的“教育改革推进本部”、1987年8月设立文部大臣为首的“文部省教育改革实施本部”，继而于1988年7月实施了大规模的机构改革，其主要内容之一便是将大臣官房的调查统计科改组为调查统计策划科，目的便是为了“加强有关文教政策的调查研究与分析、政策制定、信息提供等功能”。实施上述机构改革之后，文部省至1990年先后制定起草了12项教育改革法案(其中10项被批准实施)[②]。

第三，地方教育行政呈现出与其他行政的“综合一体”化趋势。如前所述，战后初期的民主化改革确立了分权、独立的教育行政基本原则，在这一基本原则之下，到80年代初期，地方教育行政仍有一定的独立性与自由度。例如，东京都中野区一直反对教育委员实行任命制，并先后于1985年、1989年举行了第2次、第3次教育委员准公选区民投票。地方教育的相对独立性，不利于日本政府推行其教育政策，于是，日本政府一方面要求“中央与地方各行政部门综合一体地实施教育改革”，要求地方教育委员会执行终身学习措施等政策；另一方面，文部省开始以部分教育委员会“没有充分发挥其制度的本来功能”、教育委员“名誉化”“高龄化”等为由，要求实现地方教育委员会的“灵活化”。临教审建议改革教育委员会的具体措施包括：① 确保教育委员的适当人选，加强研修；② 导入教育长任期制、市町村教育长专任制；③ 确立处理投诉的责任体制；④ 处理“不称职”教师；⑤ 小规模市町村事务处理体制的扩大化；⑥ 加强与地方政府各部门的合作。[③] 就上述建议的实质内容而言，①、② 旨在确保政府政策的拥护者担任教育委员，③、④ 为了排除反对政府政策的教育委员，⑤、⑥ 则加强了教育行政与一般行政的融合。这是对战后初期确立的“分权”“独立”教育行政原则的进一步背离。

---

① 文部省编：《我国的文教施策》(1988年度)，大藏省印刷局1988年，第167页。

② 文部省编：《我国的文教施策》(1990年度)，大藏省印刷局1990年，第220—221页。

③ 文部省编：《我国的文教施策》(1988年度)，大藏省印刷局1988年，第180页。

1988年3月，日本政府向国会提交修改“地方教育行政法”的法案，旨在导入市町村教育长的专任制与任期制，1990年1月，该法案因在国会上审议未完而未获批准。1997年9月，文部大臣向中央教育审议会咨询“今后地方教育行政的方式”，中央教育审议会于1998年9月向文部大臣提出报告，就教育委员会问题，建议“取消教育长的任命承认制度，导入地方政府负责的议会承认制”，“改革市町村教育长从教育委员中选任的兼任制”等，①事实上仍然试图实现上述1988年修改“地方教育行政法”的目的。

可见，该时期日本政府要求的教育行政“灵活化”，实际上是对战后初期确立的“分权”“独立”原则的“灵活”与脱离。

2. 各界对教育决策的参与

该时期，经济界、政界均积极参与并主导着教育行政，而以日教组为代表的民间教育力量却逐渐分化、衰弱。

一是经济界对教育行政的干预。1985年3月，经济界的教育政策调查研究机构——日本经济调查协议会（被称为“财界教育改革委员会”）发表了教育改革建议报告《面向21世纪思考教育》，提出了经济界关于全面改革教育制度的要求。经济界还通过参加政府的教育政策审议机构——临时教育审议会，使其要求反映到教育政策中。例如，临教审会长冈本道雄（原京都大学校长）、代理会长石川忠雄（庆应大学校长）均为日本经济调查协议会综合委员，并参与制定了该协议会上述报告《面向21世纪思考教育》。临教审的25名委员、20名专门委员中，7人是经济调查协议会“面向21世纪思考教育”专门调查委员会成员，另外还有财界7人。② 可以说，临教审制定的教育国策是经济界主导的，它反映了经济界对教育的根本要求。教育行政与经济界结合遂产生腐败，在1988

① 文部省编：《我国的文教施策》（1998年度），大藏省印刷局1998年，第202页。
② 文部省编：《教育改革报告——临时教育审议会第一次～第四次（最终）咨询报告》，大藏省印刷局1988年，第319—321页；日本经济调查协议会：《面向21世纪思考教育》，丸荣株式会社1985年，附录《岩佐委员会合作者名单》。

年被揭露的日本战后最大的政治资金丑闻——"利库路特案"中,原文部次官高石邦男、原文部大臣森喜朗等教育行政官员涉嫌该案,1989 年 3 月,高石邦男被捕,同年 4 月,文部省因利库路特案而更换官房长官、终身学习局局长、初等中等教育局局长。

90 年代后期,教育开始被纳入经济改革、财政改革中。日本内阁会议于 1996 年 12 月制定了《经济结构变革与创造项目》、1997 年 5 月制定了《经济结构变革与创造行动计划》,开始推行经济结构改革,其中与教育有关的部分是要求改革大学教育,促进学术研究,通过培养人才与完善研究开发环境来创造新产业,从而促进经济结构改革。① 1997 年 6 月,日本内阁会议又制定了财政改革方案《关于推进财政结构改革》,其中与教育有关的是对文教预算的改革,计划由教育受益者、中央政府、地方政府三方共同负担费用,教育经费的改革范围涉及义务教育、国立学校、私立学校等方面。②

二是教育改革成为政治及行政改革的重要一环。一方面,教育受到日本首相的高度重视。1983 年 12 月,时任首相中曾根康弘在鹿儿岛发表演说时,提出了包括学制改革的《教育改革的七大构想》,进而于 1984 年 2 月的第 101 次通常国会上,将"教育改革"列为政府的三大改革之一(第一是行政改革,第二是财政改革)③,在 1985 年 1 月的第 102 次通常国会上提出:"我相信,教育改革的实现,在处于历史转折的今天,是重要的政治使命。"④1997 年 1 月,桥本龙太郎内阁将教育改革列为"六大改革"之一(前五项改革为行政改革、金融改革、经济结构改革、财政结构改革、社会保障改革)。

90 年代末,教育也成为行政改革的一环。日本政府 1997 年 3 月修

① 文部省编:《我国的文教施策》(1997 年度),大藏省印刷局 1997 年,第 207 页。
② 同上书,第 206 页。
③ 内阁制度百年史编纂委员会编:《历代内阁总理大臣演说集》,大藏省印刷局 1985 年,第 1095—1098 页。
④ 内阁制度百年史编纂委员会编:《历代内阁总理大臣演说集》,大藏省印刷局 1985 年,第 1114 页。

改的《规制缓和推进计划》(1995 年 3 月内阁会议制定)中，在原有的 10 个领域之外首次单独列出了教育领域，具体的教育规制缓和项目包括放宽学校选择、放宽初中毕业程度认定考试报考资格、放宽对课程编制的限制、扩大高中阶段校外活动的学分认定、促进录用社会人教师、高等教育运用多媒体、明确大学的占地面积标准等。① 教育领域的“规制缓和”，即要改变“行政官厅与学校间的各种制度关系”。②

三是民间教育力量的分裂与削弱。“日教组”作为民间最大的教师组织，在日本战后的教育改革与发展中发挥了重要的作用。该时期，“日教组”主要通过研究制定教育政策、组织游行集会等方式，反抗日本政府改变战后初期确立的“民主”教育制度的各项措施。例如，日教组先后设立了第 2 次教育制度研究委员会(1981. 12)、“教育改革研究委员会”(1985. 2)，提出了教育制度改革建议报告《现代日本的教育改革》(1983. 7)、《如何改革日本的教育》(1987. 6)，提出了与日本政府的改革方案相反的教育改革建议。此外，日教组 1984 年 6 月在东京明治公园召开“反对‘教育临调’、将教育置于国民手中的中央集会”(5 万人参加)，1988 年 5 月组织了反对临教审相关 6 法案的 29 分钟罢课。

与此同时，日教组开始分裂并发生转变。1986 年 9 月，日教组主流派(社会党派系)与非主流派(共产党派系)围绕着下届委员长的人选问题而斗争激化，非主流派 1989 年 11 月另成立“全日本教职员工会协议会”，日教组分裂。分裂后的“日教组”改变了原活动方针与立场，在 1990 年 6 月的定期大会上，将原来的“反对、粉碎、阻止”路线，改为“参与、建议、改革”口号，1992 年删除了其章程中“罢工行为”的表述。1995 年 4 月，日教组的“21 世纪构想委员会”最终报告中提出，要和“文部省、教育委员会共同作为社会性伙伴发挥作用。”③1995 年定期大

① 文部省编:《我国的文教施策》(1997 年度)，大藏省印刷局 1997 年，第 204 页。

② 镰仓孝夫:《教育改革的背景与构造——桥本・行政改革与教育改革》，载日本教育政策学会编《日本教育政策学会年报第 5 号:教育改革与教育政策研究》，1998 年，第 35 页。

③ 梁忠义:《日本民间教育运动的过去与现在》，《比较教育研究》2001 年第 3 期，第 18 页。

会后，日教组与财界四团体共同主办“思考 21 世纪的社会与教育”等教育改革论坛。1997 年 3 月 7 日，日教组正式取得法人资格，由战后一贯反对政府教育政策的民间团体，转变为附和政府及财界教育政策的“合法”组织。

原日教组非主流派 1989 年 11 月成立“全日本教职员工会协议会”后，1991 年 3 月成立新的教师工会组织——全日本教职员工会(简称“全教”)，该组织在 31 个县设有支部，于 1991 年 4 月 1 日正式开展活动。“全教”秉承了日教组原来反对政府教育政策的宗旨，成为民间与文部省对抗的最大组织。“全教”1997 年 6 月召开的第 11 次定期大会上仍然写着：反对不要教育和福利、牺牲劳动者和国民、为大企业服务、追随美国的“一切由执政党决定”的政治；为纪念宪法公布 50 周年，“不再把学生送上战场”，反对新日美防卫合作指针，撤销军事基地，废除安全条约，等等。[①] 90 年代末期，“全教”通过静坐、游行等方式，反对政府“削减教育预算”、篡改教科书、修改《教育基本法》等。

经济界、政界对教育行政干预程度的加强，以及民间教育界反对力量的削弱，都导致日本教育日益向着经济界、政界所要求的方向发展。

(三) 学校教育制度的“放宽”

该时期，初等中等教育领域的“放宽”，主要体现在义务教育经费中国家与地方负担比例的临时性改变、“中高一贯制”对“六・三・三”学校单轨制度的突破等方面；高等教育领域的“放宽”，则表现为新专业及学科的增设、对学生评价标准的多样化、以及大学行政运营方面对原有制度的改革等。

1. 初等中等教育的改革与发展政策

(1) 中央政府对义务教育经费投入的减少。

日本政府 1986 年 5 月公布《国家补助金等的临时特例法》，对总理

① 梁忠义：《日本民间教育运动的过去与现在》，《比较教育研究》2001 年第 3 期，第 19 页。

府、大藏省、文部省、厚生省、农林水产省等各省厅的补助金作了临时规定。其中有关文部省的经费规定：修改 1952 年《义务教育费国库负担法》，规定 1986 年度至 1988 年度中央政府负担义务教育有关经费的比例由 1/2 减为 1/3；修改 1958 年《义务教育学校设施费国库负担法》，规定 1986 年度到 1988 年度中央政府负担义务教育设施费的比例由 6/10 减为 5.5/10。①

(2) 初等中等教育的课程改革。

文部省先后两次修改学习指导要领，改革了初等、中等教育课程。

第一次(1989 年)，文部省于 1989 年 3 月全面修改了幼儿园、小学、初中、高中学习指导要领(幼儿园 1990 年度、小学 1992 年度、初中 1993 年度、高中 1994 年度开始实施)。此次课程改革的基本方针是：① 培育心灵丰富的人；② 培养自我教育能力；③ 重视基础，发展个性教育；④ 尊重传统与文化，促进国际理解。此次改革的关键词是"弹性化"：幼儿园的年授课时间由原来的 220 天以上改为 39 周以上；小学将一、二年级的"社会课"与"理科课"合并为"生活课"；初中扩大可选课程的范围，例如初二在原选修课(外语及其他必要课程)之外增加了音乐、美术、保健体育及技术与家庭，初三在原选修课程(音乐、美术、保健体育、技术与家庭、外语等)之外增加了国语、社会、数学及理科，不再规定各门课程的授课时数，只规定其授课时数的上下限；高中则增加了可供学生选择的课程，普通课程增加 17 种，职业课程增加 27 种，也允许设置学习指导要领中未规定的课程。此次改革的特点之一是必修学分的增加，即小学国语一年级增加 34 学时、二年级增加 35 学时；高中全日制普通科男子的必修课由 7 科 32 学分增加为 11—12 科 38 学分。可以说，在 1977 年"宽松教育"删除了政府所不希望讲授的内容后，此次改革又开始增加国家所希望讲授的内容，如小学国语的增加，高中将地理、历史、公民、理科、家

---

①《国家补助金等的临时特例法》，1986 年 5 月 8 日。参见日本"法库"网：http://www.houko.com/00/FS_NE.HTM。

庭等课程新改为必修课。①

第二次(1998、1999年),文部省于1998年12月再次修改了幼儿园、小学及初中的学习指导要领,1999年3月修改了高中学习指导要领(幼儿园2000年度、中小学2002年度全面实施,高中2003年度分年级实施)。此次课程改革的基本方针是:① 培养丰富的人性与社会性,培养国际社会中日本人的意识;② 培养自学、自我思考能力;③ 在开展宽松教育中落实基础,切实发挥个性的教育;④ 促进学校发挥创意而有特色的教育,建立有特色的学校。此次课程改革为了适应从2002年度开始完全实行的每周5日制,因此再次提出"宽松",即减少课时量,各阶段的年课时量均减少了70课时(每周减少2课时),高中普通科的必修学分由38学分减为31学分,高中毕业所需必修学分由80学分以上减为74学分以上。同时,此次课程改革也增加了适应国际化、信息化等新时代要求的内容(详见后述"新教育领域的'国策化'")。②

(3) 教育内容中"职业"比重的增加。

该时期的两次课程改革,均不同程度地增加了有关职业的内容。1989年的课程改革中,小学新设"生活课",其目的是"纠正以往社会科及理科课偏重传授知识的倾向","重视培养学生学习及生活的基本能力与态度,以小学生的直接体验为学习活动的根本,培养自立的基础",③即该课程是使学生们通过参加具体的活动与体验,掌握生活上必要的习惯与技能,以便为日后从事职业打下基础。初中在选修课程中新增"技术与家庭课""数学课""理科课"等有关职业的内容。高中则增加27门有关职业的选修课(增加普通课程17门),并将"理科课""家庭课"列为必选课。1998、1999年的课程改革中,再次在"宽松"的口号下削减了原教育内容,同时增加了与新兴产业有关的内容,例如将有关信息产业的信息

① 此次课程改革的内容详见文部省编:《我国的文教施策》(1988年度),大藏省印刷局1988年,第68—72页。

② 文部省编:《我国的文教施策》(1999年度),大藏省印刷局1999年,第246—247页

③ 文部省编:《我国的文教施策》(1989年度),大藏省印刷局1989年,第71页。

化课程列为必修课，同时新设“综合学习时间”，该课程让学生们横向地、综合地进行有关国际理解、信息、环境、福利、健康等方面的学习，以培育上述新兴产业的基础；同时还允许学校将理科的实验课定为 60 分钟 1 节课。①

高中职业内容加强的趋势更加明显。一方面新设置“综合科”，注重职业教育。高中从 1994 年度开始设立“综合科”，该学科的学生可以从“普通科”及“专业科”的课程中自己选择课程学习，在学习过程中“重视考虑将来职业选择，并加深对将来职业选择等出路的认识”，文部省对综合学科充实产业教育的设施及设备进行财政补助，可见此类学科事实上重在进行职业教育；1999 年度有 46 个都道府县、124 所（2007 年 319 所）高中开设了“综合科”②；此外，文部省从 1997 年开始允许大学招收高中“综合科”毕业生，使该类教育获得了升级的空间。二是采取加强“专业高中”的措施。“专业高中”原来称“职业高中”，主要为产业界培养各类人才、讲授必要的知识技术。1970 年前后职业高中的学生总数占全体高中生总数的约 40%，但是 1996 年度该比例降低为 26%。③ 于是，文部省采取了发展职业高中的措施，如将职业高中改为“专业高中”，并从 1996 年开始允许大学招收专业高中毕业生等。1999 年 5 月，专业高中的学生总人数为 96 万人，约占全国高中生总人数的 22.7%。④ 此外，文部省从 1991 年度开始在全国举办“全国产业教育展览会”⑤，以促进高中职业教育的交流与发展。

（4）初等中等教育的分化。

该时期中等教育分化的标志是“中高一贯制”的实施。自由化论者提出：“关于现行‘六三三制’的初中三年与高中三年的关系问题，应修改

① 文部省编：《我国的文教施策》（1999 年度），大藏省印刷局 1999 年，第 247 页。

② 文部科学省编：《文部科学白皮书》（2007 年度），日经印刷株式会社 2008 年，第 106 页。

③ 文部省编：《我国的文教施策》（1996 年度），大藏省印刷局 1996 年，第 200 页。

④ 文部省编：《我国的文教施策》（1999 年度），大藏省印刷局 1999 年，第 264 页。

⑤ 此后每年在各地举办，到 2003 年度共在 33 个都道府县举办过，2007 年 11 月第 17 次展览会在冲绳县召开。

《学校教育法》,允许设立与现行制度相并行的、中高一贯教育的六年制学校。”[①]临教审的咨询报告中也建议设立 6 年制中学。[②] 事实上,日本私立中学高中联合会 1985 年 4 月发表的《私立学校对中高一贯教育的见解》中显示,当时的私立初中及高中已经实施了并设型的“中高一贯教育”。[③] “中高一贯制”论者的意图是将其法制化。于是,日本政府于 1998 年 6 月修改《学校教育法》,规定从 1999 年度开始将“中高一贯制”学校合法化、制度化。

“中高一贯教育学校”分为三种类型:一是学制 6 年、在同一学校内实施初中与高中一贯教育的“中等教育学校”;二是同一设立者的初中与高中连接、无需考试的“并设型”;三是设立者不同的初中与高中在课程设置、师生交流等方面加深合作的“合作型”。中高一贯教育学校 1999 年开始设立时共有 4 所(中等教育学校 1 所、并设型 2 所、合作型 1 所),2000 年增至 17 所(中等教育学校 3 所、并设型 10 所、合作型 3 所)。[④] 中高一贯教育学校的教学内容“以初中教育、高中教育各自的教育内容为前提,期待其开展如下教育,如实践学习、地区学习、适应国际化与信息化的学习、环境的学习、继承传统与文化的学习、满足积极上进学生的教育以及上述学习组合在一起的教育活动。”[⑤]可见,该类学校更注重讲授符合新时代的教育内容,此外其在师资及设备上均优于一般学校,如 2003 年度一般初中每 7.7 人 1 台电脑、高中每 6.7 人 1 台电脑,而中等教育学校每 3 人 1 台电脑。[⑥]

初等教育的分化则反映为改革中小学学区制的探讨。“入学区域制

① 香山健一:《让划一性去死——变东大为私学》(1—12 条提案),《NEXT》,1985 年 3 月号。引自永井宪一、三轮定宣编《资料集临教审 · 教育改革的动向》,Eidell 研究所 1985 年,第 121 页。

② 临时教育审议会:《第一次教育改革咨询报告》,1985 年 6 月 26 日。文部省编:《教育改革报告——临时教育审议会第一次~第四次(最终)咨询报告》,大藏省印刷局 1988 年,第 31 页。

③ 永井宪一、三轮定宣编:《资料集临教审 · 教育改革的动向》,Eidell 研究所 1985 年,第 323 页。

④ 2007 年度该类学校发展到 257 所(中等教育学校 32 所、并设型 147 所、合作型 78 所)。文部科学省编《文部科学白皮书》(2007 年度),日经印刷株式会社 2008 年,第 106 页。

⑤ 文部省编:《我国的文教施策》(1997 年度),大藏省印刷局 1997 年,第 216 页。

⑥ 文部科学省编:《从数据看日本的教育》(2005 年度),国立印刷局 2005 年,第 81 页。

度的方式，不仅仅是教育行政事务手续问题，而且还与义务教育的状态、保障受教育权利等学校教育的基本问题密不可分”。[①] 临教审提出的建议是“公立小学、初中的就学区域制度改革，……是长期、逐渐推进的课题。当前，现实之策是协调各种要求，促进教育机会均等，维持教育水平等，通过渐进分权，尽可能以各种方法扩大学校选择机会，保障中小学生和家长教育方面的权利。”[②]即赞同改革学区制度，但当时尚不能制度化。90年代末，学区制改革被纳入“规制缓和”的一环，日本政府1997年修改的《规制缓和推进计划》所列教育事项的第一条即为“学校选择的弹性化”。[③] 文部省1997年通知允许“弹性运用就学区域”。

2. 高等教育的扩充与升级政策

这一时期的高等教育改革经历了三个阶段：一是临教审之前，大学设置审议会于1984年6月提出报告《1986年度以后高等教育的计划性扩充》(即“新高等教育计划”，计划期限是1986年至2000年，前半期到1992年度)，建议提高高等教育质量，其包括三方面：完善开放的高等教育机构、推进高等教育机构的国际化、完善有特色的高等教育机构。[④]

二是临时教育审议会1987年提出咨询报告后，1987年9月，文部省设立大学审议会，同年10月接受文部大臣的咨询“大学教育研究高度化、个性化及灵活化等的具体方策”，大学审议会1991年5月提出《关于改善大学教育》《1993年度以后高等教育的计划性扩充》《关于完善充实研究生院》等5项报告，这些报告成为此后十年高等教育改革的指导性文件。改革主要在三个方面展开：“高度化”，即提高教育研究的质量，包括改革与充实研究生院，改革学位制度；“个性化”，即各大学的特色教育、高等教育机构的多样发展，包括改革大学设置基准、一般教育与外语

① 临时教育审议会：《第三次教育改革咨询报告》，1987年4月1日。文部省编：《教育改革报告——临时教育审议会第一次～第四次(最终)咨询报告》，大藏省印刷局1988年，第208页。

② 临时教育审议会：《第三次教育改革咨询报告》，1987年4月1日。文部省编：《教育改革报告——临时教育审议会第一次～第四次(最终)咨询报告》，大藏省印刷局1988年，第207页。

③ 文部省编：《我国的文教施策》(1997年度)，大藏省印刷局1997年，第204页。

④ 文部省编：《我国的文教施策》(1988年度)，大藏省印刷局1988年，第256页

教育的方式、短期大学及高等专门学校的多样化发展、各种高等教育机构的相互合作等;"灵活化",即"有活力的教育研究与组织运营",包括导入教师的选择任期制、听取校外人士意见的大学运营机制、大学评价问题、导入民间资金;其他方面还包括促进大学与社会间的合作、充实高等教育作为终身学习场所的功能、促进大学的国际化(大学教师的国际交流等)、高等教育的计划性扩充等。①

三是大学审议会 1998 年 10 月提出报告《21 世纪的大学像与今后的改革方策》之后,该报告对过去 10 年间的大学改革进行了总结,同时提出今后大学改革的具体措施,其中包括:教育内容方面注重培养课题探求能力,教育方法方面实施负责的课程运营与严格的成绩评价,应对多样化学习需求的制度灵活化与弹性化;有关研究生教育改革主要包括,为了研究生课程适应社会需求而设置实践性教育,培养从事特定职业所必要的高级专业知识与能力,支持建立优秀的教育研究据点的研究生院,为在职的社会人再学习提供便利条件。②

在上述改革方案指导下,该时期的高等教育实现了如下变革与发展。

(1) 高等教育规模的扩大。

从学校数量来看,专修学校 2000 年(3551 所)比 1984 年(2936 所)增加 615 所;高等专门学校数量未变,1984 年至 2000 年始终是 62 所;短期大学至 1996 年增至最多(598 所)后开始减少,但总体上 2000 年(572 所)比 1984 年(536 所)增加 36 所;大学 2000 年(649 所)比 1984 年(460 所)增加 189 所;③设置研究生院的大学 1999 年(463 所)比 1984 年(279 所)增加了 184 所;④1999 年日本全部大学(623 所)中的约 70%(463 所)

---

① 文部省编:《我国的文教施策》(1988 年度),大藏省印刷局 1988 年,第 244 页。

② 文部省编:《我国的文教施策》(1999 年度),大藏省印刷局 1999 年,第 290、293 页。

③ 文部省编:《我国的文教施策》(1988 年度),大藏省印刷局 1988 年,第 481 页;文部省编:《我国的文教施策》(1997 年度),大藏省印刷局 1997 年,第 569 页;文部科学省编:《文部科学白皮书》(2003 年度),国立印刷局 2004 年,第 442—443 页。

④ 文部省编:《我国的文教施策》(1999 年度),大藏省印刷局 1999 年,第 11 页。

设置了研究生院。① 从在校生人数来看，专修学校 2000 年（750824 人）比 1984 年（536545 人）增加了 214279 人；高等专门学校 2000 年（56714 人）比 1984 年（47527 人）增加了 9187 人；短期大学 2000 年（327680 人）比 1984 年（381873 人）减少了 54193 人；大学 2000 年（2740023 人）比 1984 年（1843153 人）增加了 896870 人；②在校研究生人数 1999 年（191125 人）比 1984 年（65692 人）增加了 125433 人。③ 此外，大学本科、短期大学本科的入学率由 1984 年的 36.7%提高到 2000 年的 49%④，研究生对本科生的比例也由 1997 年的 7.1%提高到 2000 年的 8.3%。⑤ 从高等教育的总体规模来看，2000 年高等教育机构⑥（高等专门学校、短期大学、大学）数量（1283 所）是 1984 年（1058 所）的 1.2 倍；2000 年高等教育机构在校生人数（3124417 人）是 1984 年（2272553 人）的 1.4 倍。⑦ 可见，从总体上而言，该时期的高等教育规模继续扩大。

（2）高等教育的内容变化。

① 新兴学科与专业的设置。随着重化学工业时代向信息时代、生物时代、国际化时代的转变，日本的高等教育也新设置了相关专业。例如，1988 年前后国立的大学、短期大学、高等专门学校新设置了电子学、外太空生物学、信息工程学等尖端科技领域的本科专业及研究生课程；1991 年在 5 所大学新设置智能信息体系学科、宇宙·地球科学、金融学等 5 个系；1991 年前后新设立的大学在学科设置上多侧重信息科学、信息处理、经营信息等有关信息化教育的学科，以及国际关系、国际文化、国际

---

① 文部省编：《我国的文教施策》（1999 年度），大藏省印刷局 1999 年，第 292 页。

② 文部省编：《我国的文教施策》（1988 年度），大藏省印刷局 1988 年，第 481 页；文部科学省编：《文部科学白皮书》（2003 年度），国立印刷局 2004 年，第 442—443 页。

③ 文部省编：《我国的文教施策》（1999 年度），大藏省印刷局 1999 年，第 11 页。

④ 文部省编：《我国的文教施策》（1988 年度），大藏省印刷局 1988 年，第 485 页；文部科学省编：《文部科学白皮书》（2003 年度），国立印刷局 2004 年，第 444 页。

⑤ 文部科学省编：《教育指标的国际比较》（2001 年版），财务省印刷局 2001 年，第 24 页。

⑥ 由于未查到专修学校中属于高等教育部分的专门课程的相关数据，因此暂不计人。

⑦ 文部省编：《我国的文教施策》（1988 年度），大藏省印刷局 1988 年，第 481 页；文部科学省编：《文部科学白皮书》（2003 年度），国立印刷局 2004 年，第 442—443 页。

教养、外语、日本文化、生活文化等学科。[①] 此外还将原有的工学、农学等学科大幅度改组为新领域,1991 年在 24 所大学中的工学、农学、经济学的 101 个学科外,新设置俄罗斯·东欧语学科、国际经营学科、地球行星物理学科等。研究生教育中则进一步加强了学术研究。1990 年、1991 年先后设置了新型研究生院大学——"北陆尖端科学技术研究生院大学""奈良尖端科学技术研究生院大学",该类大学只设研究生院,主要研究信息科学、太空生物科学、材料科学等尖端科技领域,并且培养相关人才;同时在原有的研究生院设置了各种尖端的、跨学科的研究科,如 1991 年在 13 所大学新设了国际开发研究科、人间·环境学研究科、联合农学研究科、人文科学研究科、教育学研究科、法学研究科、经济学研究科、工学系研究科等 14 个研究科,此外在 17 个大学新设立语言文化、日本企业经营、生物圈保护科学、遗传因子资源工学等 24 个专业。[②] 1999 年度在 6 所大学新设置了国际学研究科、国际社会科学研究科、生命科学研究科等 6 个研究科,在 23 所大学新设置了国际环境农学专业、基础信息学专业、经营及金融专业等 42 个专业。[③] 高等教育中新学科及专业的设置,标志着日本教育的升级,既反映着产业升级对教育的要求,也表明教育在不断适应新产业的发展。

② 职业教育内容的加强。在大学本科方面,文部省 1991 年 6 月修改《大学设置基准》《短期大学设置基准》,取消了对大学毕业所须最低学分的专业规定(一般课程 36 学分、专业课程 76 学分、外语 8 学分、保健体育 4 学分),新规定只要全部课程修满 124 学分即可毕业。[④] 根据该规定,各大学(1996 年底 90%以上)纷纷实施课程改革,更加重视有关职业、特别是新兴产业的相关教育。在研究生教育方面,大学审议会 1988 年的报告《关于研究生制度的弹性化》建议研究生院教育"弹性化"的内

① 文部省编:《我国的文教施策》(1991 年度),大藏省印刷局 1991 年,第 354 页。
② 同上书,第 352 页。
③ 文部省编:《我国的文教施策》(1999 年度),大藏省印刷局 1999 年,第 299 页。
④ 文部省编:《我国的文教施策》(1991 年度),大藏省印刷局 1991 年,第 335 页。

容之一便是“修改博士课程目的，不仅培养研究者，还培养活跃于社会各领域的高级人才”。1989 年 9 月修改《研究生院设置基准》《学位规则》，允许授予从事高级专门业务而掌握必要高级能力者以博士学位，1999 年开始建立职业研究生制度（日本称“专门职大学院”），规定研究生无需撰写论文，只要修满学分即可毕业，在教学中注重专业性与实践性，旨在培养高级专业人才，从而使职业教育的升级制度化。文部省从 1999 年度新设“培养实践性高级专门职业人才支援经费”，重点支持、发展研究生院培养实践性高级专门职业人才的课程等。除此之外，文部省还特别重视高等教育在校生的“就业实习”，以“培养高度的职业意识”，1996 年“就业实习”实施率大学为 17.7％、短大 6.4％、高专 50％，2000 年实施率分别提高到大学 33.5％、短大 21.1％、高专 83.9％。①

③ 学生评价标准的“弹性化”。在入学资格与修学年限方面，改变了原来严格限制大学本科及研究生入学及毕业年龄的做法，1989 年开始允许优秀的三年级本科生升入研究生院，并允许硕士最短 1 年毕业，从 1997 年开始允许数学、物理方面的优秀学生 17 岁（原严格规定 18 岁）即可报考大学，1999 年开始允许不满 4 年的本科生毕业（从 2000 年 4 月实施）。在对学生学业水平的评价方面，1991 年修改《学位规则》，改革了学位制度，取消了原来对博士学位的专业规定，在制度上允许向跨学科的新研究领域授予“博士（学术）”学位（从 1975 年开始实际授予该类学位），同时新规定了“学士”学位，并于同年开始向短期大学、高等专门学校的毕业生授予“准学士”学位，1995 年开始向文部大臣批准的专门学校毕业生授予“专业士”学位。

（3）高等教育的行政运营改革。

此时，日本政府再次探讨改革独立民主的大学（尤其是国立大学）的性质及运营方式问题。“自由化”论者主张“放宽大学设置基准等划一性的各项规则与认可条件，利用到 1995 年为止的 10 年时间，开始设计促

① 文部科学省编：《文部科学白皮书》（2003 年度），国立印刷局 2004 年，第 22、23 页。

进东京大学等现有国立公立大学转变为学校法人，使其分割民营化与私立化，使我国的高等教育制度从以官学为中心，转变为以私学为中心。”[①]临教审确立的方针是“暂不实行国立大学法人化”，但“其作为中长期目标，可以进行积极深入的调查研究”[②]，并提出过渡性措施：“积极推进预算、会计、人事的弹性化，导入多元化资金，加强管理与运营的自主性，改革国立大学的制度与运营等”。[③] 基于上述建议，文部省修改的《研究生院设置基准》（1989 年）、《大学设置基准》（1991 年）中均对教师的任命、学校的运营等作出了新规定。1991 年 10 月，大学审议会新设“组织运营部会”，专门研究改革大学的组织运营方式，该审议会 1998 年 10 月的咨询报告“21 世纪的大学像与今后的措施”中包括“负责的决策与实行——组织运营体制的整备”“建立多元的评价机制——大学的个性化与教育研究的不断改善”。[④] 在上述建议及政策下，日本大学的组织运营主要实现了如下几方面改革：

① 大学运营中加强校长及校外人士权限，削弱教授会权利。国立大学在 1988 年时已在“人事事务的弹性化与简化”名下将教师的人事任命及有关海外出差的部分权限委托给大学校长。1999 年 5 月修改的《国立学校设置法》具体规定了评议会、教授会的审议权限，规定教授会只具有审议教育研究事项的功能，从而进一步削弱了教授会在学校运营中的权限与地位；大学审议会同年 9 月的咨询报告《关于大学运营的顺利化》中建议，“精选”教授会的审议事项，同时加强校长的领导作用、改革校长选任方法及任期、加强校长辅佐体制、加强校长的人事及预算分配权、积极

① 香山健一：《让划一性去死——变东大为私学》（1—12 条提案），《NEXT》，1985 年 3 月号。引自永井宪一、三轮定宣编《资料集临教审 · 教育改革的动向》，Eidell 研究所 1985 年，第 121 页。

② 临时教育审议会：《第三次教育改革咨询报告》，1987 年 4 月 1 日。文部省编《教育改革报告——临时教育审议会第一次～第四次（最终）咨询报告》，大藏省印刷局 1988 年，第 222—223 页。

③ 临时教育审议会：《第三次教育改革咨询报告》，1987 年 4 月 1 日。文部省编《教育改革报告——临时教育审议会第一次～第四次（最终）咨询报告》，大藏省印刷局 1988 年，第 223 页。

④ 文部科学省编：《文部科学白皮书》（2003 年度），国立印刷局 2004 年，第 9 页。

利用代表会与专门委员会、建立学校法人的理事会与教学组织之间的互动合作关系等。同年12月，通过修改《学校教育法施行规则》，允许各大学在教授会委任下设立“代议员会”，以代替教授会就大学发展的事宜进行审议与决议，同时设立副校长辅佐校长执行大学的组织与运营。同时也加强了校外人士在大学管理运营中的作用，1999年5月修改的《国立学校设置法》规定在各国立大学设立“运营咨询会议”（2000年开始在全国的国立大学设立），就大学运营的相关事项听取校外人士的意见。

② 大学教师制度的改革。日本的国立大学在1988年以前便聘请民间学者任“客座教授”，1988年度又新设置“客座副教授”。继而，文部省1991年修改的《大学设置基准》中取消了原来按照学科计算必要专职教师人数的方式，规定根据招生规模计算出总人数，同时取消了兼职教师人数不超过全体教师总数1/2的限制。1997年8月颁布《关于大学教师任期等的法律》，规定各大学可以自行判断实施有任期的聘任制，并建议积极聘任民间企业等富有各种经验的社会人，积极利用公开招聘制等。日本实行教师公开招聘制的大学，1991年有262所（国立85所、公立27所、私立150所），2000年有412所（国立96所、公立67所、私立249所），①2000年412所大学共约招募教师4200人，其中从企业招募1900人（占45.2%）。② 此外，1998年有20所、2000年有近100所③大学实行了任期制。

③ 自我评价及第三者评价机制的导入。1991年修改的《大学设置基准》中规定，大学有义务“努力对自己的教育研究活动进行自我检查与评价”。据文部省统计，到1997年10月，日本全国88%的大学实施了自我评价，65%的大学公布了自我评价结果，其中国立大学全部（当时共98所）实施了自我评价，97所公布了自我评价结果。与此同时，到1997年

① 文部科学省编：《文部科学白皮书》（2003年度），国立印刷局2004年，第26页。

② 同上书，第8页。

③ 同上书，第26页。

10月，日本全国共有99所大学实施了外部的第三者评价机制，其中有56所大学公布了评价结果。① 1999年9月修改的《大学设置基准》规定大学必须实施自我检查与评价并公布其结果，同时规定有义务“努力接受校外人士的检查评价”。

④ 校外资金的导入。该时期的民间资金通过各种途径大量流入大学，首先是大学与民间开展共同在研究。国立大学从1983年度开始与企业实施共同研究，企业的研究者在国立大学内与大学教师从事对等的研究，该类研究在1984年有184人、160件，到2000年达到2165人、4029件；②国立大学的教师还可以作为公务接受企业等的“委托研究”，该类研究在1984年度有1294件、28.1亿日元，2000年度达到6368件、508.7亿日元。③ 从1987年度开始在国立大学设立“共同研究中心”(1999年有53所大学设立)，旨在促进国立大学与产业界的共同研究与合作，同时就企业技术者的技术研究、研究开发等进行技术协商。1998年修改《研究交流促进法》，规定企业在国立大学及国立试验研究机构用地内建设共同研究设施时可以减少土地的使用费，北海道大学、信州大学等大学的校内均建立了共同研究设施。其次，文部省1987年5月修改《国立学校设置法施行规则》及《国立大学共同利用机构组织运营规则》，允许国立大学利用民间资金开设捐赠课程·捐赠研究部门，从而使民间资金进入国立大学制度化。1988年有4所大学设置了8个、1999年有33所大学设立了75个捐赠课程·捐赠研究部门。④ 此外，日本政府于1987年6月放宽了设立“大学后援法人”(援助特定大学的财团法人)的条件，同时简化了向私立大学捐款时税制上的手续等，进一步为社会资金流向大学创造了条件。1991年前后新增设的私立大学及短期大学中，有不

---

① 文部省编:《我国的文教施策》(1998年度)，大藏省印刷局1998年，第312、311页。

② 文部科学省编:《文部科学白皮书》(2003年度)，国立印刷局2004年，第281页。

③ 同上。

④ 文部省编:《我国的文教施策》(1988年度)，大藏省印刷局1988年，第252页。文部省编:《我国的文教施策》(1999年度)，大藏省印刷局1999年，第15页。

少采用地方政府与学校法人合作的公私合作方式，合作方式包括无偿提供或借贷建校用地、财政补助创建费、提供管理运营人才等。①

"教育自由化"论的积极倡导者曾公开指出："所谓'教育自由化'，即放宽国家对教育的划一性统制，放宽各种资格标准、规则等。"②"规制缓和"的内容亦同。由上述内容可见，该时期的教育理念、教育行政（中央教育行政方式、学校经营、教师政策等）、学校制度（学制改革、教育内容与教育计划）等几乎整个教育领域的政策，事实上都在被不同程度地"自由化"。

五、教育的"结构改革"政策

从 2000 年 3 月设立直属首相的"教育改革国民会议"开始，日本政府实施了一系列教育改革措施：2004 年 7 月批准《国立大学法人法》相关 6 法案，国立大学、公立大学、国立高等专门学校自 2004 年起相继成为法人；2006 年修改《义务教育费国库负担法》，将中央政府负担义务教育教师工资的比例由 1/2 减为 1/3；2006 年 12 月修改《教育基本法》，改变了 1947 年确立的教育基本理念与方针，并于 2007 年 6 月修改"教育三法"（《学校教育法》《地方教育行政组织及运营法》《教育职员资格证法及教育公务员特例法》）。

（一）教育目的的"质变"

如前所述，战后初期确立的现代教育目的的根本原则是"为个人"，其标志是 1947 年颁布实施的《教育基本法》；此后，日本政府不断地通过各种途径加强对学生"国家"意识的培养；在此基础上，2006 年 12 月，日本政府修改《教育基本法》，将"尊重公共精神""热爱……祖国与故土"写

① 文部省编：《我国的文教施策》（1991 年度），大藏省印刷局 1991 年，第 354 页。

② 香山健一：《教育自由化论争的历史意义》，1985 年 8 月 5 日。引自永井宪一、三轮定宣编：《资料集临教审・教育改革的动向》，Eidell 研究所 1985 年，第 258 页。

入规定国家教育的根本大法，标志着日本现代教育目的的“质变”。

1.《教育基本法》的修改

日本朝野修改《教育基本法》的动议由来已久。日本执政党早在1956年便试图设立“临时教育制度审议会”，以修改《教育基本法》，由于朝野民主力量的强烈反对而未果。80年代的“自由化”论者也公开提出要修改《教育基本法》，“临时教育审议会”确立的方针是在遵守《教育基本法》的前提下对其做出解释。90年代后期，当政者再次提出要修改《教育基本法》：前首相中曾根康弘1996年11月在经团联成立50周年大会上演讲时称：“有必要从根本上重新认识《教育基本法》”，自民党教育改革推进会议1997年10月提出的“教育改革推进会议建议”中也要求修改《教育基本法》，自民党教育改革实施本部下设的“教育基本法等研究小组”1999年8月决定开始研究修改《教育基本法》；直属首相的“教育改革国民会议”2000年12月提出的最终报告《教育改革国民会议报告——改变教育的17项提案》中最后一条为“制定符合新时代的教育基本法”；2001年11月，文部科学大臣远山敦子向中央教育审议会咨询“符合新时代的教育基本法与教育振兴基本计划”，中央教育审议会2003年3月提出了修改《教育基本法》的具体方案——《符合新时代的教育基本法与教育振兴基本计划》。最终，2006年12月15日，第165次临时国会批准修改1947年《教育基本法》（以下称“原法”），同月22日公布实施新《教育基本法》（以下称“新法”）。

2006年《教育基本法》将原法的11条改为四章、18条：“第一章教育目的及理念”（第1—4条：教育目的、教育目标、终身学习、教育机会均等）；“第二章教育的基本内容”（第5—15条：义务教育、学校教育、大学、私立学校、教师、家庭教育、幼儿教育、社会教育、学校·家庭·当地居民互相合作、政治教育、宗教教育）；“第三章教育行政”（第16—17条：教育行政、教育振兴基本计划）；“第四章法令的制定”（第18条：制定实施诸条款所必要的法令）。

新法的修改主要体现了三项原则：① 培养生于新时代的日本人（科

技发展、全球化、环境及资源问题、男女共同参与、终身学习等)；② 尊重、发展应传给下一代的传统与文化等(自然、传统、文化、家庭、乡土、国家、宗教教育等)；③ 要求制定教育振兴基本计划。① 也就是说，新《教育基本法》既加入了符合时代发展的新教育理念，又增加了“传统”“爱国”等内容，同时还增加了对教育行政的规定。

具体而言，新法对原法的修改分三类：① 新设条款，包括“终身学习理念”(第 3 条)、“大学”(第 7 条)、“私立学校”(第 8 条)、“家庭教育”(第 10 条)、“幼儿教育”(第 11 条)、“学校、家庭及当地居民等的相互合作”(第 13 条)、“教育振兴基本计划”(第 17 条)；② 在原有条款中新增部分内容，如“前言”与“教育目标”中增加“公共精神”“重视职业”“尊重传统与文化”等，“教育机会均等：对有障碍者的教育支援”(第 4 条 2)，“义务教育：发挥个人能力、培养自立于社会的基础、培养作为国家及社会建设者的基本素质，中央与地方政府分工合作确保义务教育机会及水平”(第 5 条 2、3)，“学校教育：学校为实现目标而有组织地实施系统的教育，受教育者必须重视学校生活中必要的纪律，同时重视自主提高学习意愿”(第 6 条 2)，“教师”(从原第 6 条 2 独立为新第 9 条)，“宗教教育：教育上必须尊重有关宗教的一般教养)”(第 15 条)，“教育行政：中央与地方政府分工合作实施教育行政，中央政府综合制定并实施教育政策，地方政府根据当地情况制定实施教育政策，中央与地方政府采取必要的财政措施保证教育顺利持续地实施”(第 16 条 2、3、4)；③ 删除原有条款，如删除了原法中的“男女共学”(第 5 条)，而在新法“教育目标：第 3 条”中表述为“男女平等”。

文部科学省称“《教育基本法》规定了教育目的与方针，是我国教育之根本法律”②，那么，《教育基本法》的修改便意味着改变了日本战后初期确立的教育目的、教育方针等“教育之根本”。其中有关学校制度、教

① 国民教育改革会议：《教育改革国民会议报告——改变教育的 17 项提案》，2000 年 12 月 22 日。http://www.kantei.go.jp/jp/kyouiku/houkoku/1222report.html

② 文部科学省编：《文部科学白皮书》(2004 年度)，国立印刷局 2005 年，第 90 页。

育行政等内容详见后述，本节仅阐述对“教育目的”的修改。

2. “国家”教育目的的明文化

1947年《教育基本法》首先强调“教育必须以完善人格为目标”“尊重个人价值”，然后才指出教育同时也要培养“国家及社会的建设者”“身心健康的国民”，教育目的是“个人”为主、“国家”为辅。这一以“个人”为主的教育目的是1947年《教育基本法》的精髓之一，是战后教育“民主”的基本象征与体现。但是，以“个人”为主的教育目的是在美国占领当局这一外压之下确立的，并非日本执政者所愿。于是，占领状态结束后，日本政府在历次提出修改《教育基本法》时，均要求加入有关“国家”的规定，90年代后期也不例外。例如，中曾根康弘1996年11月在经团联成立50周年大会上演讲称：“基本法中没有国家、乡土、家庭、文化、历史等表述，有必要制定加入此类表述的基本法”；自民党教育改革推进会议1997年10月提出的“教育改革推进会议建议”中称：“《教育基本法》中没有明确规定爱国心、尊重日本的历史与传统、国民的义务与道德等，因此有必要研究写入(爱国心)等”。自民党教育改革实施本部“教育基本法等研究小组”1999年8月决定开始研究修改《教育基本法》时，该研究小组主任、众议院议员河村建夫甚至称，“要把平成教育敕语放在心上加以讨论”。基于上述背景，2006年《教育基本法》的“前言”及“教育目标”中，在保留原法中有关“个人”表述的同时，新增“尊重公共精神”“继承传统”(“前言”)，“培养基于公共精神、主体性参与社会建设并对其发展做出贡献的态度”“尊重传统与文化，热爱拥有这种传统、文化精神的祖国与故土”(“第2条教育目标”)，并规定“大学……要将其成果广泛提供给社会，为社会发展做贡献”(第7条)。战后日本当政者的教育政策中一贯主张“为国家”，2006年《教育基本法》的上述规定则正式将“国家”教育目的法制化，标志着日本的教育目的由原来的“个人”为主、“国家”为辅，改为“国家”为主、“个人”为辅，是教育目的的“质变”与“结构改革”。

“国家”教育目的继而被写入《教育基本法》的下位法——《学校教育

法》。日本政府2007年6月修改《学校教育法》,在义务教育目标中增加“规范意识,基于公共精神的主体性参与社会建设”“尊重传统与文化,热爱拥有这种传统、文化精神的祖国与故土”等内容。“国家”教育目的也被写入规定教育内容的“学习指导要领”中。在2008年的新一轮初等中等教育课程改革中,新学习指导要领(预定从2009年度开始实施)的基本原则第1条即为:“根据修改后的《教育基本法》中规定的公共精神、尊重生命与自然的态度、尊重传统与文化、热爱祖国与乡土、培养贡献于国际社会的和平与发展的态度等新教育目标,改善各门课程的教育内容。”教育内容的主要改革事项中列出了实现上述基本原则的途径,即主要事项之三为:“充实有关传统与文化的教育。充实继承我国及乡土的传统与文化并发扬其长处的教育。具体而言,要重视国语科中的古典,充实社会科中的历史学习,音乐科中充实唱歌与日本乐器,美术科中充实我国的美术文化,保健体育科中充实对武道的指导。”主要事项之四为“充实道德教育”,其中要求“培养最起码的规范意识,……理解及自主判断法律及规则的意义并采取适当行动”。[1] 可见,日本的教育内容中将进一步贯彻“国家”教育目的。

3. 加强“国家”教育目的的主要途径

日本政府还通过“历史教育”[2]“奉仕活动”“天皇节日”“国旗国歌”等内容,进一步贯彻“国家”教育目的。

“奉仕”是日本政府战前培养国民“奉公灭私”意识的口号,而该时期则将此前的“志愿者活动”直接改称“奉仕活动”,并逐步加以法制化。例如,“教育改革国民会议”2000年12月提出的17条改革建议中的第3条为“使全体进行奉仕活动”,建议中小学生每年进行为期2周、高中生为期1个月的共同生活,以参加奉仕活动;社会各界专家及青少年活动辅导员等负责指导社会奉仕活动,家长及教师也要努力在各种机会中参加

① 文部科学省编:《文部科学白皮书》(2007年度),日经印刷株式会社2008年,第28—29页。
② 通过“历史教育”加强“国家”教育目的,详见本书第四章。

社会奉仕活动;探讨将来年满 18 岁的青年均在一定期限内参加环境保护、农活、老年人护理等各领域的奉仕活动,迅速建立社会机制,以便使学校、大学、企业、地区团体等合作实现之。① 于是,文部科学省 2001 年制定的《21 世纪教育新生计划》中将"社会奉仕活动"确定为主要课题之一;同年 7 月修改的《学校教育法》与《社会教育法》中规定"要综合加强志愿者活动等社会奉仕和实践活动";2008 年的新学习指导要领要求"充实体验活动",其中规定"为了培养孩子们的社会性与丰富的人性,根据其发育阶段,重点推进集体住宿(小学)、职场体验活动(初中)、奉仕体验活动及就业体验活动(高中)。"②

文部科学省从 2002 年开始实施"地区与学校联合推进奉仕活动·体验活动事业",从 2005 年度开始实施"地区志愿者活动推进事业",大力推广"奉仕活动"。地方政府也建立起了"奉仕活动"推进体制,各都道府县、市町村等地方政府均建立了"志愿者活动协议会",由政府与相关机构及团体共同策划并制定推广"志愿者活动"的具体措施与活动项目,同时建立了"志愿者活动支援中心",为实施志愿者活动与实践活动的团体提供信息,并为学校及个人联系志愿者活动的场所等,截止到 2002 年度,日本全国都道府县政府都建立了上述两类机构。文部科学省进而从 2002 年起每年召开一次"全国奉仕活动、实践活动推进协议会",中央政府的文部科学省、厚生劳动省、内阁府等与全国规模的相关团体共同协商如何推广与普及"奉仕活动、实践活动"。"奉仕活动"在被义务化的过程中,日益成为培养"国家"意识的"有效"途径之一。

在国家节日方面,将"昭和日"法制化。昭和天皇 1989 年去世后,不能再将国民节日"天皇生日"定为 4 月 29 日,而应将平成天皇的生日(12 月 23 日)确定为国民节日。于是,日本政府内外的右倾势力建议将 4 月 29 日定为"昭和日",而朝野的民主力量则批判此举有歌颂昭和前期的错

① 教育改革国民会议:《教育改革国民会议——改变教育的 17 条提案》,2000 年 12 月 22 日。
② 文部科学省编:《文部科学白皮书》(2007 年度),日经印刷株式会社 2008 年,第 29 页。

误道路之虞，坚决反对，双方斗争妥协的结果是将昭和天皇的生日 4 月 29 日确定为国民节日“绿色日”。该时期，日本政府内外的右倾势力又重新提议，先后于 2000 年、2002 年、2004 年三次向国会提案修改《国民节日法》、确立“昭和日”。2005 年，日本第 162 次国会批准修改《国民节日法》(从 2007 年开始实施)，最终将 4 月 29 日新设为国民节日“昭和日”，2007 年 4 月 29 日开始改称“昭和日”(将 5 月 4 日定为“绿色日”)。“昭和日”既纪念昭和天皇，也纪念日本国家在昭和时代的历史，是加强国民“国家”观念的途径之一。

在国旗国歌方面，1999 年《国旗国歌法》公布实施后，教育行政当局继续处罚在学校各种仪式上反对悬挂国旗、合唱国歌的教师，2000 年度因“国旗国歌等”受到处分的公立学校教师共 265 名、2003 年度 200 名、2004 年度 135 人，2006 年度 98 人(其中停职 3 人、减薪 17 人、警告 38 人、训告 58 人)①。被处罚人数的逐年减少，说明教育界敢于主张“个人”、“人格”教育目的的力量越来越小，日本政府日益强制性地贯彻“国家”教育目的。

在社会教育领域内，文部科学省还通过开展防范、防灾等公共课题的学习，以“涵养‘公共’精神”。②

上述日本政府的政策及相关措施都表明，在教育的各个领域内，“公共”“国家”的内容在逐渐加强，而真正的“个人”“个性”却在相对弱化。

(二) 教育行政体制的“重构”

如前所述，1947 年《教育基本法》确立了“分权”“独立”的教育行政原则；此后，在中央及地方教育行政、教师政策及教科书政策中，在不同程度地向着背离上述两原则的方向上前进；进而，2006 年修改的《教育基本

① 文部科学省编:《文部科学白皮书》(2005 年度)，国立印刷局 2006 年，第 138 页；文部科学省编:《文部科学白皮书》(2007 年度)，日经印刷株式会社 2008 年，第 95 页。

② 文部科学省编:《文部科学白皮书》(2007 年度)，日经印刷株式会社 2008 年，第 58 页。

法》中，一方面删除了“应对全体国民直接负责”这一表述，另一方面新规定中央及地方政府“必须综合制定实施教育政策”，前者有背“民主”原则，后者有背“独立”原则，而两者同时被写入国家教育的根本大法，则标志着日本教育制度中教育行政原则的根本转换。与此同时，各界对中央及地方教育行政的参与、教育实践领域中教育界与经济界的进一步结合等，则是教育行政原则“重构”的具体体现。

1. 中央教育行政的“重构”

该时期，中央教育行政机构改革的重要举措，是新设立了“文部科学省”。早在 1985 年，“自由化”论者曾建议“将文部省改组为文化·体育省，并与科学技术厅合并”①，临教审 1987 年最终咨询报告中建议“在文教行政中，学术政策、国际交流协作活动以及文化行政等与政府其他行政部门有着密切联系，文部省应当看到这些部门行政的变化情况，加强同有关部门的联系和协作，积极参与解决这些行政问题。”②也就是说，日本政府当时决定渐进地推行文部省与其他行政部门的联系与合作。在此基础上，2001 年 1 月，文部省与科学技术厅合并改编为文部科学省，旨在综合推行教育、科学技术与学术、文化体育等各种政策。文部科学省的成立是中央教育行政的机构性改革，它为经济行政、科技行政参与教育行政提供了制度保障。文部科学省成立后，进一步加强了教育计划制定功能，如 2001 年 1 月制定“21 世纪教育新生计划”，2001 年修改制定了与教育改革相关的六项法律，2002 年 8 月发表“人的能力战略构想”，2004 年 4 月组织“未来教育恳谈会”等。日本政府还改革了文部科学省下设的“中央教育审议会”，加强了其对教育问题的调查审议功能，该审议会主要是根据内阁既定的教育改革方针“进行具体的制度设计”③，制

① 永井宪一、三轮定宣编：《资料集临教审·教育改革的动向》，Eidell 研究所 1985 年，第 122 页。

② 文部省编：《教育改革报告——临时教育审议会第一次～第四次（最终）咨询报告》，大藏省印刷局 1988 年，第 307 页。

③ 文部科学省编：《文部科学白皮书》(2007 年度)，日经印刷株式会社 2008 年，第 10 页。

定具体的教育政策措施。

政界也积极参与探讨教育政策。例如，在修改《教育基本法》的过程中，自民党内 2002 年 1 月设立了直属自民党政调会会长的“教育基本法探讨特命委员会”（委员长为政调会会长麻生太郎，委员有前首相森喜朗、前文部大臣町村信孝等），开始制定全面修改《教育基本法》的方案；“执政党教育基本法修改协议会”“执政党教育基本法修改研讨会”从 2003 年 5 月到 2004 年 6 月，先后召开了 6 次“协议会”、26 次“研讨会”，研究修改《教育基本法》的具体内容，并于 2004 年 6 月发表中间报告《应写入教育基本法的项目与内容》。①

经济界继续提出教育改革建议，并实际参与了教育政策的推行。在中央政府内，厚生劳动省、经济产业省等也与文部科学省一道，加强各级各类教育领域的职业教育；经济界尤其关注高等教育的发展，国立大学法人化的改革，便是日本内阁的“经济战略会议”“科学技术会议”直接提出并促进实施的。民间经济界也关注教育发展，在修改《教育基本法》的过程中，经济同友会“教育基本法思考会”2002 年 12 月发表了《关于修改教育基本法的意见书》，提出了经济界的教育基本要求。经济界的综合调查审议机构——日本经济调查协议会 2002 年 12 月发表《思考 21 世纪的教育——面向提高全社会的教育力》，2004 年 2 月发表《思考未来的大学——在 21 世纪的知识社会与全球化中》，提出了经济界的教育改革要求。

将上述中央政府各部门的教育要求统合为国家教育决策的，是直属内阁的教育审议机构。这一时期，日本政府先后设立了两个直属内阁的教育审议机构：一是“教育改革国民会议”，成立于 2000 年 3 月，同年 12 月提出报告《教育改革国民会议报告——改变教育的 17 项提案》，提出了 21 世纪初改革日本教育的基本原则及具体改革措施。日本政府此后实施的修改《教育基本法》等各项改革措施，均是根据该会议的建议。二

① 文部科学省编：《文部科学白皮书》（2004 年度），国立印刷局 2005 年，第 90 页。

是“教育再生会议”(由首相、内阁官房长官、文科大臣、野伊良治座长等16人组成,由首相召集),设立于2006年10月,分别于2007年1月、6月、12月提出了三次中间报告,2008年1月提出了最终报告。上述报告便是日本政府实施教育改革的指导方针,例如,政府根据其第一次报告(《全社会的教育再生——公共教育再生的第一步》)修改了“教育三法”(《学校教育法》《地方教育行政组织及运营法》《教育职员资格证法及教育公务员特例法》),其第二次报告的内容被内阁制定的《经济财政改革基本方针2007》所采纳,并反映在2008年度的预算编制、中央教育审议会2008年有关制定新学习指导要领的报告中。① 进而,2008年7月,日本内阁制定了《教育振兴基本计划》,规定在今后5年的教育发展中,“相关府省要密切合作”。

除具体的教育行政运行机制外,更重要的是,日本政府在该时期改革了教育行政的根本原则。规定战后教育行政根本原则的是1947年《教育基本法》中的“教育行政”条款:“教育不服从不正当支配,应对全体国民直接负责”,前者规定了教育行政的“独立性”,后者规定了教育行政的“民主性”,是战后民主教育制度的精髓之一。2006年修改的《教育基本法》中,在保留“教育不服从不正当支配”表述的同时,删除了“应对全体国民直接负责”的表述,并新规定“中央政府……必须综合制定实施教育政策;地方政府……必须综合制定教育政策”。在修改的上述内容中,前者是对“民主性”的否定,后者则是对“独立性”的否定;至于仍然保留的“不服从不正当支配”的表述,一则标志着教育行政并非极端的“不民主”与“非独立”,二则使政府可以通过规定“不正当”的标准及内涵而使其形同虚设。可见,2006年《教育基本法》中的有关规定,标志着日本现代教育行政原则的“重构”。

2. 地方教育行政的“重构”

地方教育行政的改革主要表现在两个方面:一是加强了国家对地方

① 文部科学省编:《文部科学白皮书》(2007年度),日经印刷株式会社2008年,第5页。

教育行政的控制。2006 年《教育基本法》新规定:“地方政府为了振兴当地教育,必须综合制定实施教育政策”,“中央政府及地方政府必须采取必要的财政措施,确保顺利持续地实施教育”。这是以法律形式规定了地方政府实施教育行政的义务,表明国家对地方行政控制程度的加强。二是加强了外部对地方教育行政的参与。该时期,日本政府提倡“建设值得信赖的学校”,实施“学校评议员制度”。“家长”或“当地居民”被委任为“学校评议员”,在教育委员会上根据校长的要求陈述有关学校运营的意见;2004 年度开始实施“学校运营协议会制度”,协议会委员由教育委员会从家长及当地居民中任命,“家长与当地居民拥有一定权限与责任参与学校运营”,具体包括批准校长制定的学校运营基本方针、参与学校教职员的人事任用等;另外,日本政府还鼓励学校积极实施“外部评价”,2005 年度有 51.5%的公立学校实行了由评价委员会(由学校评议员、家长教师联合会的家长代表、当地居民、“有识之士”等外部评价者组成)进行的外部评价,文部科学省从 2006 年度开始进一步在全国公立中小学推进第三者评价。[①] 上述学校运营方式的新变化,可以使学校更好地适应社会要求,但同时也为外部力量干涉教育领域提供了制度保障。

该时期,日本的教育行政在配合国家总体战略发展方面更加“有效”,但与此同时,其民主性与独立性也进一步被削弱。

(三) 学校教育的“结构改革”

该时期,日本政府通过立法,将中央政府对义务教育经费的负担比例由战后初期确立的 1/2 减为 1/3;在继续推行“中高一贯制”的同时,开始在义务教育领域实施“择校制”与“小中一贯”,对战后初期确立的单轨学制的突破降低到义务教育领域;高等教育领域的国立大学法人化改革,则彻底改变了国立大学与国家之间的关系。可见,日本的学校制度

① 文部科学省编:《文部科学白皮书》(2007 年度),日经印刷株式会社 2008 年,第 102 页。

从义务教育到高等教育，均对战后初期确立的学校制度的根本原则、即“结构”进行了改革。

1. *初等、中等教育的“结构改革”*

第一，义务教育费国库负担制的改革。

义务教育费国库负担制度，指中央政府与地方政府共同负担占义务教育费大部分的公立义务教育学校教师工资的制度。日本政府 1952 年公布《义务教育费国库负担法》，规定中央政府负担全国公立义务教育学校教师工资的 1/2，1986 年公布《国家补助金等的临时特例法》，将 1986 年度至 1988 年度中央政府负担义务教育经费的比例由 1/2 减为 1/3，90 年代末期的“财政结构改革”要求改革中央与地方共同分担作用与负担费用。① 于是，日本政府从 2004 年度开始实行义务教育费国库负担的“总额裁量制”。此前中央政府负担金额中详细规定了工资、津贴等各项费用的细目，各项目间的款项不得相互挪用，而“总额裁量制”只规定国库补助金的总额，其间的具体细目可自由使用。这样，地方都道府县政府便可根据当地的具体情况确定教职员的工资及配置。2006 年，第 164 次国会批准修改《义务教育费国库负担法》，将中央政府负担的义务教育费中教师工资的比例由 1/2 改为 1/3。② 中央教育审议会于 2005 年 10 月提出的咨询报告《创造新时代的义务教育》的副标题即为“义务教育的结构改革”③，该时期修改义务教育费国库负担制，将 1952 年以来确立的国库负担义务教育教师工资的比例由 1/2 减为 1/3，是义务教育最大的“结构改革”。

第二，初等、中等教育的课程改革。

该时期，日本政府实施了新一轮的课程改革。2005 年 4 月，文部科学大臣向中央教育审议会咨询如何修改学习指导要领。中央教育审议会遂开始调查审议，准备全面修改学习指导要领。2008 年 1 月，审议会向文部科学大臣提交了报告《关于幼儿园、小学、初中、高中及特别支援

---

① 文部省编：《我国的文教施策》（1997 年度），大藏省印刷局 1997 年，第 206 页。
② 文部科学省编：《文部科学白皮书》（2007 年度），日经印刷株式会社 2008 年，第 100 页。
③ 文部科学省编：《文部科学白皮书》（2005 年度），国立印刷局 2006 年，第 5 页。

学校学习指导要领的改善》。文部科学省根据上述建议开始制定新的学习指导要领，并于2008年公布新的学习指导要领，2009年4月，小学及初中开始部分实施新学习指导要领。

此次课程改革包括7项基本原则：贯彻新修改的《教育基本法》、普及“生存力”[①]理念、学习基础与基本的知识技能、培养思考力·判断力·表现力、确保培养学力所必要的授课时间、提高学习欲望与确立学习习惯、加强指导培养丰富的心灵与健壮的身体。具体包括7项改革内容：加强语言活动、理数教育、传统与文化教育、道德教育、体验活动、小学阶段的外语活动、从应对社会变化的角度横向改革课程。[②] 此次课程改革的特点之一是增加课时量，小学6年共增加278课时，增加课时的课程有国语、社会、算术、理科、体育、外语；初中3年共增加105课时，增加课时的课程包括国语、社会、数学、理科、保健体育、外语。[③]

第三，初等、中等教育领域“科技”与“职业”比重的增加。

日本政府认为：“随着‘知识基础社会’的到来，科学技术的世界竞争将更加激烈，培养承载下一代的科技人才在我国亦必不可少”，“在科技成果应用于社会各个角落的今日，提高每个国民的科学基础素养极为重要”，因此，“加强作为科学技术基础的数理教育是一个紧急的课题”。[④] 基于上述认识，2008年的课程改革中，初等中等学校均增加了数学与理科的授课时间，如小学1—6年级数学共增加142课时，3—6年级理科共增加55课时，在各门课程中，数学增加的课时量最多；初中数学共增加70课时，理科增加95课时，课时量的增加幅度仅次于外语；高中课程中也计划设置共同必修课“数学1”，并增加授课时数。[⑤] 为了加强小学理

① “生存力”这一概念是1996年中央教育审议会咨询报告中提出的，其含义指在“知识基础社会”中发现并解决课题的思考力·判断力·表现力、终身学习、与他人·社会·自然·环境共存等，这一理念已经存在于前次课程改革中，此次改革的任务是进一步推广普及这一理念。

② 文部科学省编：《文部科学白皮书》(2007年度)，日经印刷株式会社2008年，第28—29页。

③ 同上书，第31页。

④ 同上书，第121页。

⑤ 文部科学省编：《文部科学白皮书》(2007年度)，日经印刷株式会社2008年，第31页。

科的观察与实验活动，提高教师素质，科学技术振兴机构向小学5、6年级派遣“理科支援员”，以支援理科的实验与观察活动，并根据学校的要求派遣了“特别讲师”，向学生讲授理科的最新内容。为了培养学生对科学技术、理科及数学的兴趣、爱好及好奇心，科学技术振兴机构还实施了“科学伙伴工程(SPP)”，支持中小学利用大学、大企业等机构进行实践性的数理学习。文部科学省在科学技术振兴机构的经费资助下，从2002年度开始指定“特级科学高中(SSH)”，重点培养将来的国际性科技人才，2007年度全国共有101所高中实施了有特色的科学技术与数理教育。此外，科学技术振兴机构还资助高中及中小学生参加数学、化学、生物、物理、信息等5个领域的国际科学奥林匹克及机器人等国际比赛，在2007年度的国际科学奥林匹克大赛上，日本在上述5个领域获得的奖牌数为5金、8银、9铜。①

日本政府还高度重视初等、中等教育的职业教育。文部科学省从2004年度开始召开论坛，专门讨论实施“职业教育推进地区指定事业”，主要是调查研究小学、初中、高中一贯推行职业教育的组织性、系统性的指导内容与方法，并创造整个社会都推进职业教育的氛围。从2005年开始，文部科学省与厚生劳动省、经济产业省等相关部门进一步加强合作，共同以初中为主实施“就业起始周”，中学实施5天以上的“职场体验”，并建立地区合作体制，以图进一步推进职业教育。文部科学省从2007年度开始实施“高中职业教育方式调查研究”，旨在加强高中、特别是高中普通科中的职业教育。日本内阁府2007年5月制定的“职业教育推进计划”、内阁决议《经济财政改革基本方针2007》均要求进一步加强职业教育。在日本政府的政策诱导下，初等中等教育机构职业体验的实施率逐年上升，2006年度日本全国公立初中的“职业体验”实施率上升到94.1%(2004年度为89.7%)，公立高中(全日制)的就业体验实施率

① 文部科学省编：《文部科学白皮书》(2007年度)，日经印刷株式会社2008年，第123页。

为 66.5%(59.7%)。① 文部科学省 2008 年制定的新学习指导要领的原则中便包括“通过体验性学习与职业教育,使(小学低、中年级学生)认识学习的意义”。② 可见,日本政府将进一步加强小学的职业教育。

日本政府尤其重视高中的职业教育。首先是注重发展“专业高中”,高中阶段的职业教育“以农业、工业、商业、水产、家庭、护理、信息、福利等专业高中为主展开,在培养企业骨干技术员等产业经济发展人才方面,发挥着重大作用。”截至 2007 年 5 月,日本共有专业高中 2312 所、学生约 69 万人,约占全体高中生的 20.2%。③ 文部科学省该时期采取各种措施进一步促进专业高中的发展,如从 2003 年度开始指定重点讲授尖端科技的“特级专业高中”(2007 年度共指定了 36 所),从 2004 年度开始指定 20 个地区实施专业高中授课与企业实习结合的教学方式,从 2007 年度开始与经济产业省共同在 22 个府县、1 个指定城市实施产学合作的“培养制造人才的专业高中・地区产业合作事业”,每年召开“全国产业教育展览会”(2007 年召开第 17 次)等。其次是促进高中“综合学科”的发展,如前所述,此类学科以讲授职业课程为主,其数量逐年增加,2007 年度设置数量(319 个)是 2000 年度(144 个)的 2.2 倍。④

第四,义务教育的分化。

义务教育在初中阶段的分化主要表现为“中高一贯制”的扩大。如前所述,日本从 1999 年度开始实施初中与高中联合的“中高一贯制”后,此类学校的数量逐年增加,2001 年 51 所、2002 年 73 所、2003 年 118 所、2004 年 153 所、2005 年 173 所,2006 年 203 所、2007 年 257 所(中等教育学校 32 所、并设型 147 所、合作型 78 所)。⑤ “中高一贯制”学校的增加,表明从初中开始的分化逐步加剧。

---

① 文部科学省编:《文部科学白皮书》(2005 年度),国立印刷局 2006 年,第 152 页;文部科学省编:《文部科学白皮书》(2007 年度),日经印刷株式会社 2008 年,第 110 页。

② 文部科学省编:《文部科学白皮书》(2007 年度),日经印刷株式会社 2008 年,第 28 页。

③ 同上书,第 108 页。

④ 同上书,第 106 页。

⑤ 同上书,第 106 页。

义务教育在小学阶段的分化主要表现在两个方面:一是“择校”的制度化。文部科学省在1997年允许“弹性选择就学区域”的基础上,2003年3月修改《学校教育法施行规则》,明确规定市町村教育委员会可以根据其判断导入择校制。在该政策下,2006年小学有240个自治体(14.2%)、中学有185个自治体(13.9%)导入“择校制”。其中东京都的中小学从2000年品川区开始实施“择校制”后,到2008年10月东京都19个区、9个市实施了该制度,在日本全国最为普及。① 二是“小中一贯”制的推进。直属内阁的“教育再生会议”2007年12月提出的第三次报告中建议推进“小中一贯”制教育,即实现小学与初中的联合。事实上,日本已经开始建立了“小中一贯”学校,2008年度东京都品川区原第二日野小学便实行了“小中一贯”,“小中一贯”学校的制度化只是个时间问题。“择校制”与“小中一贯”固然加大了学生及家长的选择自由,也有利于各学校竞争办好基础教育,但是,该制度也造成了区域义务教育的不均衡发展。从2008年10月东京都28个市、区的实施“择校制”及“小中一贯”的结果来看,入学率(实际入学人数比该校区内户籍登记学龄人数)最低的8.1%、最高的326.7%。② 这种悬殊的差距,实际上损害了义务教育的“机会均等”原则。

此外,文部科学省时隔43年之久,于2007年4月开始重新对全国所有的国立、公立、私立小学6年级、中学3年级学生实施“全国统一学力考试”。该年度有22072所小学(99.5%)、1139492人,10544所初中(95.7%)、1077209人接受了调查。③ 文部科学省决定此后每年4月的第4个星期二举行学力考试。“学力考试”有利于国家掌握中小学生的学习程度,发现问题并及时解决,从而使本国的教育水平在世界学力测试中保持优势,具有积极的一面。但是,学力考试在日本也受到民间民主力量的反对,全日本教职员工会2007年12月向文部科学省提出了由

---

①《每日新闻》,2008年10月22日。http://headlines.yahoo.co.jp/hl?a=20081022—00000011-mai-soci

② 同上。

③ 文部科学省编:《文部科学白皮书》(2007年度),日经印刷株式会社2008年,第17页。

全国3.7万人签名的要求停止学力考试的意见书，2008年8月在文部科学省公布该年度学力调查结果的当天发表抗议声明，其反对的原因是认为“全国统一学力考试加速了竞争与差别”，“折磨学生、进一步促进差距增大、竞争加强的全国统一学力考试，有百害而无一利。”①这也反映出了学力考试加剧竞争的消极方面。

2. 高等教育的“结构改革”

这一时期高等教育改革与发展的脉络为：① 继续依据大学审议会提出的《21世纪的大学像与今后的改革方策》（1998年）及中央教育审议会的相关建议，在“教育研究的高度化”“高等教育的个性化”“组织运营的灵活化”三个方面推进改革；② 2003年7月，日本国会批准《国立大学法人法》等相关6项法案，2004年实施国立大学、公立大学法人制度，同时创设职业研究生制度；③ 2005年以后提出了新的高等教育发展构想，如中央教育审议会2005年1月提出报告《我国高等教育的未来像》，以2015—2020年为目标，勾画出了“知识基础社会”②时代的高等教育发展方案；同年9月提出报告《新时代的研究生教育》，旨在建设有国际魅力的研究生教育。④ 在2006年12月修改的《教育基本法》中新增有关大学事项的改革，2007年6月修改的《学校教育法》中新规定了大学等的目的、信息提供、修课证明制度等。上述过程中，高等教育的改革主要体现在如下几个方面：

（1）高等教育行政运营的“结构改革”。

此时高等教育最突出的改革是国立大学的“法人化”③。战后日本的

① 全日本教职员组合网站：http://www.zenkyo.biz/html/menu4/2008/20080111171831.html；http://www.zenkyo.biz/html/menu3/2008/20080324134003.html

② “知识基础社会”（英文 knowledge-based society，又称知识社会、知识重视社会、知识主导型社会），一般指知识成为驱动社会及经济发展的基本要素的社会。文部科学省编：《文部科学白皮书》（2007年度），日经印刷株式会社2008年，第131页。

③ 公立大学及国立高等专门学校也实施了“法人化”改革：2003年7月公布了针对公立大学的《地方独立行政法人法》，2004年4月以后，公立大学也变为具有法人资格的法人，2007年度的89所公立大学中有33所实施了法人化；2004年4月设立了“独立行政法人高等专门学校机构”，负责全国55所国立高等专门学校的设置与运营。

大学根据其设置者不同而分为三种类型:国立("国家"设立)、公立("都道府县"设立)和私立(学校法人设立)。2003年度日本共有702所大学,其中国立100所、公立76所、私立526所。[①] 2003年7月,日本国会批准《国立大学法人法》等相关6项法案,2004年4月以后,国立大学[②]不再具有国家政府机构的地位,而是变为具有法人资格的法人。

国立大学法人化后,在性质、组织运营、人事制度、评价制度等方面都发生了变化。① 在大学性质方面,以往国立大学属于政府行政机构的一部分,在预算、组织、人事等方面受到国家各种规章制度的制约;法人化后,国家对国立大学的干预及各种规则大幅度放宽或取消,国家只在设定中期目标的"入口"部分,以及事后业绩评价的"出口"部分建立一定制度进行宏观调控。② 在组织运营方面的变化。国立大学法人化之前的决策机构是由校内各院系代表组成的"评议会";法人化后建立了校长负责下的董事会制度,即大学的经营权和全部人事任命权移交给大学校长,校长负责任命理事,然后与理事一道组成理事会,形成国立大学法人的最终决策机构,即确立了以校长为中心的经营体制。在具体的组织运营方面,大学设立"教育研究评议会"与"经营协议会",前者负责审议教育课程方针等教育研究的重要事项,后者则负责审议预算的制定等有关大学经营的重要事项,董事会则根据上述两个机构的审议结果进行最后决策。③ 在人事制度方面,国立大学的教职工原来属于国家公务员,在工资待遇、工作条件及要求上均受国家公务员法的约束;法人化后,国立大学的教职员工不再是国家公务员,因此可以实行更加灵活的雇佣形态、工资体系及工作时间体系,可以聘用外国人担任校长或学部长,允许大学教师校外兼职;不拘泥于通过考试录用的原则,而是在聘用教职员工时重视专业知识与技能,等等。④ 在大学评价方面,法人化之前各大

① 文部科学省编:《文部科学白皮书》(2003年度),国立印刷局2004年,第442页。

② 该时期的国立大学不仅改变了性质与地位,而且被改组与合并,由2002年4月的101所合并为2007年的86所。文部科学省编:《文部科学白皮书》(2007年度),日经印刷株式会社2008年,第152页。

学仅仅实施了自我检查与评价，并有部分大学导入第三者评价；法人化之后，第三者评价制度化，即由“国立大学法人评价委员会”委托“大学评价・学位授予机构”评价大学自我检查报告中的教育研究部分，并在此基础上综合评价经营等中期目标期间国立大学法人的整体业绩，最后将评价结果通知国立大学法人、总务省政策评价・独立行政法人评价委员会，文部科学省进而将评价结果反映到下一个中期目标的内容及国立大学法人运营经营上。

法人化后，国立大学进一步加强了与经济界的合作。① 在人事制度方面，允许本校教师到各类企业兼职，如 2007 年时，东京大学允许其教师兼任该校技术转让企业的董事或公司外检查董事，宫城教育大学承认该校教师受地方政府委托的研究活动为本职工作；此外也实行年薪制等，进一步为聘请民间人士创造条件，如北陆尖端科学技术研究生院大学从 2006 年度开始向新设的特聘教授实行年薪制。② 在学校运营方面，负责审议预算等重要事项的“经营协议会”成员中校外委员必须占委员总数的半数以上；“董事会”可采用校外人士为董事，以便“将校外的专业性意见直接反映到国立大学法人的经营中”[①]；负责选拔校长的“校长选考会议”由“经营协议会”的校外委员代表与“教育研究评议会”的代表以 1:1 的比例构成；大学聘请校外监事对大学法人的业务、会计等进行监查。上述大学运营机构中的校外董事及经营协议会校外成员，一般是财务、劳务管理、宣传等经营领域中的企业经营者、学校法人经营者、媒体关系者等。③ 在共同研究方面，国立大学法人化后与产业界的合作研究进一步加强。共同研究 2001 年为 5264 件、112 亿日元，2006 年度为 12405 件、303 亿日元；委托研究 2001 年为 5701 件、351 亿日元，2006 年度为 10082 件、1102 亿日元。④ 在大学参与经济活动方面，大学校办企业的数量由 2003 年度的 956 件增加到 2006 年度的 1576 件；[②]法人化后

---

① 文部科学省编：《文部科学白皮书》(2003 年度)，国立印刷局 2004 年，第 33 页。

② 文部科学省编：《文部科学白皮书》(2007 年度)，日经印刷株式会社 2008 年，第 132 页。

的国立大学还可以直接投资 TLO(Technology Licensing Organization,简称 TLO,技术转让机构),如 2007 年时新潟大学等向新潟某公司投资 500 万日元,东京大学向该大学的 TLO 出资 1.7 亿日元,获得该公司半数以上的已上市股票。①

如前所述,经济界在前一时期便开始通过各种途径参与到大学教育、研究及经营中,但由于国立大学是国家政府机构,其运行经营受到各项国家规定的限制,从而成为经济界参与大学活动的障碍,2004 年国立大学的法人化改革,不仅取消了这一最后障碍,而且为其提供了制度保障,因此有日本学者称国立大学的独立行政法人化是"大学的企业化之路"②。国立大学等的法人化改革,能够使大学进一步适应知识经济时代这一国际发展趋势,有利于促进日本知识经济的发展,具有积极的一面。但与此同时,经济界对大学经营、运营活动的制度性参与,学校运营中校长的权力增大而教授会职能的大大缩小,则损害了大学的独立性与民主性。日本政府标榜的"自主性"与"自律性",实质上是将国立大学的直接管理运营权由中央政府及大学教授会转移到了经济界及大学校长手中,这是国立大学法人化的局限性所在。

高等教育行政的又一大改革是放宽了对新设公立、私立大学及其科系的审批制度。此前大学及科系的新设需要政府的严格审批,文部科学省从 2003 年度开始允许新设置公立、私立大学或科系时只需登记而无需经文部科学大臣批准。于是,新设大学及科系中采取登记制者增加而审批制者减少,如 2003 年度批准 277 件、登记 1 件,2004 年度批准 196 件、登记 276 件,2008 年度批准 85 件、登记 252 件。③ 另外从 2004 年度开始允许股份公司在结构改革特区内设立公立或私立大学。正因如此,

① 文部科学省编:《文部科学白皮书》(2007 年度),日经印刷株式会社 2008 年,第 128 页。

② 池内了:《大学将走上企业化之路吗》,《科学》岩波书店 1999 年 11 月,第 894 页。见细井克彦《战后日本高等教育行政研究》,风间书房 2003 年,第 190 页。

③ 文部科学省编:《文部科学白皮书》(2007 年度),日经印刷株式会社 2008 年,第 152 页。

该时期的大学数量 2007 年(756 所)比 2000 年(649 所)增加 107 所。① 日本政府放松对大学及科系设置的管制不等于放任自流,而是同时加强了大学评价制度。即从 2004 年开始,由文部科学大臣认证的第三者评价机构(至 2007 年 11 月共指定了 7 家“认证评价机构”)对《学校教育法》规定的所有国立、公立、私立的大学、短期大学、高等专门学校进行定期评价(每 7 年评价一次大学的综合情况,每 5 年评价一次职业研究生院的教育活动),认证评价机构 2007 年对 138 所大学、77 所短期大学、36 所高等专门学校、6 所法科研究生院进行了评估,并公布了其结果。②

(2) 高等教育内容的变化。

首先是高等教育内容的升级。在大学教育方面,新兴领域的教育内容受到重视,如 2001 年度国公私立大学的课程改革中,占普通课程中前两位的科目及设置学校数分别为“信息运用能力”(579 校)、“身心健康科目”(551 校)。③ 文部科学省从 2003 年度开始重点支持国公私立大学课程内容与方法的升级与扩充,内容包括培养应对现代的课题(知识产权相关教育、环境教育、职业教育、IT 利用教育),推进大学教育的国际化,促进社会需要的专门人才(法科及教育职业研究生院、医疗人才、癌症治疗专家、尖端 IT 领导人才、制造业技术人才、服务与技术创新人才)的培养等。如 2007 年度,筑波大学重点改组了教育专业,和歌山大学在经济学部新设观光学科,琉球大学在法文学部新设产业经营学科等。在大学研究方面,日本政府从 2002 年度至 2006 年度实施了“21 世纪 COE 项目”(2006 年度资助结束后,从 2007 年度开始进行事后评价),重点支持了 93 所大学、274 件国家需要的重点科研项目。进而从 2007 年度开始实施“全球 COE 项目”,项目每项资助额度为 5000 万日元至 5 亿日元,连续支持 5 年,旨在资助形成全球性的优秀的教育研究基地,要求此类基地重视加强培养年轻学者,加强国际性,进一步加强研究生院的教育

① 文部科学省编:《文部科学白皮书》(2007 年度),日经印刷株式会社 2008 年,第 393 页。

② 同上书,第 146 页。

③ 文部科学省编:《文部科学白皮书》(2003 年度),国立印刷局 2004 年,第 10 页。

研究功能。2007年度资助的专业领域为生命科学、化学与材料科学、信息·电气·电子、人文科学、交叉·复合·新领域5大领域,2008年度资助的专业领域为医学、数学·物理学·地球科学、机械·土木·建筑及其他工学、社会科学、交叉·复合·新领域5大领域。

其次是职业内容的加强。日本政府该时期进一步加强对理工科人才的培养。内阁会议2006年3月制定的《第3期科学技术基本计划》(2006—2010年的日本科技发展基本方针)中,要求在大学、高等专门学校、专门学校中加强实践性地培养技术人才。于是,日本政府不断采取措施,加强高等教育机构对各级职业人才的培养。

短期大学的特色是在短时间内提供大学的教养教育以及在此基础上的专门教育,自设置以来以私立短期大学为主,特别是在普及女子高等教育以及进行实践性职业教育方面发挥了很大作用。日本政府从2005年开始仿照国外创设"短期大学士"学位制度,从而便于日本的短期大学毕业生赴国外留学、外国留学生在日本的短期大学毕业后回国就职,该制度旨在吸引更多学生报考此类学校。高等专门学校对初中毕业生实施5年一贯的专业性、实践性的技术教育(以工业为主),2007年5月共有国立55所、公立6所、私立3所;该类学校也不断升级,2007年度约有42%的毕业生继续升入专攻科及长冈技术科学大学、丰桥技术科学大学等。① 专门学校是重要的职业人才培养机构,2007年5月约有16.8%的应届高中毕业生63万人(大学的入学率为44.1%)升入该类学校,日本政府此前便开始授予专门学校毕业生"专业士"称号,并允许满足一定条件者继续升入大学(2007年度2744人),进而从2005年9月开始向学制4年并满足条件者授予"高级专业士"称号,同时允许其升入研究生院继续深造(2007年2月共有280个学科利用该制度)。②

文部科学省从2007年度开始新实施"数理学生支援工程",开发实

① 文部科学省编:《文部科学白皮书》(2007年度),日经印刷株式会社2008年,第154页。
② 同上书,第156页。

施大学理科系的特殊考试方法与教育项目，以便进一步有效培养科技人才。2007 年度指定千叶大学、东京工业大学、东京理科大学、京都大学、大阪大学 5 所大学实施上述项目，该 5 所大学正在探讨录取数理科特长生的特别考试方式，对纳入该工程的大学生尽早分配研究室等。研究生教育中也具有偏重理工科的倾向，如 2005 年度日本在校研究生人数的专业比例为工学 31.3%，工、农、理、医共 58.3%，人文艺术与法经共 26.9%（英国 2002 年该两类比例为 43.6%，法国 2003 年比例为 50.1%）。①

日本政府为了培养职业人才的实际技能，还重视高等教育学生的"就业体验"，2002 年度有 46.3% 的大学、23.9% 的短期大学、90.5% 的高等专门学校实施了"就业体验"②；文部科学省还举办全国性论坛，以便为大学及企业相互交换信息与意见提供场所，并对实施"就业体验"的大学提供财政支持，从 2006 年度开始拨款资助产学共同开发及实践培养创造性人才的教育项目，旨在实现"就业体验升级"。

日本政府从 2003 年开始创建了"职业研究生"（日语"专门职大学院"）制度。此类研究生学制 2 年（特殊可 1 年以上、2 年以下，法科 3 年），只要在一定期间内修满专业课的学分，无需提交论文及特定研究成果即可毕业，所授学位为"（专业名称）硕士（职业）"。至 2007 年 11 月共设立了 149 个专业研究生授予点，包括法科（74 个）、会计、经营管理、技术经营、公共政策等专业③，2008 年度开始新设置培养师资的"教职研究生"。职业研究生的招生人数逐年增加，2007 年（9059 人）是 2003 年（572 人）的 15.8 倍。④ 此类研究生注重向学生进行事例研究、讨论、实地调查等多样的实践性教育，并安排各职业领域经验丰富的专家任教师，旨在培养"能够满足社会需求的高级专业人才"。此类研究生的设置及其扩大趋势，标志着日本职业教育的升级。

---

① 文部科学省编：《教育指标的国际比较》（2005 年度），国立印刷局 2005 年，第 31 页。

② 文部科学省编：《文部科学白皮书》（2004 年度），国立印刷局 2005 年，第 205 页。

③ 文部科学省编：《文部科学白皮书》（2007 年度），日经印刷株式会社 2008 年，第 153 页。

④ 同上书，第 394 页。

上述教育政策的推行,改变了国立高等教育机构与义务教育的基本原则,也改变了包括教育目的、教育行政、学校教育等各个教育领域的基本理念与方针,从而对战后初期确立的现代教育制度进行了“结构改革”。

第三章　当代适应社会发展的新教育政策

一、"国际化"教育政策及其启示

国际化(internationalization),原义是指"某种活动或过程扩展为国际规模"。所谓教育国际化,既是指伴随着全球化进程的发展,在教育领域萌生的一种面向世界的教育理念,更是一种各国教育资源和要素在国际间优化配置,以培养国际型人才的教育实践活动。在全球化深入发展、信息化高度发达、知识经济日益勃兴的 21 世纪,教育国际化业已成为世界发展的重要潮流,日本走在了这一潮流的前列。

(一)"国际化"教育政策的历程及其背景

战后,日本的国际化教育政策大致经历了"雏形化"、"国策化"、"战略化"三个阶段。其出台是日本应对国际社会"人力资本"论与"教育开发"的需要,也是随着知识经济时代的到来,日本寻求对外发展,参与国际竞争,提高国家软实力的重要途径。

1. 教育国际化政策的"雏形化"(20 世纪 60 年代至 80 年代中期)

早在 1963 年,日本政府为了应对经济的高速增长,制定了教育改革报告《经济发展中人的能力开发的课题与对策》,将“国际交流”列为“发展人的能力”的四大内容之一:“伴随着今后国际交流的活跃,有必要从国际视野培养、利用人的能力。”[①]1970 年,日本内阁批准《新经济社会发展计划》,将“国际化教育”列为“教育与提高人的能力”的主要措施之一。[②] 1972 年,日本经济调查协议会的教育改革建议书《新产业社会中人的发展——从长期观点看教育的状态》指出:“在教育领域,国际化已成为极为重要的课题”,建议应“打破整齐划一教育,应对国际化。”[③]1974 年,中央教育审议会专门就“教育、学术、文化的国际交流”问题向文部大臣提交报告,制定了“国际化时代的根本政策”。[④]

该时期,日本政府开始重视教育国际化,有应对经济急速对外发展的内在动因,但更重要的背景是国际社会“人力资本论”“教育开发”的兴起。20 世纪 50 年代末 60 年代初,美国芝加哥大学教授西奥多・舒尔茨等提出了“人力资本”的理论,认为教育可以创造知识、技能方面的人力资本,“在过去 30 年间,教育作为经济发展的源泉,其作用远远超过被视为实际价值的建筑物、设施、库存物资等物力资本”[⑤]。

在该理论指导下,1960 年,联合国教科文组织首次明确提出:教育是文化及社会发展的推动力,同时也是经济开发的一个重要因素。[⑥] 1961 年 9 月,世界银行决定通过国际开发协会向教育开发提供贷款,亚洲地区成为国际教育开发的主要对象之一。日本政府积极参与了国际社会的“教育开发”热潮,如争取到了教科文组织 1962 年、1963 年教育会议的承办权,1974 年参加“亚洲地区教育开发计划”等。该时期,国际化在国

① 経済審議会『経済発展における人的能力開発の課題と対策』、大蔵省印刷局、1963 年出版、日本図書センター 2000 年復刻、8 頁。

② 宮原誠一等『資料日本現代教育史 3』(1960～1973)、三省堂、1974 年、31 頁。

③ 経済審議会『経済発展における人的能力開発の課題と対策』、19 頁、21 頁。

④ 「戦後日本教育史料集成」編集委員会『戦後日本教育史料集成』第 10 巻、三一出版、1983 年、245 頁。

⑤ T. W. シュルツ著、清水義弘訳『教育の経済価値』、日本経済新聞社、1964 年、107 頁。

⑥ ユネスコ編、木田宏訳『教育計画——その経済社会との関係—』、第一法規出版株式会社、1966 年、9 頁。

内教育政策中地位的凸显，正是日本政府适应国际教育开发之举。

2. 教育国际化政策的“国策化”(20世纪80年代末至90年代末)

1987年，日本直属内阁的教育审议机构“临时教育审议会”(简称“临教审”)的最终报告确立了教育改革与发展的三大基本理念：“个性原则”“向终身学习体系过渡”“适应变化(国际化、信息化)”。该报告指出：“今后，为了将我国建设成创新型的、有活力的社会……当前教育面临的最重要课题，便是国际化与信息化。”进而关于国际化，“不仅在制度层面，重要的是包括关系者在内的日本教育应全面开放。为此，必须通过教育的所有机会，不断培养对不同事物的兴趣与宽容态度，灵活应对今后不断变化的国际关系，建立一个具有不断自我更新能力的教育体制”。①

上述报告成为日本内阁会议《教育改革推进大纲》(1987年)的蓝本，文部省则“根据临时教育审议会咨询报告及《教育改革推进大纲》，具体落实各项教育改革措施”②。可见，1987年“临教审”的最终报告，确立了日本的教育发展国策，国际化是其重要组成部分。

教育国际化被列为基本国策，是由于日本政府预见到了“新国际化”时代的到来。上述“临教审”报告中指出：“现在日本经济的繁荣，有赖于与世界各国密切的经济交流，同时也带来了人员交流的日益活跃。随着人员交流的扩大，便会产生所谓的文化摩擦，当这种摩擦成为国际社会的常态时，便要求一种新的生存方式将其转变为使日本社会产生活力的能量”，“今天的日本，要求继‘物’、‘钱’、‘信息’之后，实现‘人’的国际化”。③日本政府如此预见，是因为看到国际教育服务贸易已悄然兴起。1982年，美国坦普尔大学在日本建立第一所分校，1986年以后，日美贸

① 文部省『教育改革に関する答申—臨時教育審議会第一次～第四次(最終)答申—』、大蔵省印刷局、1988年、280、281頁。

② 文部省『我が国の文教施策』1988年度、167頁。

③ 文部省『教育改革に関する答申—臨時教育審議会第一次～第四次(最終)答申—』、129頁、234頁。

易扩大发展委员会开始积极推动美国大学在日本建立分校。[①] 基于这一趋势，日本政府提出："这一新的国际化，在认识、对策上均不同于以往赶超时代的国际化，必须在教育、研究、文化、体育及科技等领域推进相互交往，实现均衡的国际交流。此外，重要的是在上述领域做出国际贡献。"甚至强调："迎接国际化时代，以国际化的视点推行教育改革，是关乎我国存立与发展的重要问题。" [②]

3. 教育国际化政策的"战略化"(21世纪以来)

2000年12月，直属内阁的"教育改革国民会议"向首相提交了新世纪的"教育振兴基本计划"，其中四项内容之一是："从教育应对全球化的视点……将在教育的所有领域推进国际交流。"[③]2005年9月，文部科学省下设的"国际战略研究会"提交《文部科学省的国际战略》，其中指出："将各部局分别管辖、个别决定的国际业务政策措施，统一为国际战略……作为今后开展国际业务的方针"[④]，国际化被提升到"国际战略"的高度。

2006年12月，新修改的《教育基本法》中增加的五项"教育目标"之一为："培养为国际社会的和平与发展做贡献的态度"。[⑤] 国际化首次正式写入"教育宪法"，被赋予了前所未有的法律地位。2010年6月，日本制定了新国家发展战略《新增长战略——"活力日本"复兴方案》，其中第三项"亚洲经济战略"专列"人"的交流倍增，包括"完善国内体制，扩大接收外国留学生，便于研究者及专业性海外人才就业。……促进与亚洲及世界的大学、科技、文化、体育、青少年等的交流与合作，加强培养活跃的

① "临教审"提出最终报告的1987年有3所，至1990年共有36所。塚原修一『高等教育市場の国際化』、玉川大学出版部、2008年、190頁。

② 文部省『教育改革に関する答申—臨時教育審議会第一次～第四次(最終)答申—、273頁、15頁。

③ 教育改革国民会議『教育改革国民会議報告』、2000年12月22日。

④ 文部科学省における国際戦略検討会『文部科学省における国際戦略(提言)』、2005年9月。

⑤『教育基本法』、2006年12月改正。

国际型人才”①。教育国际化进一步被纳入日本国家的总体发展战略。

教育国际化成为国家战略，主要根源于知识社会的到来。日本政府认为：“21世纪被称为知识社会，必须将教育投资作为国家战略加以认真考虑。”②根据经济发展与合作组织的定义，“知识成为财富的直接源泉的经济是知识经济，支撑知识经济、并由知识经济所支撑的社会，便是知识社会”③。在知识社会中，教育成为知识生产与普及的最主要领域之一，成为经济发展的新增长点。继而，面对国际教育服务业的新一轮竞争，日本政府提出21世纪是“世界性知识大竞争的时代”④，要求“在国际社会中，在发展与充实经济实力等硬实力的同时，关键是要考虑增强科技、学术研究、艺术文化、文化财产、生活文化及生活方式等日本文化之魅力的软实力。……教育及科技、学术、文化、体育应称为我国软实力的源泉”；“‘知识的国际化’，是支撑我国可持续发展的创新源泉”。⑤ 教育国际化成为增强国家“软实力”、实现可持续发展的重要途径，具有重要的战略意义。

国际化由20世纪60年代在教育领域占有一席之地，到80年代成为基本国策，再到21世纪上升为国家战略，其地位不断提升。这一历程并非偶然，而是在知识经济化、全球化、信息化的快速发展之下，日本振兴经济、增强国力的必由之路。

(二)“国际化”教育政策的内容体系

日本教育国际化内容丰富，是“通过教育的所有机会”予以推行的。笔者根据日本政府历年教育白皮书中的相关内容，将其国际化归纳为三

① 閣議決定『新成長戦略—「元気な日本」復活のシナリオ—』、2010年6月18日。

② 教育改革国民会議『教育改革国民会議報告』、2000年12月22日。

③ 塚原修一『高等教育市場の国際化』、玉川大学出版部、2008年、8頁。

④ 文部科学省国际战略研究会在《文部科学省的国际战略(建议)》(2005年9月)中使用了这一概念。

⑤ 文部科学省における国際戦略検討会『文部科学省における国際戦略(提言)』、2005年9月；文部科学省『文部科学白書』2010年度、337頁。

个方面:针对日本人的国际化、针对外国人的国际化、教育的国际合作与开发。

1. 针对日本人的国际化

日本政府主要通过海外日本人子女教育、国内的国际理解教育、鼓励出国留学等途径,以培养日本人的“国际素养”。

随着赴海外就职的日本人不断增多,随行的义务教育阶段的子女人数倍增,1984 年为 36223 人,2009 年增至 61488 人。① 为此,日本开设了日本人学校、补习学校、私立海外教育设施三类教育机构。1984 年有日本人学校 76 所、补习学校 102 所,②2009 年日本人学校增至 88 所、补习学校 204 所、私立海外教育设施 9 所。③

日本国内广泛推行了国际理解教育。在初等、中等教育领域,1989 年、1998 年两次课程改革,都将“推进国际理解”“培养日本人立足国际社会的素质”确定为四大基本方针之一。④ 具体而言,1989 年的中小学社会课要加深理解“世界与日本的关系”,国语课要“加深国际理解、培养国际协调精神”;初中与高中要重视外语课,道德课及特别活动要“培养日本人的世界意识”,世界史成为高中必修课。⑤ 1998 年外语课成为初中及高中必修课,小学则利用“综合学习时间”讲授英语会话等。⑥ 2008 年的课程改革规定小学外语课增加 70 学时,初中外语课增加 105 学时。⑦ 在高等教育领域,增设了国际关系、国际政治、国际经济、国际文化等专业或院系,大学中冠以“国际”之名的学科 1988 年有 38 个,1998 年

① 文部省『我が国の文教施策』1988 年度、506 頁;文部科学省『文部科学白書』2009 年度、313 頁。
② 文部省『我が国の文教施策』1988 年度、506 頁。
③ 文部科学省『文部科学白書』2009 年度、314 頁。
④ 文部省『我が国の文教施策』1989 年度、70 頁;『我が国の文教施策』1998 年度、236 頁。
⑤ 文部省『我が国の文教施策』1991 年度、498 頁。
⑥ 文部省『我が国の文教施策』1998 年度、236～237 頁。
⑦ 文部科学省『文部科学白書』2007 年度、31 頁。

达112个；1988年全国大学开设外语课程约50种，1997年增至70余种。[①]

日本政府还鼓励各级学生出国留学、研修及研究。高中主要包括"高中生留学"(三个月以上)、"海外学习旅行"(三个月以下)、"修学旅行"三类。在政府支持下，高中生留学人数逐年增加，1988年上述三类留学生人数分别为1229人、692人、51127人，2008年增至3190人、27025人、179573人。[②]日本政府还鼓励大学生出国留学。1998年，留学海外的大学生约6.4万人(为十年前的两倍)，2004年增至8.3万人。[③] 从2009年度起，日本政府实施了"留学生交流支援制度(长期派遣)"，支持学生赴国外大学攻读研究生学位。

2. 针对外国人的国际化

针对外国人的教育国际化，主要包括对外日语教育与考试、接收留学生教育两大方面。

随着日本国际影响力的不断提高，学习日语的外国人逐年增加。日本国内的日语学习者，由1987年的4.3万人，增至2009年末的219万人。[④] 日本以外的日语学习者，由1984年的58万人，增至2009年的365万人。[⑤] 日本从1984年开始实施"日本语能力考试"，考生由最初的15个国家及地区约7000人，增至2009年的58个国家及地区约77万人。[⑥]此外，日本从2002年起实施"日本留学考试"，2010年"日本留学考试"在

---

① 文部省『我が国の文教施策』1988年度、455～456頁；『我が国の文教施策』1999年度、435～437頁。

② 文部省『我が国の文教施策』1989年度、460頁；文部科学省『文部科学白書』2009年度、312頁。

③ 文部省『我が国の文教施策』1989年度、478頁；『我が国の文教施策』1999年度、444頁；文部科学省『文部科学白書』2007年度、317頁。

④ 文部省『我が国の文教施策』1988年度、425頁；文化庁，http://www.bunka.go.jp/kokugo_nihongo/jittaichousa/h22/gaiyou.html。

⑤ 文部省『我が国の文教施策』1988年度、427頁；国際交流基金\\http://www.jpf.go.jp/j/japanese/survey/result/dl/survey_2009/2009-01.pdf。

⑥ 国際交流基金，http://www.jlpt.jp/about/purpose.html

日本国内15个城市、日本以外17个城市举办,考生共计46691人。①

日本政府重点加强了接收留学生政策。1984年,日本政府制定了《面向21世纪的留学生政策》,计划在21世纪初招收十万留学生(该计划2003年完成)。近年来,日本政府将留学生政策视为实现"知识的国际贡献""加强国际竞争力"的重要手段②,于2007年"作为国家战略,制定并推进了包括教育、外交及产业政策在内的留学生政策"。③ 2008年,文部科学省与其他省厅(外务省、法务省、厚生劳动省、经济产业省、国土交通省)联合制定了"留学生30万人计划",计划到2020年接收留学生30万。在政府大力推动下,外国留学生人数逐年增加,1980年6572人、2003年109508人、2010年达141774人。④

日本还加强了接收小留学生政策。文部科学省从2003年起实施了"外国青少年接收倍增计划",计划到2010年接收外国中小学生的人数由每年四万增至八万。⑤ 2010年5月,就读于日本公立小学、初中、高中的外国学生达74214人。⑥

3. 教育的国际合作与开发

教育的国际合作与开发主要包括参与国际组织的教育事业、对发展中国家的教育开发两大内容。

日本从1988年参加联合国教科文组织的"亚太地区教育开发计划""亚太地区全面普及教育事业计划",90年代参与"艾滋病教育事业""女性识字教育""环境教育""IT教育"等合作项目。日本还积极参加经合组织教育研究与改革中心的"提高教育质量""成人继续教育培训"等研究课题,实施"学生学习程度调查"(PISA)等事业,也参与了亚太经合组织

① 文部科学省『文部科学白書』2010年度、341頁。

② 文部科学省『文部科学白書』2009年度、316頁。

③ 文部科学省『文部科学白書』2007年度、306頁。

④ 文部省『我が国の文教施策』1988年度、508頁;文部科学省『文部科学白書』2003年度、374頁;『文部科学白書』2007年度、315頁;『文部科学白書』2010年度、337頁。

⑤ 文部科学省『文部科学白書』2007年度、309頁。

⑥ 文部科学省『文部科学白書』2010年度、346頁。

人才培养领域的相关活动。

日本的国际教育开发始于20世纪60年代，进入21世纪后则愈益加强。2000年，日本首相咨询机构“对外经济合作审议会”提交报告《推进“重视人的经济合作”》，将教育、人才培养等“以人为中心的开发”确立为21世纪的经济合作方式。2002年日本政府在八国首脑会议上宣布要“加强对低收入国家教育领域的开发”，计划五年内提供政府开发援助2500亿日元。①

21世纪初，日本的对外教育开发表现出两大新特点：一是重视对发展中国家初等、中等教育的开发。日本政府指出：“国际社会的开发援助观念逐渐发生了变化。……正日益重视以基础教育为主的合作”。②2002年，日本政府将“加强对基础教育领域的开发”列为对外教育开发的政策内容之一。二是加强国内的教育开发体制。2001年文部科学省设立“国际教育合作恳谈会”，“反复研究了将日本的知识资源全面有效地用于国际开发合作的方法”，“呼吁为了实现日本国际教育合作的质的转变，有必要从根本上完善国内体制”。③据此，文部科学省建立了教育开发的两大国内体制：① 从2002年开始建立国际教育合作“据点体制”。以广岛大学与筑波大学为中心，联络大学、非政府组织、企业，有组织、系统地全面利用日本的资源，开发发展中国家的初等中等教育。④ ② 从2003年开始设立“国际开发合作支援中心”，旨在促进大学间、大学与技术顾问、国外大学、非政府组织间的合作，使各界有组织地参与国际教育开发。

上述三方面内容中，针对日本人的国际化可谓“内部国际化”，针对外国人的国际化可谓“外部国际化”，教育合作与开发的国际化可谓“开发国际化”。三者既有各自独立的内容，又相互联系，互相促进，共同构

---

① 文部科学省「文部科学白書」2004年度、348頁。

② 文部科学省「文部科学白書」2001年度、279頁。

③ 文部科学省「文部科学白書」2002年度、328頁；「文部科学白書」2004年度、390頁。

④ 文部科学省「文部科学白書」2003年度、390頁。

成了日本国际化教育体系的全貌。

(三)"国际化"教育政策的问题及启示

20世纪60年代以来,日本始终及时把握并引领了全球教育的国际化浪潮,其教育国际化水平位居世界前列。然而,日本的教育国际化亦存在一些问题。

1. 针对日本人的教育国际化具有两面性

日本政府通过学校教育的各个阶段,以各种形式培养了具有国际素养的日本人,为日本经济的全球化发展提供了丰富的人力资源,也为应对新时代的国际竞争做好了准备。

然而,针对日本人的教育国际化内容本身却具有两面性。日本政府曾明确提出:"必须深刻认识到,一个好的国际人就是一个好的日本人,必须确立培养爱国心的教育、使学生切实具备日本文化个性的教育以及加深理解外国文化与传统的教育。"①修改后的《教育基本法》亦规定教育目标之一为:"尊重传统与文化,热爱养育我们的国家与乡土,培养为国际社会的和平与发展做贡献的态度。"②也就是说,针对日本人的国际化,一方面强调"国际视野""理解外国",具有外向性、开放性的一面;同时又强调"爱国心""传统",具有内向性、保守性的一面。这两个侧面统一于日本的国际化教育政策之中。弘扬本民族传统与特性,本身无可厚非,问题在于日本所谓的"爱国心"存在很大问题。众所周知的"历史教科书事件"即是一个典型例证。20世纪80年代及21世纪初,日本政府两次公然批准美化对外侵略的历史教科书。③ 此举表面上看是通过教育来加强国民所谓的"爱国心",但实则"误国愚民",不利于培养国民真正的历史认识和国际意识,阻碍了日本与周边受害国的"历史和解",直接影响

① 文部省『教育改革に関する答申—臨時教育審議会第一次～第四次(最終)答申——』、15—16頁。

②『教育基本法』、2006年12月改正。

③ 参见臧佩红:《战后日本的历史教科书问题》,《日本学刊》2005年第5期,第135—150页。

了日本与周边国家正常的国际交流。事实证明，过分强调“爱国”与“传统”，甚至不惜为此牺牲真理与正义，必将阻碍日本人、日本教育真正的国际化。

2. 针对外国人的教育国际化有待加强

在知识经济迅速发展的今天，教育服务成为重要的新兴产业。日本政府大力推行针对外国人的语言教育、留学教育等，促进了本国教育服务业的发展，有利于推动知识经济的振兴。

但是，日本针对外国人的国际化教育与欧美国家尚有一定差距。就对外语言教育而言，2009 年，托福考试（TOEFL）在全球 165 个国家及地区设有 4500 个考场，报考总人数累计达 2500 万人，而日语能力考试仅在 53 个国家和地区的 173 个城市设有考场、报考总人数累计 674 万人。2009 年，留学美国的研究生入学考试（GRE）考试在 160 多个国家和地区设有 700 个考场、考生 63.3 万人，而日本留学考试仅在日本国内 15 个城市、日本以外 16 个城市举办，考生共计 44396 人。[①] 日本对外语言教育及考试的规模，与欧美国家不可同日而语。另就接收外国留学生的规模及水平而言，2008 年度各国高等教育机构的外国留学生人数及比例，日本 132720 人、占 3.8%，美国 671616 人、占 6.1%，英国 415585 人、占 27.0%。[②] 无论在留学生人数上，还是在高等教育机构中所占比例，日本均落后于英美两国。日本政府也一直致力于缩小这一差距。然而，一个国家的对外吸引力是全方位的，日本只有继续提高科技水平及综合国力，不断扩大国家的整体开放程度，才能切实提高针对外国人的国际化教育水平。

3. 教育的国际合作与开发面临新课题

50 余年来，在“人力资本论”的指导下，在知识经济发展的大潮中，日

① http://www.thea.cn/xtoefl_zx_52300-1.htm; http://www.takethegre.com/cn/; http://kaoshi.china.com/america/learning/337527-1.htm; http://www.jlpt.jp/statistics/archive.html;文部科学省『文部科学白書』2009 年度、317 頁。

② 英国高等教育机构在校生人数（153.9 万人）少于美国（1095.7 万人），故其留学生人数虽少于美国，所占比例却高于美国。参见：文部科学省『文部科学白書』2010 年度、316 頁。

本积极参与了国际教育合作与开发。这既有利于促进本国经济的发展，也有助于欠发达国家的国民获得受教育的机会，符合世界教育发展的大趋势。

然而，日本对外教育开发的重点是初等、中等教育，属于培养国民基本素质的义务教育范畴，开发过度则将有损被开发国家的教育自主权，甚至削弱被开发国家人民的民族性及其传统文化，有文化侵害之虞。① 因此，在教育开发的过程中，如何平衡发达国家与欠发达国家之间在政治、经济、文化等方面的利益，是日本乃至世界各国所面临的新课题。

日本教育的国际化虽面临上述问题，但总体而言，在纵向的发展历程方面，其地位经历了不断提升的过程；在横向的内容方面，建立起了日臻完备的国内体系。日本教育的国际化发展已经达到一定的高度与维度，体现着当今世界教育发展的潮流与水平。

4. 日本教育国际化对我国的启示

我国教育正在加速适应国际化的步伐，并取得了一定成就，但在国内体制、对外教育开发等方面尚落后于日本。日本教育国际化的经验，可以为我国提供如下启示：

首先，从日本教育国际化的历程中，去理解教育国际化的必然性。因而，应将教育国际化提高到国家战略的高度，各级政府及教育部门通过政策指导、经费支持、扩大宣传等方式，切实加以推行。

其次，从日本教育国际化的内容体系中，充分认识教育国际化的广泛性。一方面在各级教育机构加强国际理解教育，鼓励各级学生出国留学等，以提高我国的“内部国际化”水平；另一方面着力实现对外教育服务的升级，在继续推广对外汉语教育的同时，通过扩大开设英语授课的留学生课程等，提升国内高等教育机构的对外教育服务能力。此外，也

① 在 1973 年联合国教科文组织主办的“亚洲地区文化政策会议”上，亚洲各国强烈主张：“必须确保发展中国家的文化独特性”。参见：外務省『我が外交の近況』第 18 号、大蔵省印刷局、1974 年、202 頁。

要积极拓展各种途径,将我国的教育资源用于世界教育的发展。

进而,从日本教育国际化的问题中,清醒意识到教育国际化的复杂性。既要客观认识与发达国家的差距,奋起直追,又要注意保持“国际化”与“民族化”的适当平衡,处理好两者之间的对立统一关系。

总之,研究日本的教育国际化,总结吸取其经验教训,将有助于更好地推进我国教育国际化的发展。

二、对外教育援助战略政策及其启示

“对外教育援助”是指一个国家或国际组织对其他国家或地区的教育发展所提供的人力、物力或财力等方面的援助,在国际上始于20世纪50年代后期,在美国于20世纪60年代被立法化,在日本于20世纪80年代被国策化,迄今已成为一种国际潮流。近年来,我国也在不断加强对外教育援助政策。2010年《国家中长期教育改革和发展规划纲要(2010—2020年)》中明确规定:“加大教育国际援助力度”“提升我国教育的国际地位、影响力和竞争力”。2015年党中央制定的“十三五规划”中也包括:“扩大对外援助规模,完善对外援助方式,……扩大科技教育、医疗卫生……等领域对外合作和援助。……推进‘一带一路’建设,……广泛开展教育、科技、文化、旅游、卫生、环保等领域的合作”。可见,教育援助已被确立为今后我国对外援助的重要领域之一。2016年7月,教育部公布了《推进共建“一带一路”教育行动》,计划逐步加大我国对外教育援助的实施力度。2018年9月,习近平主席在全国教育大会上的讲话中,指出党的十八大以来“我国教育的国际影响力加快提升”,强调要进一步“扩大教育开放”。①可见,对外教育援助与发展也已成为我国的基本国策之一。

因此,系统考察日本对外教育援助政策的战略地位、项目机制及地

① 新华社:《习近平出席全国教育大会并发表重要讲话》,2018年9月10日。http://www.gov.cn/xinwen/2018-09/10/content_5320835.htm。

区特征、实施体制、主要功能等，把握国际教育援助的总体趋势，借鉴发达国家对外教育援助的经验，将为我国今后更好地开展对外教育援助提供有益的借鉴与参考。

(一) 对外教育援助的战略地位

对外教育开发援助是国际社会的大势所趋，是发达国家开展政府开发援助的主要领域之一。日本始终走在国际教育开发援助潮流的前列，以“教育合作”之名，将教育援助置于其国家对外援助战略的重要地位。

1. 国际教育开发援助的潮流

自 20 世纪 50 年代后期以来至今，对外教育援助一直是国际社会普遍重视的一个开发援助领域。联合国教科文组织(UNESCO)先后主持制定实施了一系列教育开发援助计划，主要包括“拉丁美洲初等教育扩充重要计划”(1956—1966 年)、“卡拉奇计划”(援助亚洲初等教育、1960—1980 年)、“阿迪斯阿贝巴计划”(援助非洲初等教育、1961—1980 年)、“亚太地区万人教育计划”(1987—2000 年)、“万人教育(EFA)世界宣言”(1900—2000 年)、“达喀尔行动框架”(对 EFA 的修正、2000—2015 年)、“可持续开发教育(ESD)”(2005—2015 年)等。

而且，教育开发援助在联合国的整体开发援助计划中也居于重要地位。如表 1 所示，在联合国 2000 年制定的“千禧年开发目标(MDGs)”(2000—2015 年)中，教育位居第二、三位；在联合国 2015 年批准的“可持续开发 2030 议程”(2015—2030 年)中，教育为第四、五项。2015 年 11 月，联合国教科文组织在其总部召开了“教育 2030 高端会议”，并通过了“教育 2030 行动框架”，其中开篇即称：“教育，是‘2030 可持续发展议程’的核心，也是成功实现所有可持续发展目标的关键。”①

①《中国教育报》2015 年 11 月 15 日第 3 版。

表 1　教育援助在联合国长期开发援助计划中的地位①

2000 年千禧年开发目标(MDGs)		2030 年可持续开发议程(SDGs)	
1	消除极度贫困与饥饿	1	消除贫困
2	实现初等教育的完全普及:使所有儿童不分男女,修完初等教育的全部课程	2	消除饥饿
3	推进性别平等、提高女性地位:在所有教育领域消除男女差别	3	健康与福利
4	降低婴幼儿死亡率	4	高质量的教育
5	改善妊娠妇女的健康	5	性别平等(含教育中的性别平等)
6	防止艾滋病等疾的蔓延	6	洁净用水与卫生
7	确保环境可持续性		……
8	推进全球开发伙伴关系	17	为了实现目标的伙伴关系

世界银行也积极参与、极为重视国际教育开发援助。世界银行自1962 年实施突尼斯中学建设项目开始,至 2011 年共在全世界实施了1500 个项目、投资 690 亿美元;世界银行对教育领域的财政支援,自2000 年“千禧年开发目标(MDGs)”制定以后的 10 年间不断增加,仅2010 年便达到 50 亿美元。② 世界银行还先后制定了专门的教育援助战略,包括《教育优先课题与战略》(Priorities and Strategies for Education: A World Bank Review, 1995 年)、《世界银行教育部门战略》(World Bank Education Sector Strategy, 1999 年)、《教育部门战略更新》(Education Sector Strategy Update, 2005 年)、《教育部门战略 2020》(World Bank Group Education Strategy2020, 2011 年)。其中《教育部门战略 2020》(2011 年)开篇便指出了教育的重要地位:“教育是开发与成长的根基。接受教育,是《世界人权宣言》与《联合国儿童权利条约》规定

① 外务省:《2015 年版 开发协力白皮书 日本的国际协力》,第 3、14 页。

② 世界银行东京事务所网址:http://www.worldbank.org/ja/news/feature/2011/08/08/learning-for-all。

的基本人权,也是对开发的战略性投资。从改善保健状况、农业革新到基础设施整备、民间部门发展,其他所有领域的开发成果,都可通过人心来实现。要完全确保发展中国家享受到这些恩惠,就需要使之学习全世界积累的各种理念,通过创新,解放人心的潜力。届时,其最佳途径便是教育。"①即强调在对外开发援助活动中,教育是"根基""战略性投资""最佳途径"。目前,世界银行在全球实施的17个开发项目中,"教育"位居第三。②

另外,从主要发达国家的动向来看,2010年至2014年间,在经济合作与开发组织(OECD)下属的开发援助委员会(DAC)的成员国中,对教育援助投入政府开发援助(ODA)最多的前五个国家及其所占比例分别是德国(19.9%)、法国(17.1%)、英国(13.1%)、美国(10.8%)、日本(7.8%)。③ 也就是说,国际对外教育援助的前五大出资国与G8(现今世界八大工业领袖国联盟)的前五位相一致,对外教育援助的实施力度与其国家总体实力成正比。

可见,对外教育援助是国际社会、特别是发达国家普遍重视的重要开发领域,实施对外教育援助是一种国际大趋势。

2. 日本对外教育援助的战略地位

对外教育援助也是日本政府对外开发援助的重要课题之一。在日本外务省所列的ODA项目中,开发援助的15个重点课题首列"保健与人口""水与卫生""教育"。④ 日本ODA的官方实施机构——国际协力机构(JICA)在其2015年度报告书中指出:"教育,是所有开发的基础。……教育对于世界和平、促进相互理解必不可缺,发挥着重要作

① 世界银行东京事务所网址:http://www.worldbank.org/ja/news/feature/2011/08/08/learning-for-all。

② 前两位是"农业""气候变化"。见世界银行官网:http://maps.worldbank.org/p2e/mcmap/index.html。

③ 外务省官网:http://www.mofa.go.jp/mofaj/gaiko/oda/bunya/education/statistic.html。

④ 外务省官网:http://www.mofa.go.jp/mofaj/gaiko/oda/bunyabetsu/index.html。

用。”[①]在JICA所列的对外援助实施项目中,“教育”居于首位,在其2015年公布的教育战略中,将以“持续学习(Learning Continuity)”为核心的各个阶段的对外教育援助(婴幼儿护理及教育、初等教育、中等教育、职业技术与教育・训练、高等教育、识字・成人教育),置于实现所有对外开发援助目标(合作关系、和平、森林・生物多样性、海洋资源、气候变动、消费、都市・居住、减少不平等、基础设施、雇佣・经济增长、能源、水・卫生、女性、保健、粮食・营养、贫困)的核心地位。[②]

另外,从援助资金的分配比例来看,如表2所示,2014年度日本政府用于对外教育援助的资金占ODA总量的4.87%,居社会开发领域之首。[③]

表2　2014年度两国间政府开发援助(ODA)的各领域经费分配比[④]

单位:百万美元

形态 / 领域	无偿资金协力	技术协力	赠予	政府贷款等	两国间ODA	构成比(%)
一、社会基础设施及服务	1,195.07	704.36	1,899.43	877.62	2,777.06	17.10
1. 教育	199.19	301.48	500.67	289.57	790.23	4.87
2. 保健	320.54	75.09	395.63	78.27	473.90	2.92
……						
4. 水与卫生(上下水道等)	198.78	123.54	322.31	442.94	765.25	4.71
……						
二、经济基础设施及服务	429.21	250.09	679.30	7260.48	7939.78	48.89
……						

① 国际协力机构:《JICA年度报告书2015》,第81页。
② 国际协力机构:《JICA教育协力立场文件》、2015年10月,第4页。
③ 国际协力机构:《JICA年度报告书2015》,目录。
④ 外务省:《2015年版 开发协力白皮书 日本的国际协力》,第215页。

从日本对外援助的整体人员配备来看，教育领域也处于优先地位。例如，日本政府2017年秋季招募的对外援助志愿者共132项、1341人，其中所需人员最多的“人力资源”(共51项、共计749人，占总项目的39%、总人数的56%)中[①]，需要30人以上的项目几乎均属教育领域：青少年活动34人、环境教育46人、日语教育53人、理科教育61人、数学教育34人、体育63人、小学教育119人、幼儿教育33人。[②]也就是说，教育领域的对外援助人员共443人，占“人力资源”总人数的59%。

日本政府不仅将“教育”置于对外援助战略的重要地位，而且也强调对外教育援助本身的战略性。早在2005年，日本政府便制定了《文部科学省的国际战略》，将教育国际化提升到了“国际战略”的高度，其中便包括对外教育援助。[③] 日本政府制定实施的新《开发援助大纲》(2015年)中也特别规定，有效实施包括教育援助在内的对外援助的首要原则便是“加强战略性”：“要使我国开发援助的效果最大化，重要的是确保战略性，即政府与实施机构一体化，与各相关方面合作，汇聚我国拥有的各种资源，确保开发援助政策的制定、实施及评价的一贯性。”[④]2015年9月，日本首相安倍晋三在联合国可持续开发峰会上，将日本的对外援助政策归结为“为了和平与成长的学习战略”，也就是将整个国家的对外援助战略聚焦于“教育”。为了实施该战略，同年10月，国际协力机构(JICA)制定了对外教育援助的最新战略文件——《JICA教育协力立场文件》，其中强调：“2015年，……新制定了‘2030可持续开发目标(SDGs)’中的教

① 其他类分别为：“计划·行政”(5项、147人)、“公共·公益事业”(16项、30人)、“农林水产”(16项、92人)、“矿工业”(18项、67人)、“能源”(1项、1人)、“商业·观光”(3项、31人)、“保健医疗”(18项、159人)、“社会福利”(4项、65人)。

②《青年海外协力队/日系社会青年志愿者》(2017年秋季招募要求)，青年海外协力队主页：http://www.jocv-info.jica.go.jp/jv/?m=BList。

③ 详见臧佩红《试论当代日本的教育国际化》，《日本学刊》2012年第1期。

④ 内阁决议：《开发协力大纲》，2015年2月10日，第7页。

育目标(SDG4)。……为了实现SDG4,重要的是制定与实施更有效的政策及战略,JICA为了加强在发展中国家的援助措施、实现其目标,制定了本立场文件。”①

在上述对外教育援助的战略性文件中,日本政府公开提出的对外教育援助战略主要涵盖了三方面内容:第一,战略的总体目标,基本上与上述联合国的“千禧年开发目标(MDGs)”“可持续开发2030议程(SDGs)”的教育目标相一致;第二,战略的项目机制,主要包括教育援助的项目类别、援助方式、主题内容、地区特征等;第三,战略的实施体制,主要指实施对外教育援助时的日本国内各方协作机制。涵盖上述三方面内容的日本对外教育援助战略,发挥着外交、经济、文化及社会等功能。

(二) 对外教育援助的项目机制及地区特征

近十几年来,日本的对外教育援助在基础教育、职业技术教育、高等教育等三大领域全面展开,采用无偿资金援助、技术合作、志愿者及市民参加、有偿资金合作(日元贷款)等四种形式,援助的地区包括亚洲、非洲、中南美洲、大洋洲、欧洲等世界各地,形成了一套完整的项目机制,且具有鲜明的地区特征。

1. 近年来日本对外教育援助的实绩

21世纪以来,日本的对外教育援助项目主要在基础教育、职业技术教育、高等教育三大领域展开,实施的方式主要包括无偿资金援助、技术合作、志愿者、日元贷款四种形式。

2015年10月,国际协力机构(JICA)公布了近15年来日本在基础教育、职业技术教育、高等教育等领域内的对外援助业绩,如表3所示。

① 国际协力机构:《JICA教育协力立场文件》,2015年10月,第1页。

表 3　日本的主要对外教育援助项目(2000—2015 年)①

一	基础教育	
①	改善设施	在 46 国、建中小学 5500 余所。
②	改善质量	在 42 国、培训教师约 87 万人(其中理科教师约 85 万人);支援非洲的"理科教育合作网"(27 个成员国)。
③	改善运营	支援 16 国、约 62000 所学校改善运营。
④	接收研修人员	接收 140 国、8042 人。
⑤	派遣志愿者	向 89 国、派遣 5289 人。
二	职业技术教育·培训(TVET)	
①	产业人才培养	27 国、50 例,实施复合援助,如开发及修订课程与教材、提高指导员能力等。
②	社会弱者技能培训	8 国、12 例,对女性、残疾人、复员军人实施了技能训练。
③	接收研修人员	接收 134 国、3695 人。
④	派遣志愿者	向 69 国、派遣 1004 人。
三	高等教育	
①	支援大学	支援 17 国、30 所工科大学。
②	网络型支援	东盟:从 2003 年开始,通过 SEED-Net② 建立联盟:1100 人获得高学位、资助 600 名大学教师(东盟 400 人、日本 200 人)实施共同研究 700 项及发表论文 1000 篇。 非洲:支援"泛非洲大学"(PAU)的可持续发展,加强与该联盟主办大学乔莫·肯雅塔大学农工大学③的合作。
③	振兴科学技术	"应对全球性课题国际科学技术合作项目"(SATREPS、2008 年—):日本 41 所大学及研究机构在 39 国、开展国际共同研究 78 例。
④	接收留学生	累计接收 12000 人(2000—2014 年)。
⑤	派遣志愿者	向 78 国、派遣 2050 人。

① 日本国际协力机构:《JICA 教育协力立场文件》,2015 年 10 月,第 13 页。

② SEED-Net:东盟工学高等教育联盟。日本自 2003 年开始支援东盟 10 个成员国、19 所顶尖工科大学成立的"东盟工学高等教育联盟(AUN/ SEED-Net)"。

③ 该校从 1970 年代筹建开始后约 20 年一直接受日本援助,如今已成为东非地区的主要农工大学,共有在校生 3 万余人。

从对外教育援助的资金来看，在 2009—2011 年间，日本共投入 956.38 亿日元，其中基础教育占 53.4%（510.65 亿日元）、高等教育占 29.4%（281.19 亿日元）、职业训练占 12.9%（123.02 亿日元）。另外，在援助的方式上，无偿资金援助占 44.4%（424.64 亿日元）、技术合作占 28.8%（275.67 亿日元）、志愿者及市民参加项目占 18.8%（179.58 亿日元）、有偿资金合作（日元贷款）占 8.0%（76.49 亿日元）。①

可见，21 世纪以来日本的对外教育援助中，基础教育、无偿资金援助所占比重最大。

2. 今后日本教育援助的重点领域

2015 年，日本的国际协力机构公布了新的对外教育援助战略，其中将今后计划实施的对外教育援助归纳为“高质量”“公正且可持续”“知识共创”“包容且和平”四大重点领域，并提出了相关的具体措施。②

第一，“改善学习的高质量教育”——主要针对基础教育，兼及高等教育质量。

该方面的援助可分为四个部分：① 针对基础教育的援助，提出“改善学习的综合路径”。由原来单纯提高教师能力这一单一路径，发展为加强“学习循环圈”这一综合路径，即确保课程、教科书、学习资料、授课、学力评价的一贯性。同时，将通过相关的国际组织、地区组织，援助理科教育、教师的教学研究、改善学校运营等，以“促进全球性、地区性的相互学习”。② 援助针对全球性课题的教育。将加强有关环境、人权、民主主义、和平、异文化理解等地球市民所必需的教育，推进国际议程“可持续开发教育(ESD)”“地球市民教育(GCED)”。③ 与国际教育质量评估机构合作。具体包括世界银行的 SABER（“教育基准评定”）、经济合作开发组织(OECD)的“开发 PISA”（“为了开发的国际学习达成度调查”）、非洲的 SACMEQ（为测定教育质量的东南非联盟）、东南亚教育部长组织

① 国际协力机构：《JICA 的教育协力——使所有人享受学习》，2013.3。见国际协力机构主页：https://www.jica.go.jp/activities/issues/education/ku57pq00000r11m0-att/joy_J.pdf。

② 根据日本国际协力机构《JICA 教育协力立场文件》（2015 年 10 月，第 12 页）整理归纳。

(SEAMEO)的地区学力调查、法语圈非洲的 PASECPASEC(“学校教育体系分析项目”)、中南美的 LLECE(“拉丁美洲教育质量评价研究”)等。④ 提高高等教育质量,尤其关注工学教育的质量,同时将援助东盟大学联盟(AUN)、东南亚教育部长组织·高等教育开发中心(SEAMEO RIHED)等机构,参与东亚地区内确保教育质量、统合高等教育制度的教育合作。

第二,“支撑公正且可持续发展的教育”——针对职业技术教育、行政人才培养。

该方面的援助主要分为三大部分:①“有关体面工作(Decent Work)的技能开发”,通过教材开发、师资配备、职业介绍、采用技能检定制度等,援助职业技术教育。②“产学合作培养产业人才”,以各国的主要工学大学为对象,通过支援提高教师能力、设施建设、充实教育研究器材、促进产学合作等,提高大学的教育及研究能力,培养产业人才。此外,还支援各类产学合作活动以培养社会所需人才,如实习、企业研讨、企业冠名讲座等。③“培育国家建设所需的行政官员等基础人才”,继续实施“人才培育奖学计划(JDS①)”,支援培育行政、公共政策、经济、法律、社会科学等领域的行政官员。

第三、“建设知识共创社会的教育”——针对高科技人才培养。

该方面的援助包括两个层面:①“培育科技创新人才”,首先将继续重视支援初等中等教育中的数理科教育,以提高作为科技创新基础的基础数理能力;其次是支援高等教育机构的创新人才培养,发挥日本的工学教育特长,援助日埃科学技术大学(E-JUST)、马来西亚日本国际工科院(MJIIT),在非洲继续支援肯尼亚的乔莫·肯雅塔农工大学,在亚洲继续支援工学据点大学的共同研究及网络化,同时通过 SATREPS(应对全球性课题国际科学技术协力项目),继续支援发展中国家与日本的研究

① Japanese Grant Aid for Human Resource Development Scholarship(JDS),2000—2014 年共培育了 14 个国家的 3193 人,2015 年 9 月时,正在 12 个国家实施。

者开展共同研究、培育研究人员。②“知识的网络化”，支援东盟工学高等教育联盟(AUN/SEED-Net)及泛非洲大学联盟(PAU)建成区域内的头脑循环平台，通过促进区域内留学、建立大学联盟、开展共同研究等，建立有助于解决区域内共同课题的地区知识网。同时，将继续推进“留学生30万人计划”(2008—)。

第四、“支持建设包容且和平社会的教育”——针对弱势、受灾群体的教育。

该方面的援助包括三部分：①“对弱势群体的教育支援”，援助穷人、女性、残疾人、少数民族等弱势群体接受教育。②“对战争及受灾地区的教育支援”，支援受灾国家进行儿童受灾心理治疗、防灾教育、改建或新建防震学校，改善长期受战争影响的国家及地区的学校运营等。③“培育国家长期建设及和平建设所需人才”，如在阿富汗实施了“未来之桥——核心人才培育项目(PEACE)，接收农业、农村开发及基础设施领域的行政官员、大学教师等赴日攻读硕士课程，该项目至2016年累计接收500人①。”

3. 对外教育援助的新增长点

在国际上，对外教育援助的侧重点经历了一个发展演变的过程。从20世纪60年代开始，国际教育援助重点针对高等教育及职业教育；从20世纪90年代开始，国际教育援助的重点开始倾向于基础教育。目前，日本的对外教育援助战略中，又出现了如下两个新的侧重点。

第一，重视对女子教育的援助。

在日本2015年公布的对外教育援助战略中，多个方面都特别强调对女子教育的援助。例如，在关于援助培养科技创新人才方面，强调“以非洲为中心，人们更加重视初等中等教育中，尤其是对女生的数理科教育。在高等教育领域，通过在日本的非洲留学生事业中设置女性比例，支援扩大理工科女性研究者及实务者”；关于援助弱势群体接受教育问

① 2011—2014年共接收342人。

题，强调“① 在女子处于弱势的国家及地区，通过援助女子就学、建立男女分厕，完善利于女子的学习环境。② 重视初等、中等教育中的女子数理科教育，通过支援女子理工科高等教育，扩大作为年轻人模范的理工科女性研究人员及实务人员。”①

此外，2015 年 3 月，日本与美国签署了“推进世界女子教育的日美合作”协议，②这标志着日美两国今后将在国际上联合推进对女子教育的援助活动。2016 年 5 月，日本专门举办了“教育峰会 2016——通过教育实现女性权利”，来自国际机构、援助组织、NGO、大学相关人士等 130 人与会，共商对女性教育投资的重要性及实施途径等。

2016 年 5 月，在伊势志摩七国首脑峰会上，日本政府推动首次将女性问题列为 G7 首脑峰会的议题。随后，日本政府在其对外开发政策中，将女性问题单列为一个新领域，公布了“推进女性活跃的开发战略”，计划在 2016 年至 2018 年的 3 年间，援助发展中国家培养约 5000 名女行政官员、援助改善大约 5 万名女学生的学习环境。③

第二，重视对婴幼儿教育的援助。

世界银行公布的《教育部门战略 2020》(2011 年)中强调“有必要从早期奖励学习”，指出：“脑发育的最新研究表明，要使成长中的儿童大脑得到适当发育，在大大早于正式学校教育开始(6—7 岁)的时期，更需要营养。对胎儿健康、早期培育项目(包括教育、健康)的投资，对于引出潜在性必不可缺。……若幼儿期获得基础技能，则可能终生学习。因此，教育始于初等教育这一原有观点，已为时过晚。”④

日本也颇为重视对幼儿教育领域的援助，日本政府于 2015 年公布实施的对外教育援助战略中规定：将“为了促进儿童的综合成长、提高意

---

① 国际协力机构：《JICA 教育协力立场文件》，2015 年 10 月，第 11、12 页。

② 外务省：《2015 年版 开发协力白皮书 日本的国际协力》，第 69 页。

③ 同上书，第 8 页。

④ 世界银行：《教育部门战略 2020》，2011 年 8 月。见世界银行东京事务所主页：http://www.worldbank.org/ja/news/feature/2011/08/08/learning-for-all。

愿，加强支援婴幼儿的看护及教育(ECCE)”，“实施学龄前儿童及在校残疾儿童的教育需求评估，根据每个人的学习需求实施支援”等。①

可见，近年来，包括日本在内的国际社会，已开始将教育援助的重点领域转向女子教育、幼儿教育等新兴领域。

4. 教育援助的地区特征

当今世界共有 195 个国家，其中 150 多个国家被称为“发展中国家”。截止到 2013 年 3 月，日本国际协力机构(JICA)在全球约 100 个国家实施了教育援助，这些援助呈现出一定的地区特征。

第一，以往教育援助的地区性比重。

如表 4 所示，从日本 2009 年至 2011 年间投入各地区的教育援助资金比例来看，亚洲占 41.6%(397.47 亿日元)、非洲占 41.2%(393.99 亿日元)、中南美洲占 6.9%(66.44 亿日元)、中东占 4.9%(46.9 亿日元)、大洋洲占 3.9%(36.93 亿日元)、欧洲占 0.8%(7.78 亿日元)、其他占 0.7%(6.87 亿日元)。其中，在亚洲，所占比重最大的是高等教育(技术援助 34.86 亿日元、有偿资金援助 71.50 亿日元、无偿资金援助 70.45 亿日元、志愿者派遣等 12.26 亿日元)，其次是基础教育；在非洲，所占比重最大的是基础教育(技术援助 50.83 亿日元、无偿资金援助 189.16 亿日元、志愿者派遣等 35.34 亿日元)，其次为职业训练。

表 4　国际协力机构(JICA)对外教育援助金额及其比例(2009—2011 年)②

分类	细目	援助金额(亿日元)	比例(%)
地区分类	亚洲	397.47	41.6
	非洲	393.99	41.2
	中南美	66.44	6.9

① 国际协力机构：《JICA 教育协力立场文件》，2015 年 10 月，第 10、12 页。

② 国际协力机构：《JICA 的教育协力——使所有人享受学习》，2013. 3。见日本国际协力机构主页：https://www. jica. go. jp/activities/issues/education/ku57pq00000r11m0-att/joy_J. pdf。

续表

分类	细目	援助金额(亿日元)	比例(%)
	中东	46.90	4.9
	大洋洲	36.93	3.9
	欧洲	7.78	0.8
	其他	6.87	0.7
领域分类	基础教育	510.65	53.4
	高等教育	281.19	29.4
	职业训练	123.02	12.9
	其他	41.52	4.3
支援类型	无偿资金援助	424.64	44.4
	技术合作	275.67	28.8
	志愿者·市民参加等	179.58	18.8
	日元贷款	76.49	8.0

也就是说,亚洲和非洲均为日本对外教育援助的重点地区,而亚洲又以高等教育、日元贷款为主,非洲则以基础教育、无偿资金援助为主。

第二,目前对外教育援助的地区性倾向。

首先,重视非洲地区。

近年来,日本政府进一步加强了对非洲地区的教育援助。例如,在第5次非洲发展会议(TICAD,2013年6月、横滨)上,日本政府承诺将从2013年开始的5年间,新向非洲的2000万儿童提供高质量的基础教育环境,包括支援扩充数理科教育、扩充改善学校运营等。① 此次会议新确定了“非洲青年产业人才培育倡议(ABE)”:计划在5年内接收1000名非洲年轻人就读于日本的研究生院,学习工学、农学、经营学、政治学等硕士课程,并为其提供在日本企业实习的机会。2014年9月第一期接收了来自非洲8个国家的156人、2015年9月第二期接收了来自非洲33

① 外务省:《2015年度 开发协力白皮书 日本的国际协力》,69页。

个国家的 317 人。2016 年 8 月末至 9 月初，第三期接收了来自非洲 48 个国家的 353 名留学生。①

在日本政府 2015 年公布的对外教育援助战略中，也将援助非洲教育列为重点课题之一：在职业技术教育领域，“将接收各国将来担当产业开发的优秀年轻人赴日留学”，“继续实施日本企业提供实习的‘非洲青年产业人才培育倡议（ABE）’，计划到 2017 年共接收 900 人”；在科技创新人才的培养方面，将继续支援肯尼亚的乔莫肯雅塔农工大学等。②

进而，在第 6 次非洲发展会议（TICAD，2016 年 8 月、肯尼亚）上，日本首相安倍晋三公布了“非洲青年产业人才培育倡议（ABE）2.0”，宣布将通过研究、实习、商务实践等，为非洲培养产业人才约 3 万人。同时，还计划在 2016 年至 2018 年的 3 年间，援助非洲培育产业人才 1000 万名，为非洲培育数学及理科教师约 2 万人。③

其次，关注亚洲地区。

对于东盟各国，在 2013 年 12 月日本・ASEAN 特别首脑会议上发表的“日本・ASEAN 友好合作前景声明”中，日本承诺将在 5 年内提供 3000 亿日元，援助东盟培育 1000 名防灾人才；在 2015 年 11 月的日 ASEAN 首脑会议上，日本宣布了“产业人才育成协力倡议”，承诺将在今后 3 年内，援助东盟国家培育产业人才 4 万人。对于湄公河地区，在 2015 年 7 月的日本与湄公河流域国家峰会上通过的《新东京战略 2015》中，第二项即为“培养各产业人才”。对于南亚地区，日本提出“在南亚等国，仍存在失学儿童及文盲，将支援其实施识字教育、生存技能、替代项目等非正规教育”。④ 对于中亚，日本首相安倍晋三于 2015 年 10 月访问中亚 5 国时，承诺将援助该国采用日本型工学教育、培育高级产业

① 《非洲产业发展领导人培养项目第 3 期开始》，2016 年 8 月 24 日。国际协力机构官网：https://www.jica.go.jp/press/2016/20160824_01.html。

② 国际协力机构：《JICA 教育协力立场文件》，2015 年 10 月，第 10—11 页。

③ 外务省：《2016 年度 开发协力白皮书 日本的国际协力》，第 13、36、68 页。

④ 国际协力机构：《JICA 教育协力立场文件》，2015 年 10 月，第 12 页。

人才。①

2016年6月，日本内阁通过了“日本再兴战略2016”。根据该国家战略，日本外务省、国际协力机构开始制定实施新的亚洲人才培养奖学计划——“创新的·亚洲”：计划与东盟各国及印度、斯里兰卡等14个亚洲国家的大学缔结协定，利用日本政府的ODA，从2017年度开始的5年间，招收这些国家的1000名从事科学技术研究的优秀学生赴日，在日本就读研究生、赴日本企业实习等，最终使这些优秀人才就职于日本国内的企业，从而开发亚洲发展中国家的优秀人才，以服务于日本的创新发展。②

最后，关照其他地区。

对于中东地区，首相安倍晋三于2015年1月访问中东各国时，承诺将向整个中东地区新提供25亿日元的支援，“育人”为其中的一项。③ 对于中南美洲地区，日本将继续在教育等领域援助其地震灾后的复兴。对于大洋洲，日本将从2016年度开始实施“大洋洲岛国领导人教育支援项目(Pacific LEADS)”，为太平洋岛国培养100名核心行政官员。④ 对于欧洲地区，日本从2006年开始在波斯尼亚和黑塞哥维那推广“IT教育近代化项目”，截止到2015年8月，先后通过派遣专家、编译日本的IT教育教材、提供IT教员用的器材及学生用PC、资助该国IT教师赴日研修等方式，对其进行了支援。⑤

可见，在未来几年内，日本仍然会将对外教育援助的重点放在非洲、亚洲地区，同时也会兼顾其他欠发达地区。

(三) 对外教育援助政策的国内实施体制

日本政府大力提倡“举日本之总力、与国民携手的开发援助”⑥，建立

① 外务省：《2015年度 开发协力白皮书 日本的国际协力》，141页。
② 外务省：《2016年度 开发协力白皮书 日本的国际协力》，13页。
③ 外务省：《2015年度 开发协力白皮书 日本的国际协力》，143页。
④ 国际协力机构：《JICA教育协力立场文件》，2015年10月，第10页。
⑤ 外务省：《2015年度 开发协力白皮书 日本的国际协力》，第164页。
⑥ 同上书，第21页。

起了有机协作的国内实施体制，将各中央政府机构、各级教育机构、民间企业、非政府组织(NGO)、普通国民等不同程度地纳入到了对外教育援助的实施过程中。

1. 政府机构的主导作用

在日本的中央政府机构中，外务省负责对外教育援助政策的规划与制定，发挥着核心作用。外务省内设有“国际协力企划立案本部”，下辖“综合外交政策局”“地域担当局”“国际协力局”。其中，2006 年 8 月设立的“国际协力局”首先与地域担当局协商对外援助的方针、对各地区的援助项目、重点援助项目等，然后负责综合制定对外援助政策，发挥着协调政府所有相关部门的作用。

对外政府开发援助政策的实施机构是国际协力机构(JICA)。该机构下设 25 个部，其中的“人力开发部”专门负责对外教育援助事务，其下设的“基础教育组”负责基础教育等(包括非正式教育)的对外援助，“高等教育・社会保障组”负责高等教育、技术教育、职业训练等方面的援助。2015 年的《国际协力大纲》中要求“加强制定政策的政府与负责实施的独立行政法人国际协力机构(JICA)之间的紧密合作，明确各自的作用及责任分担，进一步改善各自的能力、体制、制度。……也要注意 JICA 与企业、NGO、地方政府、大学及研究机构、国民等的联络，发挥其国内据点机构的作用。”①也就是说，在日本对外教育援助的实施过程中，国际协力机构(JICA)发挥着联系政府与民间各方面的枢纽作用。

日本文部科学省也是参与对外教育援助活动的重要中央政府部门，其组织机构、相关业务及活动也大多与对外教育援助有关。例如，其下设的“大臣官房”内设有“国际课”，初等、中等教育局内设有“国际教育课”，高等教育局内设有“学生・留学生课”，科学技术・学术政策局内设有“研究开发基础课”，研究开发局内设有“开发企划课”，另外还单独设有“国际统括官”。也就是说，在文部科学省下设的 8 大部门中，仅有 2

① 内阁决议：《开发协力大纲》，2015 年 2 月 10 日，第 9 页。

个部门(终身学习局、研究振兴局)未设立与“国际”“开发”有关的科室。[①]在文部科学省下辖的各项事务中,专门列有“国际教育——国际教育协力”,主要包括招聘现职教师参加青年海外协力队、召开“国际协力推进会议”、举办“国际教育协力恳谈会”、举办“国际教育协力日本论坛”等。在文部科学省2001年以后至今出版的《文部科学白皮书》中,均列有专门章节介绍对外教育援助的相关政策及措施。

另外,从日本政府各中央省厅的政府开发援助(ODA)经费份额来看,文部科学省2016年度的开发援助预算(144.63亿日元)居第3位,支出领域主要是以“技术协力”形式的对外教育援助(143.79亿日元),内容包括:

(1) 推进留学生交流(140.44亿日元)。

为促进培养活跃于全球化社会的人才、提高日本高等教育机构的国际竞争力,实现“留学生30万人计划(2008年—)”,而推进日本学生赴外留学(2014年在海外的日本人留学生8.1万人)及接收外国留学生(2015年5月在日本高等教育机构及日语培训机构的外国人留学生20.8万人),并完善培养全球化人才所必要的环境。例如,公费接收发展中国家的外国人留学生赴日就读高等教育机构,向自费赴日留学的外国留学生支付奖学金等。

(2) 其他(335百万日元)。

在针对外国人的日语教育、教育、文化、体育等各个领域,接收发展中国家的研究人员,并向发展中国家派遣专家。此外,还参加联合国教科文组织主办的政府间事业,援助东南亚教育部长组织(SEAMEO)的活动等。[②]

2. 各级教育机构的积极参与

日本的中小学及大学等各级教育机构均广泛参与了对外教育援助,其主要表现在以下三个方面。

第一,在大学设立对外教育援助的研究及人才培养基地。

文部科学省从2002年开始建立对外教育援助的“据点体制”。以广

---

① 文部科学省官网:http://www.mext.go.jp/b_menu/soshiki2/04.htm。

② 外务省:《2016年度 开发协力白皮书 日本的国际协力》,第191、194页。

岛大学、筑波大学为中心，联络大学、非政府组织、企业等，有组织、系统地全面利用日本的资源，开发发展中国家的初等、中等教育。① 继而，从 2003 年开始设立“国际开发合作支援中心”，旨在促进大学间、大学与技术顾问、国外大学、非政府组织间的合作，使各界有组织地参与对外教育开发。另外，国际协力机构（JICA）从 2011 年开始与上智大学签署了为期 5 年的“战略性援助同意书”，旨在使该大学为日本的对外援助活动提供合作。2016 年 8 月，国际协力机构（JICA）再度与该大学签署了“综合合作援助协定”。根据该协定，上智大学将设立“国际援助人才培育中心”，为国际援助培育人才，并接收留学生等。② 可以说，大学已经成为日本对外教育援助的“智库”及人才培养基地。

另外，大学在对外教育援助中的一个非常重要的作用，便是接收日本政府资助的公费外国留学生。例如，日本累计有 33 所大学接收了来自发展中国家的年轻行政官员作为留学生进行培养，仅 2015 年一年便新接收了 241 人；此外，关于产学官合作培养非洲产业人才项目，日本全国有 71 所大学、148 个研究所接收了来自国外的研修人员；从 2017 年度起的 5 年间，日本的大学等将培养 1000 名亚洲优秀高端人才。③

第二，动员在职教师参加对外教育援助。

日本政府为了鼓励本国青年积极参与各类对外援助活动，早在 1965 年便建立了“日本青年海外协力队”。2001 年，则进一步新创设了“青年海外协力队在职教师特别参加制度”，允许在职教师参加青年海外协力队、直接参与对外教育援助活动。截止到 2015 年 3 月，参加青年海外协力队的在职教师人数共计 936 人。另外，日本全国有 34 个教育委员会在教师录用考试中，对曾经参加过对外援助活动的应聘者给予特别加分。④ 日本政府还对教师实施“开发教育指导者研修”活动，

① 文部科学省：《文部科学白皮书》2003 年度，第 390 页。

② 国际协力机构官网：https://www.jica.go.jp/press/2016/20160822_01.html

③ 外务省：《2016 年度 开发协力白皮书 日本的国际协力》，第 171 页。

④ 国际协力机构：《JICA 年度报告书 2015》，第 1 页。

并以“教师海外研修”的名义，将各级学校的现任教师派往发展中国家参与教育援助

第三，在各级各类学校教育中开展“开发教育”。

为了普及对外援助的理念及知识，为对外开发援助培养后备人才，日本外务省专门派遣官员赴中学、高中、大学举办“ODA 专场讲座”，讲解国际援助及 ODA 的相关内容；或者派遣青年海外协力队的回国人员赴各级学校举办“国际协力专场讲座”，介绍在发展中国家的援助经验及外国社会文化等。国际协力机构（JICA）还专门设有“JICA 来访”时间，接待各级学校师生的来访及参观。另外，还为中学生、高中生设立“国际协力实际体验项目”。[①] 日本政府于 2015 年颁布的《开发协力大纲》中明确规定，为了加强国际开发援助的实施基础，要“推进开发教育：通过学校教育等各种场合，知晓世界面临的各种开发课题的状况及其与我国的关系，培养将其作为自身问题而进行主体性思考的能力，同时培养积极参与解决各种问题的能力，推进开发教育。”[②]

3. 与民间企业合作

日本政府认为：“支援中小企业利用 ODA 在海外发展，可将中小企业的优秀产品与技术用于发展中国家的开发，从而获得开发发展中国家、搞活日本经济的一举两得之效。”[③]从 2012 年开始，日本政府进一步加大力度利用 ODA 扶植中小企业参与对外援助活动，主要通过各种项目资助（为时几个月到 3 年，每项 850 万日元到 1 亿日元不等，从资金上支持民间企业参与对发展中国家的开发援助）。[④] 2015 年《开发协力大纲》中也指出：“目前流入发展中国家的民间资金正大大凌驾于政府资金。鉴于此，需要充分考虑到，民间部门的活动正在成为促进发展中国

① 外务省：《2016 年度 开发协力白皮书 日本的国际协力》，第 185 页。

② 内阁决议：《开发协力大纲》，2015 年 2 月 10 日，第 11—12 页。

③ 外务省：《2015 年度 开发协力白皮书 日本的国际协力》，第 27 页。

④ 国际协力机构：“中小企业海外发展支援事业　招募项目说明会”，2016 年 9 月，https://www.jica.go.jp/activities/schemes/priv_partner/kaihatsu/ku57pq00001hnsqp-att/201609_tyushou.pdf

家经济增长的巨大原动力”，因此强调在今后的对外开发援助中将进一步“加强与我国中小企业等”的合作。①

民间企业参与对外教育援助的方式之一，是承担政府资助的对外教育援助项目，赴国外实施教育援助活动。例如，2010 年至 2016 年，仅由国际协力机构（JICA）出资支持中小企业实施的对外教育援助项目便有 19 件：2010 年有“混合型教育事业”（印尼），2011 年有“与教育文化省合作的贫困儿童教育”（印尼），2012 年有“教育服务事业”（印度）、“科学实验教育事业”（越南），2013 年有“海外高等教育机构与日资企业合作的人才培育”（泰国、印尼）、“提高理科教师授课能力与改善学习环境”（肯尼亚）、“教育中的有声笔利用”（孟加拉国、缅甸）、“资助开发以儿童为中心的理科教材”（肯尼亚）、“以贫困儿童为对象的网络学习教育”（斯里兰卡）、“与 NGO 合作提高教育质量”（孟加拉国），2014 年有“网络学习信息处理技术者考试（ITEE）对策讲座”（孟加拉国）、“中等教育与职业人才培养的网络学习事业”（孟加拉国）、“产学合作利用网络学习提高小学生的数学成绩”（印尼）、“以培育设计工程师的网络学习体系为中心的产学合作教育项目”（泰国），2015 年有“利用 ICT 提高初等数学教育”（卢旺达）、“为提高政府机构职员的能力而导入学习管理体系（LMS）”（吉尔吉斯）、“IT 人才培养”（缅甸）、“环境及卫生教育绘本的阅读销售事业”（印度），2016 年有“理科映像基础销售事业”（印尼）。②从上述项目的内容来看，大多与 IT 产品、图书、映像等销售有关；从受援国的分布来看，南亚、东南亚地区占大多数。

民间企业参与对外教育援助的另一途径是接收外国留学生实习。例如，针对 2014 年开始的“非洲青年产业人才培育倡议（ABE）”项目，

---

① 内阁决议：《开发协力大纲》，2015 年 2 月 10 日，第 9—11 页。

② 国际协力机构官网：https://www2.jica.go.jp/ja/priv_sme_partner/?r=site%2Findex&rg%5B0%5D=&ct%5B0%5D=&ct%5B0%5D=&rg%5B1%5D=&ct%5B1%5D=&ct%5B1%5D=&rg%5B2%5D=&ct%5B2%5D=&ct%5B2%5D=&f%5B%5D=8&yf=2009&yt=2016&pj=&cp=&pf%5B0%5D=&pf%5B1%5D=&pf%5B2%5D=&search=检索

2014年的156名留学生中有50人在30多家民间企业参加毕业实习，2015年赴日的317人在约100家民间企业参加了暑期实习。①

4. 与市民社会合作

日本政府与市民社会合作实施对外教育援助活动主要包括两个方面：一是与非政府组织(NGO)合作，二是招募普通国民作为志愿者参加对外教育援助。

首先，日本政府与非政府组织(NGO)进行了广泛合作。日本政府向NGO提供资金支持，主要设有"日本NGO连携无偿资金协力"项目，该项目从2002年度开始(6亿日元、约60件)，仅2012年度便对137个国家、1个地区、45个团体提供了总额约35亿日元(92件)的资金援助，其中"教育育人"项目约占31%。② 日本政府还与NGO建立了各种定期对话机制，主要包括"NGO——外务省定期协议会"(1996年设立，NGO与外务省对话)、"NGO——在外ODA协议会"(2002年设立，利用ODA的NGO之间对话)、"NGO-JICA协议会"(NGO与国际协力机构对话)、"NGO-JICA日本办公桌"(在海外20个国家设立，支援NGO在当地的活动)等。③ 日本政府对于NGO参与对外援助给予了高度评价："NGO在发展中国家及地区的教育、保健医疗、农业及农村开发、难民及国内难民支援、地雷处理技术指导等各个领域，正在实施高质量的开发援助活动。"④

日本国内有关对外教育援助的NGO也建立起了各种联盟。其中，"日本教科文组织协会联盟"(NGO)设立于1948年，目前成员包括日本全国约270个教科文组织协会，其最主要活动之一便是推行"世界寺子屋运动——发展中国家的教育援助"，在东南亚各国(阿富汗、印度、尼泊尔从2002年开始，柬埔寨从2006年开始，老挝从2008年开始)的村一级

---

①《非洲产业发展领导人培养项目第3期开始》，2016年8月24日，国际协力机构官网：https://www.jica.go.jp/press/2016/20160824_01.html。

②《国际协力与NGO——外务省与日本NGO的伙伴关系》，第6页。见外务省官网：http://120.52.72.46/www.mofa.go.jp/c3pr90ntcsf0/mofaj/gaiko/oda/files/000071852.pdf。

③ 外务省：《2015年度 开发协力白皮书 日本的国际协力》，第180页。

④ 同上书，第180页。

行政单位中建立并推广“寺子屋”[①]，实施识字教育、初等教育、技术训练等教育援助。[②] 此外，“教育援助 NGO 联盟(JNNE)”设立于 2002 年，旨在交换信息、调查研究、提高能力、政策建议、宣传活动等方面加强对外教育援助 NGO 之间的联络。[③]

其次，日本政府还鼓励国民个人参与对外教育援助活动。早在 1965 年，日本政府便建立了“青年海外协力队”，招募 20—39 岁的男女，作为志愿者派往发展中国家参与各种开发援助活动，截止到 2015 年 12 月 31 日，日本累计向 88 个国家派遣了 40987 名青年援助队员。1990 年，日本政府又增设“中老年海外志愿者”，招募 40—69 岁的男女参与对发展中国家的开发援助，截止到 2015 年 12 月 31 日，共向 73 个国家派遣了 5834 名中老年志愿者。[④] 在日本对外派遣的援助队员中，教育援助的参加者占了大多数，例如 2017 年秋新招募的对外援助志愿者(1341 人)中，有关教育援助的志愿者(443 人)约占 33%。[⑤]

可见，日本国内已经形成了一整套官民联合、有机协作的实施体制，从而为有效实施对外教育援助提供了制度保障。

(四) 日本对外教育援助的主要功能

日本对外援助的出发点和最终目标是实现其国家利益，而其推行的对外教育援助战略则兼具外交、经济、文化及社会等“三位一体”的功能，因此在实现其国家利益方面有着其他援助领域无可比拟的独特优势。

1. 外交功能——加强国际话语权、增强国家软实力

日本的对外援助首先属于外交的范畴，“开发援助是……外交政策

---

① “寺子屋”是日本前近代的初等教育机构，因最初开设于寺庙而得名。该名称既是初等教育的代名词，同时也具有日本特色。

② 日本教科文组织协会联盟主页：http://www.unesco.or.jp/。

③ 教育协力 NGO 联盟主页：http://jnne.org/about.html。

④ 国际协力机构官网：https://www.jica.go.jp/volunteer/outline/history/index.html

⑤《青年海外协力队/日系社会青年志愿者》(2017 年度秋季招募要求)，青年海外协力队主页：http://www.jocv-info.jica.go.jp/jv/?m=BList。

的最重要手段之一”。[①]而对外教育援助的主要外交功能，则是加强了日本的“国际话语权”。“国际话语权是指以国家利益为核心、就国家事务和相关国际事务发表意见的权利。它既体现了知情权、表达权和参与权的综合运用，也是行为主体追求其表达的语言能够被确认的权利。”[②]日本在推行对外援助时，力图“要主导国际性规范的形成，进而加强我国在国际机构及国际社会中的发言力、存在感。”[③]

日本首先是通过参与联合国教科文组织的教育援助项目加强其国际话语权。例如，日本早在1962年便首次与教科文组织合作，在东京召开了评价“卡拉奇计划”实施情况的第一届亚洲教育部长会议；从1988年参加教科文组织的“亚太地区教育开发计划”“亚太地区全面普及教育事业计划”；90年代以后参与了“女性识字教育”“环境教育”“IT教育”等国际教育援助合作项目。日本还向教科文组织提供教育援助信托基金，1970年提供信托基金支援“亚太地区教育开发计划”(APEID)，2000年开始设立“教科文组织人力资源开发日本信托基金”，用于援助发展中国家的人才培养，截止到2013年2月，共出资63.1亿日元(约5740万美元)、资助了237个教育项目。[④]

其次，日本多次在重要国际会议上积极倡导教育援助问题。2001年，时任日本首相小泉纯一郎在意大利热那亚召开的G8峰会发表的演讲题目为“教育在国家建设中的重要作用”。2002年，日本在联合国儿童特别大会上提出了“为了成长的基础教育倡议”。2008年，在日本北海道举行的G8峰会上，援助非洲教育问题被列为主要议事日程，日本不仅宣称将继续援助非洲普及小学教育，而且推动G8其他援助国一道为非洲教育援助的资金缺口而共同努力。在2010年9月的联合国千禧年开发

① 内阁决议:《开发协力大纲》，2015年2月10日，第3、8页。

② 梁凯音:《论国际话语权及中国拓展国际话语权的新思路》，《当代世界与社会主义》2009年第3期，第110页。

③ 内阁决议:《开发协力大纲》，2015年2月10日，第11页。

④ 外务省官网：http://www.mofa.go.jp/mofaj/gaiko/culture/kyoryoku/unesco/kikin/index.html。

目标(MDGs)首脑峰会上,日本首相菅直人宣布将从2011年开始的5年期间,提供35亿美元的对外教育开发援助,并提出了基础教育支援模式"school for all"①。2015年9月,日本首相安倍晋三在联合国可持续开发峰会上发表了以"为了和平与成长的学习战略"的演讲。可见,教育开发援助已成为日本在国际舞台上"发声"的主要途径之一。

对外教育援助还增强了日本的软实力。"软实力"是与经济、军事等硬实力相对的概念,是指一个国家凭借其价值观和文化对他国的吸引力和感召力,间接地改变他人立场、实现自身目的的能力。② 日本文部科学省2005年的国际化教育战略中指出:"在国际社会中,在加强经济实力等硬实力的同时,关键是要考虑增强科技、学术研究、艺术文化、文化财产、生活文化及生活方式等日本文化之魅力的软实力。……教育及科技、学术、文化、体育应称为我国软实力的源泉"。③ 日本通过对外教育援助,切实地影响了受援国的教育发展。例如,日本从2006年开始援助波斯尼亚和黑塞哥维那在实验高中使用日本的高中教材实施IT教育,该国从2010年开始在全国所有普通高中实施上述项目;日本从2006年度开始在柬埔寨实施教育援助项目"世界寺子屋运动",柬埔寨教育省2013年决定在其全国建立寺子屋;2011年以后,日本国际协力机构开始援助缅甸编订小学一年级全部10门课程的教科书及教师用参考书,2017年6月新学期开始时,日本援助编订的教科书及参考书发放到了缅甸全国130万名小学生、6万名任课教师手中,日本计划到2021年援助缅甸编写小学一至五年级的教科书及教学参考书。④ 日本通过上述教育领域的援助,无疑加强了对受援国的影响力。日本的新《开发协力大纲》也明确要求今后的对外援助将"不仅支援基础建设等硬件方面,而且要通过综

① 学校、社区、行政一体化、综合性改善学习环境的教育援助模式。

② [美]约瑟夫·奈著、郑志国等译:《美国霸权的困惑:为什么美国不能独断专行?》,世界知识出版社2002年,第9页。

③ 文部科学省国际战略研讨会:《文部科学省的国际战略(建议)》,2005年9月。引自文部科学省《文部科学白皮书》2010年度,第337页。

④ 国际协力机构:《JICA年度报告书2017》,第65页。

合支援运营管理等体制、人才培养及制度建设等软件方面，积极运用日本的经验与知识见解。另外，鉴于国际社会对日本价值观及职业文化等日本特色的高度评价，也要注意运用包括日语在内的日本的软实力。”①

2. *经济功能——发展知识经济、增强国家硬实力*

国际社会及日本如此重视对外教育援助，其根源还在于“人力资本论”“教育投资回报论”“知识经济论”视域下对教育之经济功能的关注。

20 世纪 60 年代初，美国经济学家舒尔茨提出“人力资本”理论、论证了教育在经济上的价值，世界银行遂于 1962 年批准了其第一个教育贷款项目，此后的教育贷款比重也呈增加之势②，最初的教育投资主要针对职业教育、高等教育。20 世纪 80 年代初，世界银行经济学家乔治·萨卡罗普罗斯等提出了“教育投资回报论”，认为“发展中国家教育投资的回报率普遍高于固定资产投资的平均回报率（而发达国家并不一定如此），而在教育各领域中，初等教育的社会回报率和个人回报率在各级教育中都是最高的”。③ 于是，世界银行的初等教育贷款占教育贷款总额的比例逐年增加，④教科文组织也从 1987 年开始实施“亚太地区万人教育计划”（计划目的是到 2000 年亚太地区所有人均接受初等教育），联合国教科文组织、联合国儿童基金会、世界银行、联合国开发计划署于 1990 年联合召开“万人教育（EFA）世界会议”、发表了“万人教育世界宣言”（到 2000 年完全普及初等教育等）。20 世纪 80 年代中期，美国经济学家罗默和卢卡斯提出“新经济增长理论”、论证了知识积累是现代经济增长的源泉，“知识经济论”随之兴起。1996 年，经济合作与发展组织

① 内阁决议：《开发协力大纲》，2015 年 2 月 10 日，第 8 页。

② 1963—1969 年占 2.9%、1970—1979 年占 4.6%、1980—1989 年占 4.5%、1990—1998 年占 8.5%。引自袁本涛著《发展教育论》，江苏教育出版社 2005 年，第 593 页。

③ George Psacjaropoulos and Maureen Woodha. Education for Development -An Analysis of Investment Choices. Oxford: Oxford University Press, 1985. p55.

④ 1963—1969 年为 0%、1970—1974 年为 4.5%、1980—1984 年为 14.3%、1985—1990 年为 23.1%、1990—1998 年为 40%。引自闫温乐：《世界银行教育援助研究：特征、成因与影响》，博士学位论文，华东师范大学 2012 年。

(OECD)发表了《以知识为基础的经济》的报告，将知识经济定义为建立在知识的生产、分配和使用(消费)之上的经济，指出在继农业经济、工业经济之后的知识经济时代，教育、文化和研究开发是知识经济的先导产业，教育和研究开发是知识经济时代最主要的部门，知识和高素质的人力资源是最重要的资源。于是，世界银行的《教育部门战略》(1999 年)中提出了"全民优质教育"的战略目标，《教育部门战略更新》(2005 年)中进一步明确指出："……目的是帮助客户国家最大限度地发挥教育对经济增长和减少贫困的作用及影响，……加强面向知识经济的教育。"①

日本的对外教育援助同样发挥着促进其知识经济发展的功能。早在 20 世纪 70 年代初，日本经济界便提出"随着经济的发展，我国正要急速向'脱工业化'或曰'信息化社会'阶段过渡"，并预见到"教育器械产业是信息化社会中更加有望发展的产业"。② 2002 年，时任日本首相小泉纯一郎提出了"知识财产立国"的国家战略。2005 年，日本文部科学省的《文部科学省的国际战略》报告中称 21 世纪是"世界性知识大竞争的时代""'知识的国际化'，是支撑我国可持续发展的创新源泉"。③ 前述 2010 年至 2016 年国际协力机构(JICA)出资支持的 19 件中小企业对外教育援助项目，便是日本政府扶植教育产业、发展知识经济的具体例证。日本 2015 年出台的对外教育援助战略仍然重视对日本教育产业的扶植："关于课程，作为重要的基础学力之一，将继续重视日本具有知识见解的数理科教育。为了满足多样化的学习需求，将促进 ICT(信息通讯

① 引自闫温乐：《世界银行教育援助研究：特征、成因与影响》，博士学位论文，华东师范大学 2012 年，第 64 页。

② 日本经济调查协议会《新产业社会的人的形成——从长期的观点看教育的状态》(1972 年)，寺崎昌男编《战后教育改革构想Ⅱ期 18》(复刻板)，日本图书中心 2001 年，〈序〉第 14 页、第 31 页。

③ 文部科学省国际战略研讨会：《文部科学省的国际战略(建议)》，2005 年 9 月。引自文部科学省《文部科学白皮书》2010 年度，第 337 页。

技术)等日本教育产业的知识及经验的灵活运用。”[①]国际协力机构也公开承认:“JICA 今后也将推进利用日本中小企业优质产品与技术的开发课题,以此支援中小企业的海外发展。……期待着通过市场推广本国中小企业的产品及技术。”[②]而中小企业参与对外教育援助的产品,在“职业训练·产业育成”领域主要为磨床、工作用机器、检查·测定机器等,在“教育”领域则包括在线学习系统、理科教材、理科实验器具等。[③] 也就是说,对外教育援助实际上成为一种“试用品”,为日本知识产品的销售、知识经济的发展开拓着世界市场。

对外教育援助还隐性地支援日本的外贸出口战略。例如,作为重振日本经济的重要一环,日本政府于 2013 年 5 月制定了《基础设施体系出口战略》,计划到 2020 年达到基础设施出口 30 兆日元(2013 年为 10 兆日元),并明确列出实现该目标的具体政策之一便是“对发展中国家实施教育援助(战略性接收留学生、充实加强高等教育机构,从中长期的观点支援发展中国家培养基础建设的相关人才)”。[④] 2016 年 5 月修改的《基础设施体系出口战略》中进一步强调:“围绕着新兴国家不断扩大的世界基础设施需求,投标竞争将进一步激化”,因此有必要“培育全球性人才、构筑人脉网”,具体包括:“将在日本的研修作为‘对日本式基础设施的未来顾客的营业活动的一环’,在研修中,加深对基础设施中的日本价值观(安心、安全、舒适等)的理解”,“作为基础设施体系出口、获得海外市场的战略性措施,要充实日语研修、扩充促进理解日本社会及文化的研修

① 国际协力机构:《JICA 教育协力立场文件》,2015 年 10 月,第 7 页。

② 国际协力机构:《2015 年度中小企業海外展開支援事業-普及・実証事業-で24 件の採択を決定》,2016 年 2 月 3 日,见国际协力机构官网:https://www.jica.go.jp/press/2015/20160203_01.html。

③ 外务省国际协力局开发协力总括课:《利用 ODA 支援中小企业等的海外发展》,2016 年 5 月。外务省官网:http://www.mofa.go.jp/mofaj/gaiko/oda/files/000071558.pdf。

④《基础设施体系出口战略》,2013 年 5 月 17 日,第 29—31 页表格、第 15 页。首相官邸:http://www.kantei.go.jp/jp/singi/keikyou/dai4/kettei.pdf#search='%E3%80%8C%E3%82%A4%E3%83%B3%E3%83%95%E3%83%A9%E3%82%B7%E3%82%B9%E3%83%86%E3%83%A0%E8%BC%B8%E5%87%BA%E6%88%A6%E7%95%A5'。

与参观、确保研修人员的适当待遇等，……支援发展中国家培养利用'日本品牌'的产业人才、培育知日派及亲日派、加强关系网。"①

对外教育援助也为日本企业的海外发展奠定了人脉基础。例如，对于2013年出台的"非洲青年产业人才育成倡议"(ABE倡议)，日本政府公开宣传是为了建立日本企业与留学生之间的人脉关系，支援日本企业进入非洲，扩大日本企业的贸易机会。2015年3月，国际协力机构(JICA)专门举办贸易展览会，邀请非洲留学生参加，对希望进入非洲的90家生产销售学习材料、衣物等的公司提出了改善商品的意见。另外，加入ABE倡议的120余家企业也接收非洲留学生实习，并推荐留学生将来作为其当地的贸易合作伙伴。②

3. 文化及社会功能——传播本国文化、提升国际形象

如前所述，日本文部科学省的对外战略中曾明确指出"在国际社会中，在加强经济实力等硬实力的同时，关键是要考虑增强……日本文化之魅力的软实力。"③反过来讲，日本的对外教育援助，也必然承担着传播日本文化的功能。

在高等教育领域，日本政府从1975年开始通过"文化无偿资金协力"，援助发展中国家的高等教育机构及研究机构完善相关设施，其间便同时传播着日本的茶道、柔道、棒球等文化。"这些援助的设施，成为日本文化传播及与日本进行文化交流的据点，也具有加深对日本的理解、培育亲日感情的效果。"④在职业教育领域，日本的特定非营利法人

① 《基础设施体系出口战略》(2016年改订版)，2016年5月23日，第24、25页。首相官邸：http://www.kantei.go.jp/jp/singi/keikyou/dai24/kettei.pdf#search='%E3%82%A4%E3%83%B3%E3%83%95%E3%83%A9%E3%82%B7%E3%82%B9%E3%83%86%E3%83%A0%E8%BC%B8%E5%87%BA%E6%88%A6%E7%95%A5'。

② 国际协力机构官网：https://www.jica.go.jp/activities/issues/education/case.html。

③ 文部科学省国际战略协议会研讨会：《文部科学省的国际战略(建议)》，2005年9月，引自文部科学省《文部科学白皮书》2010年度，第337页。

④ 外务省：《2016年度 开发协力白皮书 日本的国际协力》，第79页。

(NPO)“复兴·京都”[①]在长期援助发展中国家的女性学习高级西式裁缝技术的培训项目中，将从日本全国捐赠的和服，用来做裁剪的布料，这无疑会将日本传统的和服文化与现代时尚服饰文化合二为一地、潜移默化地传播给受援国。在初等教育领域，则在接受其教育援助的学校中设立“日本周”，专门开设介绍日本文化的课程，利用日本玩具等各种各样的有趣方式，引起当地学生对日本文化的兴趣。[②]

除了上述附带的文化传播外，日本政府近年来还加大了对外教育援助的人员派遣力度，试图凸显“看得见的援助”。在海外从事教育援助的日本人，通过与当地政府及居民的亲密接触，大大提高了当地官民对日本文化的了解度，同时也提升了对日本国家的亲近度。2013年7月，非洲西部内陆国布基纳法索的国民教育与识字部长曾致信日本评价道：“日本的援助，不仅是资金上的援助，在人的贡献方面也很棒。致力于双边关系的日本人，非常活跃，职业意识强，喜欢当地。日本青年作为协力队员来到我国，与布基纳法索人共同生活，提供专业知识，非常人性化，可以说是通过人实施的援助”。[③] 可见，日本在实施对外教育援助的同时，不仅同时传播了其本国文化，而且还为其赢得了良好的国际形象。

总之，日本的对外教育援助既具有增强外交软实力、发展经济硬实力的显性功能，又具有传播本国文化及提升国际形象的隐性功能，可谓一举多得之举。

结语：对我国的启示

综合考察上述日本对外教育援助的战略地位、项目机制及地区特征、国内实施体制、主要功能等，可为我国今后实施对外教育援助提供如

---

① 日文「リボーン・京都」，成立于1979年。该组织从2013年7月开始接受日本外务省的资金支持，在卢旺达首都面向青年女性实施职业训练教育援助项目“学习高级洋裁缝技术、获得生存能力项目”。复兴·京都官网：http://www.reborn-kyoto.org/about-us/；外务省：《2015年度 开发协力白皮书 日本的国际协力》，第48页。

② 外务省：《2016年度 开发协力白皮书 日本的国际协力》，封面二。

③ 外务省：《2014年度 开发协力白皮书 日本的国际协力》，第18页。

下借鉴。

第一,紧跟国际教育开发援助的潮流。

日本文部科学省、国立教育政策研究所、各大学等教育行政及研究部门始终在跟踪研究国际教育开发援助的最新动态,因此才能够走在该领域的世界前列。我国也应大力研究联合国教科文组织等相关国际机构、日美等主要发达国家的教育开发援助政策,剖析其政策动因、发展历程、内容体系、发展趋势等。特别应着重研究世界银行推行教育开发援助的经济根源及理论基础、援助项目的实施及评价、援助资金的投入途径、新的教育投资领域等,究明其大力推行教育开发援助的经济运作机制,以便为我国的对外教育援助指出明确的发展方向。

第二,加强国内行政协作机制。

日本在推行对外教育援助的过程中,已经通过政策、资金、项目这一链条,形成了一个由各方面广泛参与的国内行政协作机制:中央的外务省、文部科学省等制定援助政策、划拨资金,国际协力机构(JICA)设定重点援助领域、调配资金,地方政府、民间企业、非政府组织(NGO)、大学等教育机构提出具体项目、获批后使用资金。而且,在每个援助项目的实施过程中,均重视事先调查研究、执行中加强协商、事后详细评估,从而确保了援助项目的效率性及良好效果。我国也应借鉴日本的上述经验,运用相应的政策、资金及项目,鼓励社会各方积极参与到对外教育援助事业中,以获得最大的援助效果。

第三,建立合理的项目机制。

日本对外教育援助的重点领域及相关项目,最初以职业教育、高等教育为主,90年代后期开始侧重初等教育,目前在全面支援初等、职业、高等教育的同时,又着重强调女子教育、幼儿教育。这一项目机制既与国际教育开发援助的发展大势一致,又灵活运用了其本国的各级各类教育资源。我国也应关注国际社会教育开发援助在各个教育领域的不同侧重点,利用我国在基础教育、女子教育方面的经验与优势,并根据世界各地区的实际需要,确立合理地教育援助项目,以便实现对外教育援助的利益最大化。

第四，动员全民支持及参与。

日本政府在推行对外教育援助政策时，还重视广泛宣传，以号召全体国民支持并积极参与。日本政府早在 1987 年便将 10 月 6 日①定为“国际协力日”、10 月 2 日—10 月 8 日为“国际协力周”，以使全体国民切身感受到对外援助的存在。2015 年度的《开发协力白皮书》中倡导要实施“举日本之总力、与国民携手的开发协力”。2015 年的《国际协力大纲》指出：“开发协力以国民的税金为资本。因此，为了确保开发协力所需资金，可持续地实施开发协力，国民的理解与支持必不可缺。基于此，要努力地积极进行与开发协力相关的有效的国内宣传，广泛、迅速、透明地向国民公开开发协力的实施状况及评价等，以国民易于理解的形式详细说明政策、意义、成果、国际评价等。”②我国也应向国民广泛宣传对外教育援助的必要性、功能性，及时公开援助项目的实施及资金使用情况，创设各种利于国民参与的制度，将国民的心力引向知识领域，促使其积极支持并参与对外教育援助。

总之，唯有认清对外教育援助的国际大势与重要功能，建立国内与国际一致、政府与民间协调的有机运作机制，才能更加快速有效地发展我国的对外教育援助事业，从而得以进一步在国际上增强并发挥我国的综合国力。

三、日本的“信息化”教育政策

（一）“信息化”教育政策的开端

日本的“信息化”教育政策始于 20 世纪 60 年代末、70 年代初。1969

① 1954 年 10 月 6 日，日本政府通过内阁决议决定参加“科伦坡计划”（由英联邦国家发起，旨在通过以资金和技术援助、教育及培训计划等形式的国际合作，以促进南亚和东南亚地区的社会经济发展），正式开始实施政府开发援助。

② 内阁决议：《开发协力大纲》，2015 年 2 月 10 日，第 11—12 页。

年12月，理科教育及产业教育审议会专门就信息教育问题提交了一个建议报告《关于推进高中的信息处理教育》，该报告中强调："振兴信息处理教育乃为急务，其中的一环便是推进高中的信息处理教育"，进而建议在原有高中的"商业学科"中新设"信息处理科"，培养从事信息处理业务者；在"工业学科"中新设"信息技术科"，教授电子计算机的相关知识与技术，培养利用电子计算机从事工业生产业务者、以及生产电子计算机各种业务者；并建议加强高中信息化教育的设备与师资。① 1970年5月，日本内阁会议批准的《新经济社会发展计划》中，强调"为了促进信息化，以开发人的能力为目的，普及有效运用电子计算机和系统思考力的新教育，造就专门技术人才，成为当务之急"②，明确将"推进信息处理教育"列为"教育与提高人的能力"的六大措施之二。③

该时期，日本政府之所以将"信息化"纳入教育政策乃至国策中，是基于其对未来"信息化时代"的预测。1969年5月，内阁会议批准的《新全国综合开发计划》中写道："在我国，今后……伴随着信息化、国际化、技术革新的发展，所谓的第二次产业革命急速推进，将会出现一个被称为'信息化社会'的新型社会。"④1972年3月，日本经济协议会提交的教育改革建议报告《新产业社会中人的形成——从长期的观点看教育的状态》中明确提出："随着经济的发展，我国正要急速向'脱工业化'或曰'信息化社会'阶段过渡"⑤，该报告指出："脱工业化社会与工业化社会对照的话，不是均质产品而是多样的信息，不是均质而是多样，不是产品而是信息。……（脱工业化）社会越发展，我们就越必须总是正确地收集、选择、体现信息，并在此基础上自己向新的方向前进。……以往我们都是节约、积蓄、投入金钱，但在脱工业化社会，不是金钱与物质，而必须考虑

① 宫原诚一等编：《资料 日本现代教育史3》（1960—1973），三省堂1974年，第159—160页。

②《每日年鉴》，每日新闻社1971年版，第193页。

③ 宫原诚一等编：《资料 日本现代教育史3》（1960—1973），三省堂1974年，第24、31页。

④ 同上书，第24页。

⑤ 日本经济调查协议会：《新产业社会的人的形成——从长期的观点看教育的状态》（1972年），寺崎昌男编《战后教育改革构想Ⅱ期18》（复刻板），日本图书中心2001年，〈序〉第14页。

信息本身的节约、积蓄、投入。……信息在平等地传播，但信息接受能力、信息接受意愿、信息表现能力、信息表现的意愿与研究等，每个人的差异很大”，“这就要求与农业时代、工业时代的学习不同的，新型的学习。”①

该时期教育的“信息化”举措，一方面仍处于起步阶段，即尚且停留在信息专业人才的培养方面，中小学的课程改革中并没有纳入该内容，即教育的“信息化”只是针对少数“精英”、而非普遍“大众”；另一方面，也为其在下一阶段上升为教育基本理念、被确定为基本国策奠定了基础。

(二)“信息化”教育政策的确立

临时教育审议会1987年的最终报告中，再次强调“21世纪将迎来信息化的新时代”，“教育本身必须积极实行相应的改革”。② 基于这一基本认识，该审议会将“信息化”确立为教育改革的基本原则之一，并且提出：“教育与信息化的关系包括两个侧面，一是教育在社会的信息化中应发挥何种功能与作用，二是如何将信息化的发展成果应用于教育、研究、文化等活动中。”③教育的“信息化”具体包括四个方面：培养信息运用能力、将新信息手段用于教育活动、有计划培养领导信息化社会的人才、促进文教设施的信息化。④ 日本政府在确立了上述“信息化”教育政策后，便开始大力推行。

第一，信息运用能力的培养。

在初等中等教育领域，教育课程审议会1987年12月提出报告《培养主动适应社会信息化的基础素质》，建议初等中等教育的课程中培养信息的理解、选择、处理、创造所必要的能力，培养利用电脑等信息手段

① 日本经济调查协议会：《新产业社会人的形成——从长期的观点看教育的状态》(1972年)，寺崎昌男编《战后教育改革构想Ⅱ期18》(复刻板)，日本图书中心2001年，正文第22—34页。

② 文部省编：《教育改革报告——临时教育审议会第一次～第四次(最终)咨询报告》，大藏省印刷局1988年，第281页。

③ 同上书，第282页。

④ 文部省编：《我国的文教政策》(1988年度)，大藏省印刷局1988年，第438—439页。

的能力与态度。根据上述建议，1989 年的中小学课程改革中加入了“信息化”的内容，如初中数学、理科课程中增加了有关电脑的基础内容，技术·家庭科内新设“信息基础”领域；高中数学、物理等课程中增加了有关电脑的内容，另外在地理历史、公民课程中加入理解信息化社会特性的内容，高中普通及职业课程中均可设置“信息”等课程。[①] 1998 年、1999 年的课程改革中更加重视培养学生的信息利用能力，如新规定初中的技术·家庭科中要求必修“信息与计算机”内容，高中普通课程中新设置必修课“信息科”，并新设置专业课程“信息”，在新创设的“综合学习时间”中讲授有关信息的内容，允许学校的电脑授课集中在第一学期。[②]

同时，也加强了对中小学信息指导教师的培养。从 1988 年度开始，文部省举办针对初中、高中的信息课程教师的信息处理基础研修，从 1999 年度开始新实施“促进教育信息化指导者培养研修”，计划到 2001 年度使所有的教师都会使用计算机、半数可以利用计算机指导学生；从 2000 年度开始，要求大学的师资培养课程将信息机器课设为必修课。

在高等教育领域，文部省认为“在今后的产业社会中，即使非信息专业也需要信息利用能力，因此有必要对所有学生加强信息利用能力的培养。”于是在大学、短期大学、高等专门学校、专门学校有计划地扩充信息处理教育设备。

在社会教育领域，大学、高中举办的公开讲座、社会教育机构举办的青年学习班、妇女学习班、成人大学讲座等，均开课了有关电子计算机、信息处理等方面的讲座，文部省批准的函授课程中也开设电子计算机方面的课程（1987 年度 6 门），文部省还从 1988 年度开始在市町村举办“培养信息利用能力讲座”，以从儿童到老年人的广大居民为对象，不仅讲授简单的信息器械操作，而且广泛培养各种信息利用能力。从 1999 年 7 月开始利用教育信息卫星通信网设立“儿童广播电视局”，并在全国

① 文部省编：《我国的文教政策》（1989 年度），大藏省印刷局 1989 年，第 498 页。

② 同上书，第 247 页。

各地的公民馆、图书馆、博物馆、学校等设置接收站，在周末为中小学生实施网络教育。此外，从1997年度开始实施“社会教育设施信息化、灵活化推进事业”，进一步促进图书馆、博物馆等社会教育设施的信息化程度。

第二，信息专业人才的培养。

中级信息专业人才主要在高中职业学科的工业、商业中进行，1970年修改的高中学习指导要领规定高中工业学科中新设“信息技术专业”，主要培养掌握计算机知识与技能、从事利用计算机的工业生产及计算机制造领域从事信息处理业务的技术人员；高中商业学科中新设“信息处理专业”，主要培养利用计算机从事信息处理业务的人员。70年代以后，高中的信息专业及其招生人数不断增加，1970年有117个专业、1980年有125个专业、20673人，1987年有236个专业、39079人。[①] 高级信息专业人才主要在高等教育机构中培养，大学、短期大学、高等专门学校1975年度信息相关的学校52所、学科61个、招生3159人，1988年度信息相关学校164所、学科187个、招生15940人，尤其是专修学校中的专门课程的信息专业规模迅速扩大，1987年度共有相关学校226所、55410人，分别是5年前的约5.7倍、3倍。[②] 在上述基础上，文部省教育改革实施本部的“信息化专门部”1988年6月提出信息技术人才培养报告，预计从1988年到2000年学校教育机构应该培养信息技术人员150万至225万人。[③] 为了实现该计划，要求大学、短期大学、高等专门学校、专修学校、高中扩充信息学系或专业，并加强信息相关的研究生专业；新设置尖端科学技术研究生院；加强大学中的信息教育内容，确保信息专业的师资力量；对现有的技术人员进行再培训等。到1999年，共有4所研究生院设置了信息研究科，1所高等专门学校将原有学科改组为信息学部或学科，15

① 文部省编：《我国的文教施策》(1988年度)，大藏省印刷局1988年，第447页。

② 同上书，第447、448页。

③ 同上书，第448页。

所大学的15个学部、2所高等专门学校新设置了信息专攻科。①

第三，学校信息设备的普及。

初等中等教育机构扩充了信息设备。1988年3月信息设备的普及率高中93.7%、初中35.5%、小学13.5%，平均配备台数高中19.7台、初中3.5台、小学2.9台，高中及初中、小学的平均普及率为28.4%、8.9台，除了高中外，初中及小学的普及率均较低。② 1989年课程改革中，高中、初中、小学学习指导要领的总则中均规定“适当利用视听觉教材、教育机器等教材与教具”。③ 1998年的课程改革中，要求小学、初中、高中的各门课程中均利用电脑及信息通讯网等。④ 其间，日本政府设定了6年(1994—1999年)计划，大力普及教育用计算机及软件，计划实施的结果是截至1999年3月，小学97.7%、初中99.9%、高中100%配备了计算机，平均每所学校的配备台数小学12.9台、初中32.1台、高中76.4台。⑤ 此外，初等中等教育中还开始了校园网络建设，从1998年度开始计划到2001年所有的公立学校均接通校园网。

高等教育领域则利用卫星通信、光缆等进行网络教学。文部省从1996年10月开始实施“建设卫星通信大学网事业”，将大学及高等专门学校用卫星通信连接起来，实施共同的远距离教学，到1999年7月，在91所大学、14所高等专门学校、11个大学共同利用机构之间设立了139个局。⑥ 从1998年3月开始，法律明文规定承认远距离教学中获得的学分，1999年3月将远距离教学的学分上限由30学分提高到60学分。

(三) “信息化教育立国”政策的实施

20世纪末年，日本又进一步提出了“信息化教育立国”的政策，首次

① 文部省编:《我国的文教政策》(1999年度)，大藏省印刷局1999年，第470页。
② 文部省编:《我国的文教施策》(1988年度)，大藏省印刷局1988年，第442页。
③ 文部省编:《我国的文教政策》(1989年度)，大藏省印刷局1989年，第498页。
④ 文部省编:《我国的文教政策》(1999年度)，大藏省印刷局1999年，第247页。
⑤ 同上书，第465页。
⑥ 同上书，第468页。

将信息化教育提到“立国”的高度，具有很强的战略意义。以下拟介绍“信息化教育立国工程”的主要内容与特点，分析日本“信息化教育立国”的战略目的、政策实施前景，并揭示该政策所显示出的教育功能的新变化。

1. “信息化教育立国工程”的内容与特点

1999年7月，日本政府提出了“教育的信息化工程”报告，确定的目标是“到2005年，全国所有学校的每个教室都配有电子计算机、并能够接通国际互联网”。同年12月19日，内阁总理决定公布了“新千年工程”，其中第一项便是“教育的信息化”，2000年，文部省又在政府“经济新生特别框架”计划之下，提出了“信息化教育立国工程”的报告①。以下简要介绍该报告的内容及特点。

“信息化教育立国工程”确立的战略目标有三个：

第一，完善全国所有学校的电子计算机环境（硬件）。计划为全国约8100所公立小学、中学、高中铺设校内光缆，同时为所有的私立小学、中学、高中（约2160所）配备电脑、连接国际互联网。

第二，完善能够充分利用电脑环境的体制（软件）。将使所有公立学校的教师（约90万人）掌握电脑的操作方法，同时在各个地区继续配备帮助平台；通过电脑取得支援体制，实现教师1人1台专用电脑；开发高质量的学校教育用课件，并使之能被灵活地运用到各个学校的教学中；建设数据库，开设综合提供教育信息的入门点。

第三，最终在提高所有孩子的信息活用能力的同时，通过在学校的日常教学中使用电脑等，根本改变“授课”形式，飞速提高“孩子们”的理论思考能力、创造能力、表现能力等。

此外，通过信息化，改变学校、家庭、地区间的合作，以及“学校”的运营方式本身。进而，在唤起全国约4万所学校及家庭的巨大内需的同时，继续开发以包括孩子们在内的全体国民为对象的硬件、软件的技术

① 文部科学省官网：http://www.mext.go.jp/b-menu/houdou/11/08/990807f.htm。

及系统，促进整个产业的极大发展。

为了实现上述目标，“信息化教育立国工程”提出了六项具体措施：① 建设校内光缆（约 90 亿日元，占 60%），对建设校内光缆的公立小学、中学、高中进行补助。② 为私立学校配备电脑（约 10 亿日元，占 6.7%），对配备电脑、连接国际互联网的私立高等学校进行补助。③ 教师培训（约 5.3 亿日元，占 3.5%），提高教师的信息活用能力，主要手段为：a、开发校内培训的课程、教材；b、培训使用互联网；c、通过起用校外人才进行培训；d、采用专科学校及企业支持下的培训；④ 完善支援体制（约 6.9 亿日元，占 4.5%），以委托给企业的方式，在全国范围内完善支援平台等学校信息化支援体制。⑤ 开发学校教育用课件（约 33 亿日元，占 22%），在开发学校教育专用课件的同时，继续开发活用社会各个领域内存在的学习资源的学校教育用课件，包括：开发互联网提供型课件（约 8 亿日元），促进学习资源的数字化与网络化（约 10 亿日元），完善学校体育、健康教育的信息系统（约 5 亿日元），建设文化数字图书馆（约 10 亿日元）。⑥ 完善教育信息国家中心的功能（约 5 亿日元，占 3.3%），研究开发教育信息入口点，建设数据库，完善面向教师的电脑取得支援体制等。

该报告同时规定了中央政府相关部门以及民间的合作体制与具体的责任承担：邮政省协助完成建设校内光缆，完善帮助平台，开发学校教育用课件的部分项目等内容，主要协作方式是给予财政预算上的支持；通产省协助完成为私立学校配备电脑，教师培训，开发学校教育用课件的部分项目，完善教育信息国家中心的功能等内容，主要协作方式是直接参与实施；另外，部分企业以协作实施的形式，在邮政省或通产省的指导之下，参与校内光缆建设中的过滤技术的升级等共四个子项目。

通过上述内容，可以看出“信息化教育立国工程”有以下三个特点：

第一，战略目的的经济性。该报告是文部省出台的有关教育的政策方案，但却对于信息化教育本身的内容与方法等只字不提，而只是强调要为各个学校配备电脑、网络等信息化设施，并指出最终目标是“在唤起全国约 4 万所学校及家庭的巨大内需的同时，继续开发以包括孩子们在内的全体国民为对象的硬件、软件的技术及系统，促进整个产业的极大发展”。也就是说，政府要通过对教育的投入来唤起国内对 IT（信息通讯）产业的需求，从而促进 IT 产业的发展，以达到“立国”的目的，这是该报告的本质内容之所在。

第二，战略措施的不均衡性。从各项措施的实施金额来看，在信息化教育的基础设施建设上，在公立学校上所进行的投入远比私立学校要多。

第三，战略实施的协作性。为了有效地实施上述措施，该报告还设立了政府相关省厅及民间的合作体制，并明确了各自所应承担的责任，其中涉及邮政省、通产省以及民间企业等。

2. 对日本“信息化教育立国”的评价

第一，日本政府在 21 世纪初提出“信息化教育立国”战略，并非偶然，而是有明确的教育及经济上的战略意图。

(1) 从最基础抓起，加速教育的信息化进程，提高全体国民的信息化素养，进而培养高级的 IT 人才。

在信息化时代即将到来之际，培育适应信息化社会的人才成为当务之急。世界各国对信息化教育的发展都给予高度重视，相继出台了各自的发展战略①。日本的信息化教育也有了一定的发展基础。1985 年 6 月，临时教育审议会将“适应信息化”列为教育改革的基本方向之一。1986 年 4 月的临时教育审议会将儿童适应高度信息社会所必要的“信息活用能力”，列为与“读、写、算盘”相并列的基础内容，要求在学校教育中加以培养。1989 年公布的学习指导要领中，明确规定在小学、中学、高中的各课程及学科中培养信息活用能力。

尽管日本政府在信息化教育方面也采取了一定措施。但是，与上述各国的信息化教育发展战略相比，日本信息化教育的全民普及程度尚且不够。而即将到来的信息时代，要求每个人都能够具有相应的信息素

① 参见拙文《一些国家的信息化教育发展战略》，《中国教育报》2003 年 5 月 25 日第 6 版。

养，要想实现全体国民信息素养的提高，就只能从小学开始进行不间断地培育。即"信息化教育立国工程"中指出的"通过利用电脑及因特网，实现作为21世纪的社会与经济的发展基础所不可缺少的'全体国民的信息活用能力的掌握'"。

另外，日本发展IT产业也急需高级的IT人才。日本近年来经济上尤其是IT产业的相对落后，归根结底还是高质量人才的不足所造成的。因此，近年来，随着世界各国在信息通讯产业上的激烈竞争，培养IT高级人才成为当务之急。而人才的培养要从小抓起，日本政府提出的"信息化教育立国工程"，从经费的分配来看，其政策的重点是小学、中学以及高中学校，也正是为了适应这一需要而产生，在教育的层面上旨在培养未来能够承担起发展以信息通讯产业为中心的日本经济的责任高级人才。"信息化教育立国工程"报告中阐述的又一实施理由是："对作为21世纪社会与经济的发展基础极其重要的'人力资源开发'而言，通过根本变革学校的运营方式以及授课形式，并通过日常授课中使用电脑等飞速提高儿童的理论思考能力、创造力、表现力以及国际感觉等，从而培育将来支撑高度信息通讯社会的国民。"

(2) 通过扩大教育界对IT产品的需求，拉动国内IT产业的发展，进而使日本经济走出长期低迷的状态。

日本在20世纪90年代初期经济陷入长期低迷以来，便开始尝试各种办法摆脱经济的萧条，其中适应世界范围内的IT革命形势、大力发展IT产业是其重要举措之一。但日本IT产业的发展在世界范围内却呈明显落后状态。从电脑的普及率来看，1999年日本的电脑普及率是29.5%，美国是48.3%，大约是日本的2倍。从互联网的普及率来看，1999年日本的普及率为13.4%，美国则达到30.0%，新加坡为29.5%，香港地区为25.1%，台湾地区为20.5%，韩国为14.7%，均高于日本的水平。[①] 在这种情况下，日本政府决心加大力度发展IT产业。2000年7

① 经济企画厅《消费者的动向调查》、邮政省《日本网络白皮书》1999年。

月,政府成立了由内阁总理森喜朗自任本部长、包括所有内阁成员的“IT战略本部”,下设由著名大企业及社会名流组成的“IT战略会议”。两部门于同年11月围绕着IT立国,提出了《IT国家基本战略》,目标是将在5年内建成世界上最先进的IT国家。但是,IT产业发展的原动力是IT需求的不断扩大,而日本的IT需求市场规模恰恰相对偏小,这从根本上限制了IT产业的进一步发展。因此,对期待发生一场深刻的IT革命的日本来说,如何刺激IT的消费需求成为当务之急。

于是,日本政府便试图通过提高教育行业的信息化程度,来拉动对电脑、互联网以及各种信息通信软件的需求,从而扩大对IT产业的国内需求,最终带动IT业乃至整个日本经济的发展。“信息化教育立国工程”属于政府“经济新生特别框架”中的一个子项目,这一前提本身便将信息化教育定位为实现经济“新生”的手段之一。另外,该报告中所阐述的实施原因之三也明确指出:“对于作为21世纪社会、经济的发展基础而极为重要的‘信息产业的培育’而言,寄希望于全国约4万所学校的巨大内需,以及间接的各个家庭的内需,同时继续开发包括儿童在内的全体国民为对象的硬件、软件方面的技术与系统,以期整个产业的巨大发展”。

第二,日本政府基于经济与教育发展的目的,将信息化教育置于“立国”的战略高度,符合21世纪信息化社会发展的时代要求,其中也显示出教育在知识经济时代的又一新功能。

人类的历史经历了自然经济时代、工业经济时代,进而发展到今天的知识经济时代。教育的功能也在随着社会的发展而不断增加。在自然经济形态中,教育的主要作用是培育官员,传授维护稳定及人际和谐的道理,具有上层建筑的功能。在工业经济形态中,根据工业经济发展的需要,教育既要培养经理和工程师,又肩负着将普通大众培养为具有一定知识技能的劳动者的使命,即开发社会生产力的要素之一——劳动力资源。并且教育本身也开始创造价值;因此,教育除了具有上层建筑的功能之外,又具有了经济基础的功能。而在知识经济形态中,由于信息通信技术及相关设备成为知识的主要载体，因此教育的知识传授也必须依托信息通信技术及设备，于是教育本身便成为知识经济商品的消费者之一。也就是说，教育在经济基础的层面上，除了通过培养劳动力这一生产的角度来促进经济的发展之外，也可以通过使用知识经济商品这一消费的角度来促进经济的发展。教育既具有生产功能，又具有消费功能，这是信息技术时代赋予教育的一种崭新功能。日本“信息化教育立国工程”的提出与实施，符合 21 世纪信息化时代的发展要求，同时也预示着教育开始发挥这一新功能。很好地把握上述教育功能发展的新趋向，将有利于知识经济时代中学习型社会的经济发展。

（四）“信息化”教育政策的升级

进入 21 世纪，日本政府通过立法与制定计划等，进一步大力提高其国家的信息化程度。如 2001 年 1 月开始实施《形成高度信息通信网络社会基本法（IT 基本法）》，内阁设立了首相亲自担任部长的“IT 战略本部”，任命了 IT 大臣。日本政府先后制定了“完善 IT 基础”的“e-Japan 战略”（2001 年）、“重视利用 IT”的“e-Japan 战略”（2003 年）、“追求 IT 的结构改革”的“IT 新改革战略”（2006 年），并从 2001 年至 2007 年除 2005 年外均制定了发展 IT 的年度重点计划，宣布的战略目标是“作为领导下一代 IT 革命的领跑人，推进建设傲立于世界的日本国，到 2010 年度完成 IT 改革”。[①] 日本政府在 2006 年 1 月制定的“IT 新改革战略”中，仍然规定教育“信息化”的重要目标为加强 IT 教育、完善学校 IT 环境、提高教师利用 IT 指导的能力、推进校务的信息化。[②] 文部科学省在上述国家总体 IT 战略之下，积极制定并实施了促进教育信息化的政策措施。

在信息运用能力培养方面，1998 年、1999 年的初等中等教育课程改

① 文部科学省编：《文部科学白皮书》（2007 年度），日经印刷株式会社 2008 年，第 329 页。
② 同上书，第 333 页。

革中新规定“信息与计算机”“信息科”为初中、高中的必修课后，该时期开始付诸实施（初中从2002年度、高中从2003年度开始全面实施）。进而，2008年的新一轮课程改革中，“信息化”教育仍然受到重视，即要求在各门课程中均应根据学生的成长阶段改善“信息教育”，要求在各门课程中加强电子计算机与信息通信网络的同时，加强对信息道德的指导。① 在提高教师利用IT进行教学能力方面，文部科学省2007年2月制定了《教师利用ICT② 授课能力基准》，同年3月根据该标准对小学、初中及高中教师的IT使用能力进行了调查。其结果显示：能够用ICT研究教材及备课的占69.4%、能够用ICT授课的占52.6%、能够指导学生使用ICT的占56.3%、能够指导信息道德的占62.7%、能够用ICT处理校务的占61.8%。③ 此外，文部科学省还通过编制下发指导手册、举办教师及家长讲座等方式，加强对学生的信息道德教育。在高等教育领域，如2001年度国公私立大学的课程改革中，占普通课程中首位的课程是“信息运用能力”（579校）。④ 各大学也进一步推广网络学习方式，如数所大学或同一大学的不同校区利用网络同时授课或举办各种学术研讨会，通过网络向学生提供学习信息等。文部科学省从2004年开始实施的“适应现代教育需求支援项目”中，便设有“利用ICT教育（2004—2006年度网络学习）”一项，支持大学、短期大学及高等专门学校等高等教育机构采取网络学习方式。

在信息专业人才的培养方面，职业高中的“信息”专业（与农、工、商、水产、家庭、护理、福利并列为职业高中八大专业）专门培养中级信息专业人才。文部科学省从2004年度开始指定普通高中重点讲授IT课程（2007年度指定了5所），聘请大学教师或企业研究者任教，组织学生进行IT尖端领域的实习，同时举办有关IT知识与技能的高中生冬令营或

① 文部科学省编：《文部科学白皮书》（2007年度），日经印刷株式会社2008年，第29、330页。
② ICT，即信息通讯技术，英文为Informationand Communications Technology，简称ICT。
③ 文部科学省编：《文部科学白皮书》（2007年度），日经印刷株式会社2008年，第332页。
④ 文部科学省编：《文部科学白皮书》（2003年度），国立印刷局2004年，第10页。

夏令营，以促进高中生的IT创造活动。在高等教育阶段，文部科学省从2006年度开始实施“促进尖端IT专家培养项目”，资助大学建立相关基地，以便以世界最高水平的专业技术培养IT人才，并为企业等培养IT领导人才，2007年度在申请的10项中批准了2项。

在社会教育领域，广播电视大学的授课从2006年12月开始对日本关东地区的1都6县使用地面数字播放，通过高清电视播放、多频道播放、数据播放等形式，从而提高了该类学生的学习效果。文部科学省与相关部门合作，从2005年至2006年实施了“网络学习的人才培养支援示范事业”，通过网络向待业人员及年轻人提供了26个网络学习课程，用以提高其职业能力。此外，文部科学省利用教育信息卫星通信网，向全国社会教育设施或教育中心的约2000所(2007年7月)接收局发送相关教育内容。文部科学省的政策说明及各种会议、针对教师及社会教育负责人的培训、有关家庭教育及科学技术等的研究会等，都可以通过网络来实现，从而提高了社会教育的活动效率。

在教育领域的信息设备普及方面，该时期全国学校的电子计算机平均配备率与网络接通率逐年增加，至2007年3月，约每7.3个人配备1台计算机，约有35%的教室接通了高速网络，56.2%的普通教室接通了校内网。① 在教师用电子计算机方面，到2007年3月，教师处理教学工作的电子计算机配备率仅为40%，日本政府该时期提出的国家战略目标是为每个教师配备1台电子计算机，并从2007年度开始由地方政府拨款实施。到2006年度末，日本全体国民利用网络者共计8754万人，网络在国民生活中日益普及。②

日本自20世纪80年代中期将“信息化”教育政策确立为基本国策后，历经30余年的发展，其“信息化”教育政策体系不断完善，“信息化”教育发展程度持续提高，从而能够很好地应对21世纪全球化与信息化

① 文部科学省编：《文部科学白皮书》(2007年度)，日经印刷株式会社2008年，第330—331页。
② 同上书，第328页。

时代的快速发展。

四、日本的"终身学习"政策

战后日本的"终身学习"政策，经历了发端、法制化、深化三个阶段，其行政推进体制日趋完善、学习内容日渐丰富。日本的"终身学习"政策在再就业人口转移、国民价值取向、社会连带意识等方面，发挥了促进社会稳定的积极作用。

(一) 战后"终身学习"政策的发端

20 世纪 60 年代中期，"终身教育"由国际社会首先提出。1965 年 12 月，联合国教科文组织成人教育国际委员会第三次委员会召开大会，时任联合国教科文组织成人教育处处长的保罗・朗格朗在会上提出了"终身教育"的提案。日本御茶水女子大学名誉教授(曾任该校校长)波多野完治在上述会议上首次听到"终身教育"这一"术语"[①]，回国后便将这一理念介绍到日本：1967 年将朗格朗提出的"终身教育"提案以《社会教育的新动向》为题翻译出版(教科文组织日本国内委员会)，波多野完治 1971 年翻译出版了朗格朗的著作《终身教育入门》(全日本社会教育联合会 1971 年)，1972 年编著了《终身教育论》一书等。

文部省的教育政策中也开始引入"终身教育"理念。1970 年 5 月，日本内阁会议批准的《新经济社会发展计划》中，明确将"应对终身教育的施策"列为"教育与提高人的能力"的六大措施之四。[②] 1971 年 6 月，中教审提出的教育改革最终报告《今后学校教育综合扩充整备的基本政策》("四六答申")中提出："从终身教育观点对整个教育体系进行综合整

① 小川利夫等编：《社会・终身教育文献集Ⅰ 9　终身教育论》，日本图书中心 1999 年，序文。
② 宫原诚一等编：《资料 日本现代教育史 3》(1960—1973)，三省堂 1974 年，第 31 页。

备”[①]。1978年9月，中央教育审议会下设“终身教育小委员会”，专门研究终身教育问题，并于1981年6月向文部大臣提交了咨询报告《终身教育》，报告中将“终身教育”定位为“确立整个教育制度的基本理念”[②]。

日本政府各部门也纷纷就终身教育展开调查，截止到1978年2月，日本政府各种审议会提交的有关终身教育的咨询建议共41种，各省厅实施的相关调查40种；内容涉及社会教育、学校教育、体育、文化、校外青少年教育、幼儿家庭教育、职业培训、企业教育、广播教育、国民生活、休闲问题、妇女问题、老人问题、福利问题、人际关系、完善社会资本等。[③]地方政府也将“终身教育”列入教育计划。到1978年，47个都道府县及9个指定市中，有28个道县市制定了与终身教育有关的计划和项目。[④]

值得注意的是，该时期，日本的教育决策中开始将“终身教育”转换为“终身学习”。在终身教育这一概念导入日本以后，“最初对终身教育做出反应的是产业界”[⑤]，1972年3月，日本经济调查协议会发表的教育改革建议报告《新产业社会中人的发展——从长期观点看教育状态》中，首次明确将“终身学习”定位为教育改革的首要基本理念：“今后我国教育改革应该贯彻‘终身学习’的基本路线……”[⑥]即“今后社会中，打破历来划一的学校教育，支持‘自我启发的终身学习’，是文教政策的基本理

① 寺崎昌男编：《战后教育改革构想 Ⅰ期 10 教育改革的基本政策》，日本图书中心2000年，第4页。

② 战后日本教育史料集成编集委员会编：《战后日本教育史料集成》(第12卷)，三一书房1983年，第107页。

③ 文部省社会教育局：《终身教育与社会教育——社会教育基础资料(Ⅱ)》，1978年2月。引自综合研究开发机构编《日本的终身教育——探求其可能性》，综合研究开发机构1980年，第51页。

④ 文部大臣官房企画室：《都道府县·指定市的终身教育概要》，1978年9月。引自综合研究开发机构编《日本的终身教育——探求其可能性》，综合研究开发机构1980年，第51页。

⑤ 波多野完治著：《终身教育论》，小学馆1972年，《序文》。

⑥ 其他四条基本理念依次为：二，重视学校教师、家庭父母、单位前辈的人格；三，在教育中融合与综合传统的东西与革新的东西；四，企业应改革“为了企业的教育”的急躁性弊病，同时有必要改革文教行政；五，要培养世界市民，其前提是培养正确的国家观。寺崎昌男编：《战后教育改革构想Ⅱ期 18 新产业社会中人的形成——从长期观点看教育状态》，日本图书中心，2001年，《序》第5—6页。

念。必须通过家庭、地区社会、学校、企业提供多种学习机会,迅速完善人们成长的环境条件。”[①]1981 年 6 月,中教审向文部大臣提交的咨询报告《终身教育》中,也建议将“终身教育”置换为“终身学习”:“当今社会日新月异,人们为了自我充实、自我启发及提高生活质量,要求适当、丰富的学习机会。这种学习,以个人意志为基础,根据需要选择适合自己的手段与方法,并在一生中进行。从这一意义上讲,称其为终身学习是合适的。”[②]可见,“终身教育”与“终身学习”的差别,就在于前者是被动意义的“受教育”,后者是主动意义的“要学习”。显然,后者更能调动国民的学习热情,更有利于“终身教育”政策的推进。

在政府的政策引导下,日本各级教育机构开始通过各种方式为社会人提供学习机会。一是高等教育机构接收社会人入学。立教大学法学部 1978 年 7 月宣布从 1979 年度的入学考试开始实行“社会人入学”,1984 年度招收社会人入学的大学有 160 所(占该年度大学总数 460 所的 34.8%)、人数 4578 人(其中夜间就读者 89.3%),短期大学有 194 所(占该年度短期大学总数 536 所的 36.2%)、人数 2544 人(其中夜间就读者 81.1%)。[③] 二是为社会人举办公开讲座。1986 年度有 338 所大学(占该年度大学总数 465 所的 72.7%)为成人、妇女、儿童、亲子、职业工作者等举办了各种讲座,听讲人数达 33 万余人;[④]高中也举行开放讲座,1980 年有 314 所高中举办 351 场讲座、听讲者 15386 人,1986 年有 640 所高中(占该年度高中总数 5491 所的 11.7%)举办 895 场讲座、听讲者 32011 人,6 年间举办公开讲座的高中学校数、举办场次及听讲者人数,均成倍

① 寺崎昌男编:《战后教育改革构想Ⅱ期 18 新产业社会中人的形成——从长期观点看教育状态》,日本图书中心,2001 年,《序》第 1—2 页。该《序》由时任经团联会长、经济调查协议会代表理事的植村甲午郎为首负责写成。

② 战后日本教育史料集成编集委员会编:《战后日本教育史料集成》(第 12 卷),三一书房,1983 年,第 107 页。

③ 文部省编:《我国的文教施策》(1988 年度),大藏省印刷局 1988 年,第 481 页。

④ 同上书,第 495 页。

增加。[①] 各种社会教育机构也积极为社会人提供各种学习机会，1987 年度教育委员会、公民馆、体育设施举办的各种学习班及讲座的听讲者 1807 万人，府县及市町村相关部门举办的学习班及讲座的听讲者 1016 万人，民间文化中心的听讲者 136 万人。[②]

（二）“终身学习”政策的法制化

临时教育审议会的教育改革建议中，“向终身学习体系过渡”是教育改革的三个基本原则之二，被确定为“综合重组教育体系”的“主轴”。可见，“终身学习”不再单纯指成人教育或社会教育，而是整个教育体制改革与发展的根本宗旨之一，成为日本的基本国策。在确立“终身学习”为国策的过程中，日本政府明确了两点：一是“学习应该基于自由意志，通过适合自己的手段与方法进行，因此从学习者的视角来看，不用‘终身教育’而用‘终身学习’”。二是明确“终身学习”的内涵为：“学校教育、开发职业能力的学习活动，以及体育活动、文化活动、兴趣、娱乐、志愿者活动、休闲活动等，人一生为了丰富生活而提高自身、从活动本身中发现乐趣的主动性活动，均被视为‘学习’。”[③]可见，“终身学习”超越了成人教育、社会教育、终身教育等局部教育领域的范畴，几乎涵盖了整个教育领域，成为教育的基本原则。此后日本政府便采取措施大力推行“终身学习”政策。

1. “终身学习”政策的法制化。

1990 年 6 月，日本政府颁布《终身学习振兴政策实施体制整备法》（简称“终身学习振兴法”、同年 7 月实施）[④]，确立了“终身学习”政策的目的、政策措施的注意事项、都道府县的振兴事业及政策实施体制、地区终身学习振兴基本构想、中央及都道府县级终身学习审议会、市町村联合

① 文部省编：《我国的文教施策》（1988 年度），大藏省印刷局 1988 年，第 495 页。
② 同上书，第 475 页。
③ 同上书，第 16 页。
④ 日本法库网：http://www.houko.com/00/01/H02/071.HTM

合作体制。该法律主要规定了在推行“终身学习”政策过程中中央政府各省厅、中央与地方政府、政府与民间的责权关系，是政府推行“终身学习”政策的法律依据与保障，下述“终身学习”行政体制的确立及相关事业的推行，均以该法为依据。

2. “终身学习”行政体制的建立。

在中央文部省内，1988 年 7 月将原来的社会教育局改组为“终身学习局”，同时将其地位由原来的省内倒数第二局提高到仅次于大臣官房的第一大局（高于初等中等教育局、高等教育局等），并于 1990 年 8 月设立“终身学习审议会”，负责调查研究学校教育、社会教育、文化振兴等事项，提出促进终身学习的政策建议。地方行政机构的相关措施包括：① 设置专门负责终身学习事务的部门，各都道府县一级的地方政府到 1993 年均已设立，市町村一级政府 1999 年也有 742 个市町村设置；② 成立“终身学习审议会”，1999 年有 36 个都道府县、1994 个市町村设立了该类审议会；③ 设立“终身学习推进中心”，负责提供学习信息与咨询、把握居民学习需要、开发学习项目等，是推行终身学习的据点，从 1991 年开始，到 1999 年 4 月有 33 个都道府县设立；[①]④ 设置“终身学习推进会议”，由教育委员会、知事、民间组织（财团法人、社团法人、股份公司）组成，共同协商、制定并实施“终身学习”事业，各都道府县从 1988 年至 1993 年均已设立，1995 年有 1877 个市町村（占全国市町村总数的 58.6%）设立；⑤ 成立“全国终身学习市町村协议会”，从 1999 年 11 月开始召开，以便促进实施终身学习城市间的信息与人才交流。

上述行政机构的最终目的是推动“终身学习”事业的发展。文部省从 1988 年开始在各地城市设立“终身学习”试点基地，对积极实行终身学习政策的市町村给予财政资助，1992 年资助对象为平均每个都道府县 7 件。地方政府主要是制定终身学习振兴计划，确定“终身学习”的中长期目标、政府部门与民间团体的责权关系、具体的计划措施等。制定该

① 文部省编：《我国的文教政策》（1999 年度），大藏省印刷局 1999 年，第 231 页。

类计划的都道府县1996年有43个、市町村1995年有1036个(占全国的32.3%);2001年有159个市町村将“终身学习城市”作为城市建设的口号。此外,文部省从1989年起与地方政府合作每年举行一次全国“终身学习节”,为国民提供终生学习的实践活动场所,提高国民的终生学习欲望,普及终身学习活动。

(三)“终身学习”政策在学校教育中的推广

初等中等教育主要培养学生的终身学习素养,以便为国民的终身学习打下基础,1989年修改“学习指导要领”的四项基本方针之一即为“培养自我教育能力:重视培养主动应对社会变化的能力及创造性基础,同时提高自发学习的欲望”。①

后期中等教育、高等教育则通过各种方式为国民提供更多的学习机会,主要包括:

1. 创建新类型的学校。

(1) 学分制高中。为了给不同学习经历、不同生活环境的学生提供接受高中教育的机会,文部省1988年修改《学校教育法施行规则》,制定《学分制高中教育规程》,开始正式实行学分制高中制度。此类新型高中不以学年授课,而是开设多种课程,根据学习的课程累计学分,最终根据学分判断是否毕业。1988年日本在都道府县一级共设立了4所学分制高中,1993年开始允许全日制课程实施“学分制”,2000年度全国共有342所学分制高中(其中180所为全日制课程)。②

(2) 广播电视大学(“放送大学”)。该大学1983年设立、1985年4月开始招生,通过广播电视等媒体向社会人提供接受高等教育的学习机会,1988年共有学生2.3万人,1999年度有18—90岁的学生7.3万人,

① 文部省编:《我国的文教政策》(1989年度),大藏省印刷局1989年,第69页。

② 文部科学省编:《文部科学白皮书》(2007年度),日经印刷株式会社2008年,第106页。

共开设了三个专业320门课程。①

2. 原有教育机构提供大量学习机会。

(1) 夜校与函授。该类授课方式为时间上、经济上不允许接受全日制教育者提供学习机会。1988年度大学及短期大学的夜间部学生,大学有11.8万人(占全体本科生的6.3%)、短期大学2.6万人(占全体短大生的5.8%),接受函授教育的大学生10.5万人、短期大学2万人;另外从1978年开始允许在国立大学实施昼夜开讲制(利用夜间及周末),1988年度有8所国立大学的10个学部实施了该制度;高中针对就业青少年的定时制、函授制课程继续发展,1988年度定时制课程约15.1万人(占全部高中在校生的2.7%)、函授制课程约15.6万人(占2.8%)。②经过十年发展后的1998年,有112所大学及短期大学开设了夜间学部或课程,在校生13.4万人;有37所大学及短期大学开设了函授课程,学生18.2万人;另有13所大学开设了专门实施夜间教育的夜间研究生院;有53所大学的本科、158所大学的研究生院采取了昼夜开讲制。③

(2) 社会人员入学制度。大学从1979年度开始通过特别考试制度招收社会人。1985年有52所大学招收了1441名,此外兵库教育大学的研究生院招收在职教师,筑波大学研究生院招收来自政府及企业的社会人;1998年有319所大学招收社会人5243人。④

(3) 旁听生、研修生制度。此类学生只是选修学校课程的一部分,大学及短大的旁听生、研修生人数1987年约有4.7万人(约占学生总数的2.4%)。1997年度有551所大学实施了可以选学部分课程并获得学分

① 文部省编:《我国的文教政策》(1988年度),大藏省印刷局1988年,第39页;文部省编:《我国的文教政策》(1999年度),大藏省印刷局1999年,第232页。

② 文部省编:《我国的文教政策》(1988年度),大藏省印刷局1988年,第44、45页。

③ 文部省编:《我国的文教政策》(1999年度),大藏省印刷局1999年,第234页。

④ 文部省编:《我国的文教政策》(1988年度),大藏省印刷局1988年,第47—48页;文部省编《我国的文教政策》(1999年度),大藏省印刷局1999年,第234页。

的“选课生制度”，学生1.4万人。①

(4) 公开讲座。文部省从1988年度开始财政补助各地高中举办公开讲座，1989年举办1682次(1980年351次)、听讲人数5万人；高中教育基本普及后，大学越来越多地举办各种公开讲座，日本全国公私立大学1987年共举办公开讲座2931次(约是1977年的4.3倍)，1997年度共举办1.86万次、听讲人数约64万人。②

3. 各级学校教育开放校舍，为社会人的学习提供场所。

1984年向当地居民开放室外体育场的小学约占84%、初中约78%、高中约45%，开放室内体育场的小学约占86%、初中约81%、高中约33%，有358所大学(约占全体大学的78%)向当地居民开放了其校内体育设施，利用人数达177万人；③1997年以各种形式向当地居民开放的小学约占94%、初中88.2%、高中65%。④ 大学图书馆也积极向社会开放，1990年时全国共有497所大学(占大学总数的97%)的图书馆向校外人员开放，利用人数达到27万人。⑤ 其他社会教育机构如公民馆、职业训练设施、民间文化中心等也为国民提供广泛的学习机会。

“终身学习”政策将日本国民引向学习，日本学习人口的规模不断扩大。1988年度日本教育白皮书列举的学习人口数量，从幼儿园到研究生的正规学校教育机构在校生及函授生共计2933.6万人，高中及大学、地方教育委员会、公民馆、体育设施、地方政府、民间文化中心等举办的公开讲座或学习班的参加者共计3033万人，每年利用社会教育设施(公民馆、博物馆、图书馆、青年之家、少年自然之家、妇女教育设施)者共3.9亿人次；1999年度教育白皮书统计的上述机构学习分别为2424.1万人

---

① 文部省编:《我国的文教施策》(1988年度)，大藏省印刷局1988年，第48页；文部省编《我国的文教施策》(1999年度)，大藏省印刷局1999年，第234页。

② 文部省编:《我国的文教施策》(1989年度)，大藏省印刷局1989年，第251页；文部省编《我国的文教施策》(1999年度)，大藏省印刷局1999年，第234页。

③ 文部省编:《我国的文教施策》(1988年度)，大藏省印刷局1988年，第54页。

④ 文部省编:《我国的文教施策》(1999年度)，大藏省印刷局1999年，第235页。

⑤ 文部省编:《我国的文教施策》(1992年度)，大藏省印刷局1992年，第203页。

次、3108 万人次、12.8 亿人次。[①] 日本“终身学习社会”的发展程度在不断提高。

五、战后女子教育政策的演变及其启示

在战前女子教育的基础上，日本战后的女子教育经历了战后初期的民主化改革、经济高速增长时期的“逆流”与“成长”、70 年代以后的新动向、21 世纪以来的新发展四个阶段。当代日本的女子教育既扩大了规模、丰富了内容，同时也存在着规模缩小、男女差别等不足。考察日本战后女子教育的演变与特征，可为我国的女子教育发展提供有益的借鉴。

（一）战后女子教育政策的基础

在 1945 年二战结束之前，日本的女子教育获得了一定程度的发展，同时也存在着明显的局限，两者共同构成了战后女子教育的基础。

1. 战前女子教育的发展

战前，日本已初步建立起了女子学校教育制度，扩大了女子教育的规模，实施了近代性的教育内容。

在初等教育方面，日本政府 1872 年颁布的“学制布告”中规定：“望自今以后一般人民（华族、士族、农、工、商及女子），必邑无不学之户，家无不学之人。……幼童不分男女皆入小学……”[②]即在近代之初便确立了“女子皆学”的教育理念。同年颁布的《学制》列出了 7 类小学，其中“女子小学”位居第二，足见政府对女子教育之重视。纵观整个战前，小学的女生人数由 1873 年的 31.8 万人（占 24%）增至 1945 年的 526.2 万人（占 49.5%），70 余年增加了约 16 倍；女子义务教育就学率由 1873 年

---

① 文部省编：《我国的文教施策》（1988 年度），大藏省印刷局 1988 年，第 475 页；文部省编《我国的文教施策》（1999 年度），大藏省印刷局 1999 年，第 501 页。

② 教育史编纂会编修：《明治以后教育制度发展史》第 1 卷，东京：龙吟社，1938 年，第 277 页。

的15.14%提高至1945年的99.81%，70年间提高了近85%；女子义务教育的就学率与男子相比，1873年尚低于男子（男子24.7%），1921年基本与男子相当（女子99%，男子1916年实现该就学率），1945年则略高于男子（男子99.78%）。[①] 女子义务教育（六年制）在战前已基本普及。

女子中等教育的主要机构是“高等女子学校”。此类学校名为“高等”，实则招收高等小学的女毕业生，其水平相当于当时专为男子设立的“中学校”。1882年，全国仅有5所高等女子学校，1899年《高等女子学校令》的颁布，标志着女子中等教育制度的正式确立。此外，战前女子接受中等教育的机构还有高等小学（1908年以后）、实业学校、高等学校（普通科）、师范学校（1942之前及1942年之后非本科）。就战前女子中等教育的规模而言，1945年时，日本共有高等女子学校1272所，是1882年的254倍，且多于男子的“中学校”（776所）；中等教育机构女在校生217.8万人，占中等教育机构总在校生的47.6%，是1873年（20人）的10万倍；适龄女子中接受中等教育者占64.7%。[②] 女子中等教育在战前获得了迅速发展。

女子高等教育始于师范教育，日本政府先后于1890年、1908年在东京、奈良设立两所女子高等师范学校，1943以后的师范学校本科也可为女子提供高等教育。大学教育之门也向女子微启，东北帝国大学（1913年、3名）、东京帝国大学（1920年、32名旁听生）、九州帝国大学（1925年、2名）先后开始招收女生，1927年诞生了日本第一位女博士。除上述两类学校外，女子接受高等教育的主要机构还包括专门学校、实业专门学校等。特别是女子专门学校发展迅速，1938年共有179所，1943年增至216所。[③] 1945年，高等教育机构女在校生5.4万人，占高等教育机构总在校生的13.7%，是1873年（262人）的206倍；适龄女子中接受高

① 文部省：《日本的成长与教育》，东京：帝国地方行政学会，1962年，第174、178、180页。

② 同上书，第43、170—180页。

③ 小山静子：《战后教育的性别秩序》，东京：劲草书房，2009年，第143页。

等教育者占1.2%。[①] 女子高等教育在战前开始起步。

1945年时，各级各类学校女在校生共850.3万人，占总在校生的46.5%，是1873年(31.8万人)的27倍，[②]教育规模大幅度扩大。此外，战前的女子教育还纳入了理科、经济、实业等教育内容。例如，普通小学1879年曾开设物理、生理、博物等选修课(1886年以后取消)，1907年将理科设为必修课；高等小学1886年将理科设为必修课，英语、商业为选修课，1941年新增加工业、水产等选修课；高等女子学校1895年将理科设为必修课，1920年新增加法制与经济、实业等选修课。[③] 上述内容与"修身""裁缝"等传统的女性教育内容并立，反映了战前女子教育内容的近现代性。

可见，战前日本已基本普及了女子六年制义务教育，一定程度上发展了女子中等教育，女子高等教育也开始起步，女子教育总体上获得了较大发展。

2. 战前女子教育的局限

战前，日本女子教育在教育制度、教育机会、教育内容等方面，均显示出一定的局限性。

首先，实行"男女别学"制度。"男女别学"即男女分别就读于不同学校。1879年《教育令》规定"学校不得男女同一教场。但小学不妨男女同一教场"，[④]确立了小学以上各级教育机构的男女分校制度。"男女别学"一方面是封建社会"男尊女卑"观念在教育领域的残余，另一方面也是日本政府实施男女差别教育的制度设计。

其次，女子接受教育的年限短、机会少。从义务教育来看，女子1907年至1945年始终为6年(至12岁)，而男子自1935年《青年学校令》后至

---

① 文部省：《日本的成长与教育》，第170—180页。

② 同上书，第174、178页。

③ 同上书，第218—221页。

④ 教育史编纂会编修：《明治以后教育制度发展史》第2卷，东京：龙吟社，1938年，第165页。

1945年延长至13岁(至19岁),[①]女子的义务教育年限大大短于男子。从中等教育来看,1943年《中等学校令》以后至1945年,男子的“中学校”学制4年,女子的高等女子学校学制2年,实业学校男子学制3年、女子学制2年,女子的中等普通教育、职业教育年限均短于男子。女子接受高等教育的机会也极少,除上述两所官立女子高等师范学校以及女子专门学校外,大学仅在招生名额剩余的情况下才招收女生。其结果,1945年时,初等、中等教育机构的女在校生人数均大致与男生相当(约占50%),唯有高等教育的女生仅占13.7%,适龄女子接受高等教育者仅占1.2%,即约有99%的适龄女子无法获得接受高等教育的机会。

进而,女子教育内容偏低、偏文。日本政府通过历次课程改革,为男女规定了不同的初等、中等教育内容。(1) 女子接受的理工科类教育明显少于男子。例如,在普通小学中,1907—1941年图画课男生2学时、女生1学时,1941年以后男生5学时、女生3学时;在高等小学中,图画课1900年男生2学时、女生1学时,算术课1890年男生5学时、女生4学时,手工课1911年男生6学时、女生2学时,农业、商业及工业课1941年以后国民学校高等科男生5学时、女生2学时;在中等教育机构中,1943年理科在“中学校”为4—6学时,在高等女子学校为3—4学时。(2) 女子重在加强裁缝、家政等内容。1879年《教育令》特别强调“应为女子开设裁缝等课程”,裁缝课专为女生开设,在普通小学1879—1906年为选修课、1907—1945年为必修课,在高等小学1886—1945年一直为必修课;高等女子学校1895年以后一直比男子中学多“家事”“裁缝”2门必修课,1943年以后增加“育儿”必修课,1895—1943年多“教育”“手艺”2门选修课。[②] 另外,从1945年中等、高等教育各专业女生所占比例来看,中等教育机构普通专业为78%、商业11%、家庭及其他8%、农业3%,而工业仅213人;高等教育机构教育专业为38%、家政25%、法文经17%、医

---

① 神田修、山住正己编:《史料日本教育》,东京:学阳书房,1986年,第158页。

② 文部省:《日本的成长与教育》,第224—232页。

学17%，而理学仅1470人、农学136人、工学62人。[①] 可见，战前的女子教育内容偏向于较为简单的家政、文科等，与男子接受的教育内容并不平等。

战前女子教育的成果，为战后女子教育发展奠定了基础；其局限与不足，也为战后女子教育改革预留了空间。

(二) 战后女子教育政策的演变

二战结束至20世纪末，日本的女子教育大致经历了三个发展阶段：一是战后初期的民主化改革阶段(1945—1950)，二是经济高度发展时期的"成长"与"逆流"并存阶段(1951—1974)，三是经济稳定增长时期以后开始重视女子社会教育的新发展阶段(1975—1999)。

1. 女子教育的民主化改革政策(1945—1950)

战后初期，日本政府在美国占领当局的压力下，对女子教育进行了民主化改革，主要包括确立教育机会均等原则、实现九年义务教育、确立男女共学制、发展女子中高等教育四个方面。

针对战前女子社会地位低、受教育水平低的情况，美国占领当局1945年10月向日本政府下达的《五大改革指令》第一条即要求"解放妇女"。同年12月，日本政府制定了《女子教育刷新纲要》，提出要"促进男女间的教育机会均等、教育内容平等以及男女互相尊重之风气"。[②] 据此，1946年《日本国宪法》规定："全体国民依据法律规定、拥有平等接受与其能力相适应的教育的权利"；1947年《教育基本法》单列"教育机会均等"条款："必须平等地给予所有国民与其能力相应的受教育机会，不因人种、信念、性别、社会身份、经济地位及门第而实行教育上的差别"；1947年《学校教育法》颁布的首要理由是"基于教育机会均等的考虑"、

---

① 文部省：《日本的成长与教育》，第183—184、189页。

② "战后日本教育史料集成"编集委员会编：《战后日本教育史料集成》第1卷，东京：三一书房，1982年，第128—129页。

“取消男女差别”。[①] 女子平等受教育的权利有了法律保障。

针对战前女子义务教育年限短、偏重于职业内容的问题，日本政府确立了新的女子义务教育制度。这一制度包含三层含义：一是“九年制”，战前女子义务教育为六年制，《教育基本法》规定“国民负有使其子女接受九年普通教育的义务”，将女子义务教育年限延长至九年；二是“免费制”，《日本国宪法》规定“义务教育无偿”，《教育基本法》规定“(九年)的义务教育不征收学费”；三是“普通制”，战前的女子教育内容偏重于职业教育，尤其“裁缝课”比重较大，不利于学生身心的全面发展。鉴于此，《日本国宪法》《教育基本法》及《学校教育法》中均强调九年义务教育为“普通教育”。上述义务教育制度，确保了女子能够平等地接受更长的、免费的、有利于其身心发展的基础教育。

日本战前实行严格的“男女别学”制度(小学除外)，以便于对男女实施差别教育。对此，1946 年《美国教育使节团报告书》提出：“建议小学以男女共学为基础”，初中“在条件允许的情况下最好尽早实行男女共学”，高中“也实行男女共学的话，可以更多地节约财政，有助于确立男女平等。”[②]于是，日本政府不得不将“男女共学”条款写入《教育基本法》：“男女必须互相尊重、互相合作，必须承认教育上的男女共学。”《学校教育法》中也不再单列女子学校。战后新制初中(1947 年 4 月开学)、高中(1948 年 4 月开学)不同程度地实施了“男女共学”。截止到 1949 年 9 月 30 日，日本全国 1826 所全日制公立高中的 57.8%(1056 所)实施了共学。[③] “男女共学”制废除了战前男女教育不平等的制度基础。

战前女子接受高等教育的机会较少。对此，前述《女子教育刷新纲要》第一条即为：“废除阻碍女子入学的规定，创设女子大学并在大学采

---

① 神田修、山住正己编：《史料日本教育》，东京：学阳书房，1986 年，第 158 页。

② 渡边彰译著：《美国教育使节团报告书》，东京：目黑书店，1947 年，第 46—47 页。

③ 文部省：《我国的教育现状》1953 年度，http://www.mext.go.jp/b_menu/hakusho/html/hpad195301/hpad195301_2_101.html。

用男女共学制”，第五条为“大学及高等专门学校对女子开放”。[①] 1946年《大学入学者选拔纲要》允许女子报考大学，旧制大学向女子开放。此外，1945年8月至1947年4月，设立了47所新制女子专门学校，约占同期所设专门学校的60％，截至1948年，共有女子专门学校352所（比1943年增加136所）。[②] 继而，1948年3月，文部省批准设立战后首批新制大学（12所），其中包括5所私立女子大学。1948年6月，文部省公布“国立大学设置11原则”，第四条规定“在东西设置两所国立女子大学”。[③] 1949年，原东京、奈良两所女子高等师范学校分别改组为国立的御茶水女子大学及奈良女子大学。由此，女子接受高等教育的机会大大增加。

上述民主化改革措施，纠正了战前女子教育的诸多弊端，为战后各级女子教育的发展奠定了新的制度基础，具有划时代的进步意义。

2. 女子教育的“逆流”与“成长”（1951—1974）

该时期，在被占领状态结束的政治背景下，女子教育出现了与民主化背道而驰的“逆流”；在经济高速发展的经济背景下，女子教育实现了迅速“成长”。与此同时，高等教育领域也出现了新的男女不均衡现象。

一方面，1951年被占领状态结束后，女子中等教育领域出现了“男女共学”弱化、“家庭课”女子必修化等反民主化的“逆流”现象。“男女共学”制是在外压下被动确立的，被占领状态结束前后，日本朝野开始反对甚至主张取消该制度。1950年的调查显示，51％的公立初中、高中反对共学，理由是“设备不全、为时尚早、影响风纪、男子女性化、女子男性化”等。[④]1953年以后，山梨、青森、岐阜、福冈等地的中学开始恢复“男女别学”。1961年以后，有的学校名为“男女共学”，实则男女分班，或只招收

① “战后日本教育史料集成”编集委员会编：《战后日本教育史料集成》第1卷，第128—129页。

② 小山静子：《战后教育的性别秩序》，东京：劲草书房，2009年，第95—96、143页

③ 大田尧编著：《战后日本教育史》，东京：岩波书店，1978年，第152页。

④ 文部省：《我国的教育现状》1953年度，http://www.mext.go.jp/b_menu/hakusho/html/hpad195301/hpad195301_2_101.html。

男生或女生，实行变相的“男女别学”。“家庭课”在战后初期的小学、初中及高中均开设，要求男女共修。然而，文部省在此后通过历次课程改革，逐渐将其改为女子必修。初中“家庭课”1949 年要求女生主要选修“家庭课”，1958 年要求男生学习电器、机械等生产技术性科目，女生学习被服、食物等生活技术性科目。高中“家庭课”1956 年“希望”全日制普通课程的女生习修“家庭课”4 学分，1960 年要求“普通专业”的女生必修“家庭课”，1970 年规定所有课程的女生均必修“家庭课”(1974 年实施)。“男女别学”与“家庭课”的女子必修化，固然可以“高效”地培养出产业发展所需的男性人才、经营家庭所需的女性人才，但却违反了“教育机会均等”原则，是在民主化方向上的倒退。

另一方面，伴随着日本经济的高速发展，女子中等、高等教育得以快速发展。在后期中等教育方面，高中女在校生人数由 1960 年的 148.3 万人增至 1975 年的 214.8 万人，15 年间规模扩大了 66.5 万人；女子的高中入学率由 1950 年的 36.7%增至 1970 年的 82.7%(开始超过男生的 81.6%)，1975 年进一步提高到 93.0%(仍然高于男生的 91.0%)，①女子后期中等教育的普及程度不断提高。在高等教育方面，女子短期大学由 1954 年的 111 所增至 1960 年的 140 所，女子大学由 1955 年的 32 所增至 1969 年的 82 所；②高等教育机构的女在校生人数由 1960 年的 14.2 万人增至 1975 年的 67.5 万人，15 年间规模扩大了 53.3 万人；女子的大学与短期大学本科合计入学率，由 1955 年的 5.5%提高到 1970 年的 17.8%、1975 年的 32.4%，③实现了女子高等教育的大众化。

与此同时，女子高等教育也出现了新的男女不均衡现象。一是女子的高等教育水平低于男子。女子多考入二年制短期大学、男子多考入四年制大学。1975 年，女子的短大本科入学率(19.9%)远远超过男子

① 文部省:《我国的教育水准》1975 年度、第 206、209 页，《我国的文教施策》1988 年度、第 484—485 页。
② 小山静子:《战后教育的性别秩序》，第 113、156 页。
③ 文部省:《我国的教育水准》1975 年度，第 220—221、214—215 页。

(2.6%),而其大学入学率(12.5%)却大大低于男子(40.4%)。[①] 高等教育内部出现了“女生短大、男生四大”的结构性差距。二是女子所选专业偏向于文科。1964 年,大学本科女生最多的前三位专业依次是文学(5.7 万人、占 45.5%)、教育(2.8 万人、占 44.9%)、家政(1.2 万人、占 99.8%),短大女生最多的专业为家政(4.8 万人、占 99.9%)、文学(2.3 万人、占 90.3%)、教育(0.9 万人、占 99.2%),工学专业的女生在大学及短大分别仅占 0.4%、2.2%,家政专业则几乎全部为女生;1975 年,大学本科女生最多的专业仍然是人文科学(12.9 万人)、教育学(7.0 万人)、社会科学(5.3 万人),理学仅 7244 人、工学 2899 人。[②] 女子高等教育中的重文轻理现象严重。

该时期,女子教育的快速“成长”,适应并促进了经济的高速发展;中等、高等教育领域出现的“逆流”与不均衡现象,也为女子教育的发展提出了新课题。

3. *女子教育的新方向*(1975—1999 年)

该时期,国际社会对妇女问题的空前重视,为女子教育的发展带来了新契机。联合国将 1975 年确立为“国际妇女年”、1976—1985 年为“国际妇女 10 年”,并主持召开了“国际妇女年世界会议”(1975 年、墨西哥)、“‘国际妇女 10 年’内罗毕世界会议”(1985 年、内罗毕)、“第 4 次世界妇女大会”(1995 年、北京)等全球性妇女发展大会,会上分别制定了《世界行动计划》(1975 年)、《提高妇女地位内罗毕前瞻性战略》(1985 年)、《北京宣言》及《行动纲领》(1995 年)等妇女事业发展计划。在上述会议及计划中,“女性的教育与训练”均被列为发展女性事业的重要领域之一。

日本政府也颇为重视女性发展问题。1975 年,日本内阁设立了“妇女问题企划推进本部”(首相亲任部长)、“妇女问题担当室”及“妇女问题企画推进会议”(首相私人咨询机构)。1994 年以后,上述机构分别改组

---

① 文部省:《我国的文教施策》1991 年度,第 589 页。

② 文部省:《我国的教育水准》1964 年度,第 190 页;1975 年度,第 229 页。

为"男女共同参画[①]推进本部""男女共同参画室""男女共同参画审议会"。同时,日本政府也制定了发展女性事业的计划,如《推进妇女政策的国内行动计划》(1977年)、《面向2000年的新国内行动计划》(1987年)、《男女共同参画2000年计划》(1996年)等。上述计划中有关教育的内容分别为"创造新的教育机会、适应新时代的学校教育""充实教育与训练""推进男女共同参画、充实可以多样选择的教育与学习"等。[②] 女子教育在女性发展中占有重要地位。

在上述背景下,女子学校教育首先获得了进一步发展。一是实现了"家庭课"的男女共修。1984年,日本政府专门设立的"家庭课教育检讨会议"提交咨询报告指出,"家庭课"女子必修违反了联合国的《取消歧视女性条约》(1979年),建议将高中"家庭课"由女子必修改为男女必选。1989年课程改革时,新教学大纲中明文规定家庭课为男女共修,初中1993年、高中1994年相继予以实施。女子重新获得了平等接受中等教育内容的权利。二是女子中等、高等教育规模继续扩大。女子的高中入学率由1975年的93.0%提高到1999年的96.9%,高中普及率继续提高;女子的大学及短大本科合计入学率由1975年的32.4%提高到1999年的49.6%,高等教育机构的女在校生人数由67.5万人增加到131.0万人,规模扩大了约2倍。[③]

除学校教育外,在"终身学习"的基本国策[④]下,社会教育开始成为女子教育的新方向。该时期,女子社会教育的发展主要表现在两个方面,一是社会女性积极参加学校教育活动。接受大学及短大函授课程的女

① "参画"意为"参与"。日本政府为了强调女性参与社会的主动性,于1991年将"男女共同参加"改为"男女共同参画"。

② 内阁府男女共同参画事务局:http://www.gender.go.jp/danjyo_kihon/situmu1-3.html

③ 文部省:《我国的教育水准》1975年度,第215、223页;《我国的文教施策》1988年度、第484页,1999年度、第503、506、507页。

④ 参见臧佩红:《日本近现代教育史》,北京:世界知识出版社,2010年,第359—363页。

性人数由1975年的4.4万人增至1999年的11.8人万人，[①]女性还积极参加大学举办的各种公开讲座，1986年共有338所大学(当时全国共有465所)面向社会人举办了2511场公开讲座，听讲女性12.8万人。[②] 二是女性积极参加各类女性教育设施的活动。日本政府1977年设立国立妇女教育会馆，从1978年开始资助地方政府建立女性教育设施。1999年度，日本各地的女性教育设施有207个、利用者344.3万人，其中举办学习班及讲座7142场、参加者19.5万人，主办演讲会、讲习会及实习会1979场、参加者11.1万人，内容主要包括家庭教育及家庭生活、教养教育、职业知识及技术提高等。[③] 上述教育活动提高了女性的知识与技能，开发了其资质与能力，日益成为女子教育的重要组成部分。

该时期，在基本普及后期中等教育、高等教育大众化程度逐年提高的基础上，社会教育开始成为女子教育的新重点，女子教育获得了新发展。

(三) 新世纪女子教育的现状及启示

进入21世纪，日本的女子教育获得了新的制度保障，在学校教育、社会教育方面均获得进一步发展，但同时也仍然存在不足与局限，其发展趋势为我国的女子教育提供了有益的借鉴。

1. 新世纪的女子教育现状(2000—今)

进入21世纪，女子教育获得了新的制度保障，在学校教育、社会教育方面均获得进一步发展，同时也仍然存在问题与不足。

首先，女子教育有了新的制度保障。一是法律保障。《男女共同参画社会基本法》(1999年颁布、2001年实施)规定："国民必须在单位、学

① 《大学、短期大学通信教育状况的推移》(1972—2010)，见女性与男性统计数据库：http://winet.nwec.jp/cgi-bin/toukei/load/bin/tk_sql.cgi? bunya=06&hno=0&rfrom=1&rto=0&fopt=1 。

② 文部省：《我国的文教施策》1988年度，第495页。

③ 文部省：《社会教育调查》1999年度，http://www.e-stat.go.jp/SG1/estat/List.do? bid=000001012323&cycode=0

校、地区、家庭等所有领域，基于基本理念，为形成男女共同参画社会做贡献”①；新《教育基本法》(2006年修改)将“培养……男女平等……的态度”确立为新的“教育目标”之一。二是机构保障。2001年，日本内阁特设了“男女共同参画担当大臣”，原“男女共同参画室”升格为“男女共同参画局”，原“男女共同参画审议会”改称“男女共同参画会议”，文部科学省终身学习政策局下新设“男女共同参画学习课”。三是事业保障。日本政府2000年、2005年、2010年先后三次制定了《男女共同参画基本计划》，确立了发展女性事业的领域、目标及措施，其中均单列“充实可以多样选择的教育与学习、推进男女共同参画”一项。上述立法、机构、计划三位一体，形成强有力的推进机制，为女子教育的发展提供了制度保障。

其次，女子教育获得了更大的发展。一是女子高等教育持续发展。2010年与2000年相比，大学女在校生的规模持续扩大，女大学生增加了19.3万人；女子的大学与短大本科合计入学率由48.7%提高到56.0%，新入学的女硕士生比例由26.3%增至28.4%、博士生由26.8%增至31.8%。② 二是女子教育机构相对发达。2010年，共有女子高中343所(国立1所、公立45所、私立297所)，几乎每县设立一所公立女子高中；另有女子短期大学122所(公立4所、私立118所)，女子大学81所(国立2所、公立7所、私立72)。③ 三是女子社会教育方兴未艾。就读于大学研究生院的社会女性由2000年的0.8万人增至2008年的1.9万人；④女性还积极参加社会教育设施的各种活动，2008年度，全国380个女性教育设施共举办学习班及讲座9936次、听讲人数33.6万人，组织各种集会5187次、参加者48.8万人。⑤

---

① 法令数据提供体系：http://law.e-gov.go.jp/htmldata/H11/H11HO078.html

② 文部科学省：《文部科学白皮书》，2005年度，第478—481页；2010年度，第400—401页。

③ 文部科学省：《学校基本调查》2010年度，http://www.e-stat.go.jp/SG1/estat/List.do?bid=000001028877&cycode=0，下同。

④ 文部科学省：《从数据看日本的教育》2008年度，第5页。

⑤ 文部科学省：《社会教育调查》2008年度，http://www.e-stat.go.jp/SG1/estat/List.do?bid=000001025992&cycode=0。

与此同时，女子教育仍存在问题。一是女子学校教育规模缩小。2010 年与 2000 年相比，各级各类学校的女在校生人数大幅减少，其中幼儿园、小学、初中、高中、短期大学的女生人数分别减少了 8.3 万人、18.6 万人、25.9 万、41 万人、15.6 万人。① 二是女子高等教育水平仍低于男子。2010 年度，女生的短大入学率(10.8%)远远高于男生(1.3%)，大学入学率(45.2%)却仍低于男生(56.4%)；女生在短期大学占 88.7%，在大学仅占 41.1%；新生中女硕士生仅占 28.4%、女博士生占 31.8%。② 三是女子理科高等教育仍然欠缺。2010 年度，女生所占比例最小的专业是工学，大学、硕士、博士分别为 10.9%、10.4%、15.1%；其次是理学，大学、硕士、博士分别为 25.8%、21.0%、19.0%。③ 另外，在 81 所女子大学中，仅 4 所设理科系，其余均只设文科系。④ 女子教育的重文轻理现象有待改善。

高等教育、社会教育成为新的增长点，标志着女子教育的升级与扩展；学校教育规模减小、高等教育发展的不均衡，也反映了女子教育的问题，成为今后发展的新方向。

2. 对我国女子教育的启示

女子教育在我国也颇受重视，《宪法》《教育法》及《义务教育法》均规定妇女享有平等受教育的权利，高等教育中的女生比例也高于日本。然而，我国女子的中等、高等教育入学率仍相对较低(2009 年男女毛入学率高中 79.2%、高等教育 24.2%)，女子教育机构尚不发达，女子教育亟待发展。考察日本的女子教育，可以为我国提供如下启示。

首先，女子教育具有重要的经济功能。女子教育具有政治、经济、社会文化等多方面重要功能。其中，女子教育的经济功能在我国鲜有论

① 文部省:《我国的文教施策》2000 年度，http://www.mext.go.jp/b_menu/hakusho/html/hpad200001/hpad200001_3_403.html；文部科学省:《文部科学白皮书》2010 年度，第 400 页。
② 文部科学省:《文部科学白皮书》2010 年度，第 400—403 页。
③ 文部科学省:《学校基本调查》2010 年度。
④ 日本女子大学网站:http://www.w-univ.net/。

及，而这恰恰是日本政府战后大力发展女子教育的根源之一。在经济高速增长时期，日本计划“将占人口一半的妇女的能力有效利用于产业活动、经济活动”[①]；在少子老龄化日益凸显的20世纪90年代以后，日本试图“通过使……女性变为劳动力……缓解少子老龄化这一人口结构变化对劳动力人口的影响”；在知识经济勃兴的21世纪，日本提出“将决定消费意志的女性纳入商品及服务提供方的意志决定过程，……创造出新的市场。”[②]教育是女性参与各种经济活动的前提与基础，其经济意义日益凸显。我国在建设人力资源强国的过程中，应尤为重视女子教育的经济功能，为经济发展培养出更多、更优质的女性人才。

其次，女子教育的形式趋向共学。采取何种形式才能有效地发展女子教育，是各个时期、各国政府均须面临的问题。“共学”与“别学”孰优孰劣，在现代中日两国也都引起过争论。近年来，日本出现了女子教育机构减少、男女共学学校增加的倾向。日本的女子高中由1994年的643所减至2010年的343所，几乎减少了一半；女子短期大学由1998年的298所减至2010年的112所；女子大学由1998年的99所减至2010年的81所。与此同时，男女共学的大学由1998年的499所增至2010年的666所。[③] 目前，我国女子接受中等、高等教育的机会仍然较少，应该适当发展女子教育机构，为适龄女性提供更多的受教育机会。但与此同时，也应注意到日本等发达国家女子教育机构减少的趋势。只有兼顾本国国情及国际大势，才不致使我国的女子教育发展出现偏颇。

此外，女子教育的内容呈现新趋势。一是健康教育大幅增加。在高等教育各专业中，女在校生人数增幅最大的是保健专业，2010年与1998年相比，女本科生增加了7.6万人、硕士生增加了4276人、博士生增加

① 小山静子：《战后教育的性别秩序》，第232页。

② 内阁府：《男女共同参画白皮书》2010年度，第6页。

③ 文部科学省：《学校基本调查》2010年度；女性与男性统计数据库：http://winet.nwec.jp/toukei/save/xls/L113040.xls。

了 4333 人,[1]其背景是健康产业的日益勃兴。二是理工科比重提高。理工科的女生比例虽相对较低,却呈现出提高的趋势。2010 年与 1998 年相比,工学专业的女本科生由 9.4%增至 10.9%、硕士生由 7.5%增至 10.4%、博士生由 8.5%增至 15.1%,理学专业的女本科生由 25.3%增至 25.8%、硕士生由 19.2%增至 21.0%、博士生由 13.6%增至 19.1%。[2] 2010 年《第 3 次男女共同参画基本计划》中,首次将"科技学术领域中的男女共同参画"单独列为第 12 个重点发展领域,[3]女子理科教育必将日益受到重视。三是国际化色彩加强。教育"国际化"是日本的国家战略,女子教育也不例外。大学中女留学生的人数及比例均有所提高。2010 年与 2000 年相比,留日女大学生由 1.7 万人(占留学生总人数的 46.4%)增至 4.0 万人(占 50.6%)、留日女研究生由 1.0 万人(占 40.4%)增至 2.0 万人(48.6%),[4]。女子教育机构也日趋国际化,在 81 所女子大学中,有 20 所大学设立了冠以"国际"字样的学部及学科。[5]

纵观日本战后,女子学校教育、社会教育均获得了长足发展,其经验值得我们借鉴;而其存在的问题与不足,则成为今后日本女子教育的发展方向,也值得我国引以为戒。

① 文部科学省:《学校基本调查》1998 年度,第 206、20、48、52 页;《学校基本调查》2010 年度。

② 文部科学省:《学校基本调查》1998 年度,第 206、20、48、52 页;《学校基本调查》2010 年度。

③ 文部科学省:《文部科学白皮书》2010 年度,第 135 页。

④ 文部科学省:《学校基本调查》2001 年度、2010 年度,http://www.e-stat.go.jp/SG1/estat/NewList.do?tid=000001011528。

⑤ 日本的女子大学一般设 2—3 个学部,见日本女子大学网站:http://www.w-univ.net/。

第四章　历史教育与历史教科书问题

一、战前教科书"国定制"的确立及影响

教科书制度既是一个教育问题，也是一个政治问题、经济问题。自20世纪80年代日本发生篡改历史教科书事件后，国内学界开始关注日本的教科书问题。从现有的研究成果来看，学界多着眼于日本的历史教科书问题，倾向于论述历次"教科书事件"的过程，批判歪曲历史事实的教科书内容，对教科书制度却鲜有专门论述。[①] 笔者认为，教科书制度是日本历史教科书问题的制度性基础，教科书制度是日本国内各界合力作用的结果，其发展演变有一定规律可循。由于资料公开的原因，研究日本战前的教科书制度，似可探求这一规律。日本战前的教科书制度，大致历经了自由制（1872—1886年）、检定制（1886—1903年）、国定制（1903—1945年）三个阶段。其中，教科书"国定制"历时最长、影响最深、

① 代表性研究成果有苏志良著《日本历史教科书风波的真相》（人民出版社2001年）、王智新等著《解开日本教科书问题的黑幕》（世界知识出版社2001年）、张海鹏、步平著《日本历史教科书问题剖析》（中国社会科学文献出版社2002年）、吴广义著《解析日本的历史认识问题》（广东人民出版社2005年）等。

危害最大。

以下拟考察日本政府在战前确立教科书"国定制"的背景、过程及其影响与危害,分析左右教科书制度的主要因素,把握其阶段性特征,以总结日本战前教科书制度的演变机制。

(一) 教科书"国定制"的实施背景

1903 年,日本政府正式立法确立了初等教育的教科书"国定制",翌年开始实施。教科书"国定制"经历了一个酝酿的过程。早在确立"国定制"的 10 多年前,日本政府便多次在帝国议会上讨论过教科书问题。1892 年 12 月,日本帝国议会首次讨论了教科书问题,主要是针对修身教科书的延期使用问题。1896—1901 年,日本帝国议会曾四次专门提出有关教科书"国定制"的议案,而且均获得帝国议会批准。①

日本帝国议会之所以屡次建议采用教科书"国定制",其理由主要包括两个方面:

第一,杜绝教科书贿赂现象。

明治维新之后,日本政府积极普及基础教育,小学就学率不断提高(1873 年为 28.13%,1902 年为 91.57%),在校生人数激增(1873 年 130 余万人,1902 年 500 余万人)②,教科书的需求量大增。1886 年开始实行教科书检定制时,出版的检定教科书约 400 种,1892—1895 年间急增到 600 多种。③ 教科书的供给最初由各地方出版社承担,后来不断集中到东京的金港堂、文学社、普及舍、集英堂等几家大出版社。1902 年前后,每年 2500 多万册小学教科书的编辑、出版,大部分集中到中央的教科书出版社手中。作为教育普及的副产品,一个新兴的产业——教科书产业

① 梶山雅史:《教科书国定化》,见本山幸彦:《帝国议会与教育政策》,京都:思文阁出版,1981 年,第 116—137 页。

② 文部省:《日本的成长与教育——教育发展与经济发达》,东京:帝国地方行政学会,1962 年,第 180 页、174 页。

③ 梶山雅史:《教科书国定化》,见本山幸彦:《帝国议会与教育政策》,京都:思文阁出版,1981 年,第 120 页。

应运而生。

各教科书出版社为了不断扩大市场、增加利润，纷纷采取贿赂等手段，展开激烈的销售竞争。1892年前后，枢密院议长、前任文部大臣大木乔任因干预某县采用其编纂的修身教科书而被迫辞职，文部次官辻新次因参与大日本图书株式会社的丑闻而被罢官，负责检定教科书的文部省图书课课长泽柳政太郎因教科书检定结果泄密而引咎辞职。另外，各地为了选用教科书，每个府县都设立由府县官吏、府县参事会员、普通师范学校校长、普通师范学校教师、小学教师等组成的府县教科书审查会。"书商奸曲之辈……动辄致力于使（审查委员）采用自家销售之图书，施以种种手段干扰审查委员之视听判断。"①当时的教科书贿赂行情是："府县知事一人1万—3万日元，师范学校校长一人3000—5000日元，师范学校的教谕或附属主事2000日元。"②1902年秋，当时较大的教科书出版社"普及舍"行贿的官员姓名、金额等被曝光，导致143名官吏被捕③，其中包括宫城县知事宗像政、高级官僚、国会议员、督学官、督学、师范学校校长、中学校长等。

日本政府推行教科书"国定制"，正是为了杜绝上述教科书贿赂事件。时任文部大臣菊池大麓阐述"国定制"的首要理由，便是"为了杜绝教科书贿赂事件"。他指出："1887年实施教科书检定制不久，便耳闻种种丑闻。历代文部大臣常苦虑于此，非国定而无其他良制"；"当局已无法忍受全国数万小学校长及职员被教科书出版社活动者恶魔般引诱。此次教科书贿赂事件中，最为可叹可怕者，乃由于学生丧失对校长及教员之信仰与敬服，致使教育效果大大减小。若此丑闻扩至全国小学，则其害极为可怕。"④

---

① 大江志乃夫：《国民教育与军队——日本军国主义教育政策的成立与展开》，东京：新日本出版社，1974年，第52—53页。

② 梶山雅史：《教科书国定化》，见本山幸彦：《帝国议会与教育政策》，京都：思文阁出版，1981年，第166页。

③ 伊崎晓生、松岛荣一：《日本教育史年表》，东京：三省堂，1990年，第70页。

④ 宫原诚一等：《资料日本现代教育史》(4战前)，东京：三省堂，1974年，第148、149—150页。

第二,培养"忠君爱国"的统一意识。

1890年,日本政府颁布《教育敕语》,确定教育的根本目的是培养"克忠克孝"、"扶翼天壤无穷之皇运"的臣民。1891年11月,文部大臣大木乔任要求"小学……尤其应发扬尊王爱国之志气"。① 然而,当时采用的检定制教科书,无法保证"忠君爱国"的教育目的贯彻到全国所有学校。日本政界保守势力对此表示不满,1894年6月,有众议院议员批评道:"不以培养天然无穷、无以类比之国体、所谓忠君爱国之心为根本,若像普通教育所用教科书中取外国、支那(中国——笔者注)之博爱主义、个人主义,则我2500余年皇统连绵之日本帝国、如玉之帝国,人心将缺乏统一",指责检定教科书存在欧美的"个人主义之弊""博爱主义之弊""利益交换主义""利己主义","并非基于我2500余年忠君爱国之教,违反了敕语之宗旨"。② 1899年3月,第13次帝国议会再次建议小学修身教科书采用"国定制"时指出:"德育之要,在于编纂善良之修身教科书,在同一标准下教导全国学生,启发忠孝爱国之精神,以推进国家之文明,实现富强。现今各小学修身教科书各异、授课方针不同之弊,实非(合乎)德育归一之宗旨。故望政府速编纂修身教科书并在全国小学普及使用,进而确立陶冶德性之适当方法。"③

文部大臣菊池大麓也强调:"小学教科书在性质上应该采取国定。特别是修身教科书,无论如何必须国定,对此,贵族院及众议院均提出过建议,乃舆论一致之所在。此外,(国语)读本、地理及日本历史也与之相关,此类教科书皆与国体有关,此点不必喋喋赘述。"④所谓"国体",即指"万世一系之天皇"。可见,日本政府推行教科书"国定制",意在加强"忠君爱国"的"皇国主义"教育。

---

① 教育史编纂会:《明治以后教育制度发展史》第3卷,东京:龙吟社,1938年,第129页。

② 梶山雅史:《教科书国定化》,见本山幸彦:《帝国议会与教育政策》,京都:思文阁出版,1981年,第121—122页。

③ 教育史编纂会:《明治以后教育制度发展史》第4卷,东京:龙吟社,1938年,第685—686页。

④ 宫原诚一等:《资料日本现代教育史》(4战前),东京:三省堂,1974年,第151页。

正因如此，日本帝国议会于1896年2月首次提出小学修身教科书"国定制"时，文部省普通学务局长答辩称：原则上赞成修身教科书的国定化，只是时机尚不成熟。[①] 于是，文部省一边等待时机成熟，一边开始为"国定制"做准备。1900年4月，文部省设立修身教科书调查委员会，着手编纂统一的国定修身教科书。文部大臣菊池大麓追述道：1902年春曾"特别敦促编辑委员，不断要求委员增加开会时日，下令1904年4月前务必全部完成(修身教科书)"；"从1902年夏天开始，命令图书课暂缓编纂其他图书，将其经费用于编纂国语读本，恰好于去年年末先完成两册"；1902年，文部省向议会提出了增加3000万日元编纂费的预算，计划"在一、二年之内编纂教科书，并希望就此实行国定之议"[②]。同年12月发生"教科书贿赂事件"后，菊池大麓公开承认这是一个"大好时机"，称"我此前就主张必须实行的国定之议此时已刻不容缓，即向内阁提出教科书国定之议，并获得批准。"[③]

可见，日本政府推行教科书"国定制"，有经济、政治两方面的背景。关于两者孰主孰次的问题，笔者认为，杜绝经济贿赂有诸多良策，不惟"国定制"一途；而通过统一的教科书"启发忠孝爱国之精神"，才是日本政府统一政治、发展经济乃至对外战争之"急需"。也就是说，政治统治目的是教科书"国定制"确立的最主要根源，经济贿赂则是其直接契机。

(二) 教科书"国定制"的确立过程

教科书的"国定制"1903年首先在初等教育范围内确立，1941年日美开战之后扩展到中等教育与社会教育领域。

初等教育的教科书"国定制"，是通过修改《小学校令》而确立的。1903年1月，文部大臣菊池大麓向桂太郎内阁、枢密院提交了有关教科

① 大江志乃夫：《国民教育与军队——日本军国主义教育政策的成立与展开》，东京：新日本出版社，1974年，第56页。

② 宫原诚一等：《资料 日本现代教育史4》(战前)，东京：三省堂，1974年，第150页。

③ 同上书，第150页。

书国定化的《小学校令修正案》，经法制局审议后，同年 3 月，由首相上奏天皇，枢密院于 4 月 6 日审议、修改并批准后，再次上奏天皇裁定批准。

1903 年 4 月 13 日，日本政府公布了敕令《修改小学校令》，其中规定："小学教科书使用文部省著作权图书。……除修身、日本历史、地理教科书及国语读本之外，允许府县知事选用……文部大臣检定的教科书。"①所谓"文部省著作权图书"，即文部省编纂的教科书；除"修身、日本历史、地理教科书及国语读本之外"，意即"修身""日本历史""地理""国语"四门课程必须采用"国定制"，不得采用"检定的教科书"。《修改小学校令》的颁布实施，标志着义务教育教科书"国定制"的正式确立。从 1904 年 4 月新学年开始，北海道及 2 府、35 县的小学均使用修身、国语读本、历史、地理共 57 种国定教科书。②

继而，文部省又通过修改《小学校令施行规则》(1903 年 4 月)、《小学教科书翻刻发行规程》(1910 年 8 月、1918 年 6 月)，规定"算术"及"绘画"(1905 年)、"理科"(1911 年)、"家政"(1919 年)均采用国定教科书。至此，义务教育阶段的小学必修课教科书均实行"国定制"。1941 年 3 月，日本政府全面修改义务教育制度，新颁《国民学校令》，将"小学"改称"国民学校"，其中规定："国民学校教科书应使用文部省著作权图书"。③即再次规定义务教育机构的教科书采用"国定制"。

教科书"国定制"确立后，日本政府又根据政策所需，定期修改了"国定"教科书的内容。日本战前的"国定制"小学教科书，从 1903 年至 1945 年共历经 42 年，大致分为五期：第一期从 1903 年至 1908 年；第二期从 1909 年至 1917 年(1911 年发生"南北朝正统论争"，国定历史教科书因此被单独修改，称"第二期国定历史教科书改订版")；第三期从 1918 年至 1932 年；第四期从 1933 年至 1938 年；第五期从 1939 年至 1945 年。

---

① 教育史编纂会：《明治以后教育制度发展史》(第 4 卷)，东京：龙吟社，1938 年，第 699 页。

② 梶山雅史：《教科书国定化》，见本山幸彦：《帝国议会与教育政策》，京都：思文阁出版，1981 年，第 153 页。

③ 宫原诚一等：《资料日本现代教育史》(4 战前)，东京：三省堂，1974 年，第 325—326 页。

教科书"国定制"所覆盖的使用对象的范围，因日本战前日本义务教育年限的不同而异。1904 年至 1907 年，日本的义务教育为 4 年，其范围是 6—10 岁的小学生；1907 年至 1945 年，义务教育为 6 年，其范围也扩大到 6—12 岁的小学生。

除小学教科书之外，日本政府在"检定制"的框架之下，不断加强对师范学校、中学（男子普通中等教育机构）、高等女子学校（女子普通中等教育机构）等中等教育机构教科书的控制。1918 年，政府教育审议机构临时教育会议建议编纂中学、师范学校的"模范教科书"，1924 年，文政审议会建议由文部省编纂中等教育机构的教科书标准。在发动全面侵华战争前后，日本政府进一步加强了对中等教育机构教科书的实际控制。1932 年 11 月，文部省规定实业学校（中等职业教育机构）实施教科书"检定制"。1936 年 7 月，文部省开始着手编纂各类中等学校的修身、公民、国史标准教科书。1940 年 9 月，文部省规定废除中等教育的教科书检定制，实行指定制，每门课程选定 5 种教科书。

1941 年对美宣战后，日本政府一举采取了中等教育教科书"国定制"。1943 年 1 月，日本政府公布敕令《中等学校令》，改革中等教育机构，将"中学""高等女子学校""实业学校"统称为"中等学校"，并规定："中等学校应使用文部省著作权的教科书"，即上述三类教育机构的教科书正式实行"国定制"。与此同时，师范教育机构教科书的统制性也日益增强。1940 年 11 月，文部省要求高等师范学校教科书实行文部大臣"批准制"。1943 年 3 月公布的《师范学校规程》规定："师范学校之教科书应使用文部省著作权图书"①，正式确立了师范学校教科书的"国定制"。

此外，日本政府还进一步控制社会教育机构"青年学校"的教科书。1939 年 4 月，日本政府修改《青年学校令》，规定青年学校的修身、公民、普通三类课程使用"国定"或"检定"教科书，即开始实行教科书的"国定·检定并行制"。从 1944 年 4 月开始，青年学校的教科书完全采用

---

① 宫原诚一等：《资料日本现代教育史》（4 战前），东京：三省堂，1974 年，第 332 页。

"国定制"。1944年创设的官立青年师范学校也必须使用国定教科书。

至此,教科书"国定制"在初等、中等、社会教育等三类教育机构均得以确立。由教科书"国定制"的确立过程可见,战前日本政府的教科书统制是逐级(初等→中等→社会教育)、逐步("检定制"→"检定·国定并行制"或"批准制"→"国定制")推进的,"国定制"是日本国家加强政治统治的必然"归宿"。

(三) 教科书"国定制"的影响及危害

教科书"国定制"导致了教科书业界的利益垄断,加强了日本政府对国民意识形态的统治,培养了"忠君爱国"的臣民,扼杀了教育的自由发展。国定教科书成为战前日本政府推行皇国主义、军国主义的"有力武器"。

第一,导致教科书产业界的利益垄断。

早在小学教科书"国定制"确立之前,教科书出版社就对政府决策颇具影响力。1896年,帝国议会首次建议修身教科书采用"国定制"时,有议员担心该议案"与出版社利益密切相关,如果出版社稍加活动,此案将即刻崩溃"。[①] 实行"国定制"之后,文部省制定并多次修改了《小学教科书翻刻发行规则》,通过逐步指定国定教科书的翻刻发行商,来确保教科书出版界的利益垄断。1903年4月,文部省批准的小学教科书翻刻发行商共19家,其中14家的发行份额又全部授予"日本书籍株式会社"(1903年9月成立于东京),同年12月另外2家的发行份额亦加入其中。于是,"日本书籍株式会社"拥有16家翻刻发行商的份额,该社1904年共制造销售教科书1973万9940册,占当时19个发行商总份额的89%。[②] 1905年5月,文部省批准的翻刻发行商减至10家。[③] 1909年

---

① 梶山雅史:《教科书国定化》,见本山幸彦:《帝国议会与教育政策》,京都:思文阁出版,1981年,第127页。

② 教育史编纂会:《明治以后教育制度发展史》(第4卷),东京:龙吟社,1938年,第726—727页。

③ 同上书,第739—740页。

10 月，文部省进一步减少了翻刻发行商的数量，将国定教科书的翻刻发行委托给“日本书籍”“东京书籍”“大阪书籍”三家出版公司，其翻刻发行图书的比例分别为 40%、40%、20%，教科书的销售交由“株式会社国定教科书共同贩卖所”。① 1930 年 5 月，文部省取消了“共同贩卖所”，要求三家出版社将图书直接发行给文部大臣指定的区域，即“日本书籍”供给北海道厅等 15 个县，“东京书籍”供给埼玉县等 20 个县，“大阪书籍”供给大阪府等 12 个府县。② 可见，伴随着教科书“国定制”的进一步推行，教科书产业的垄断日益加剧，甚至早在 1909 年的《教育时论》上便刊文称：“传闻当今小学教科书的印刷出版应成立一大出版社托拉斯”。③

教科书业界的利益垄断，产生了诸多弊端。1909 年 3 月，有议员在帝国议会上批判道：翻刻发行商以“几乎专卖的权利”，垄断着对全国 500 万小学生的教科书供给，产生了教科书价格高、供给不足等“诸多弊害”，翻刻发行商几乎获得了 30%以上的利益，教科书使用方却不得不支付 40%的暴利。④

第二，加强了国家对国民意识形态的统治。

众所周知，1890 年，日本政府颁布了《教育敕语》，要求全体国民都具备“克忠克孝”“扶翼天壤无穷之皇运”的“皇国主义”意识形态。加强这一意识形态的主要途径之一，便是推行教科书的“国定制”。日本政府通过国定修身、历史、国语等教科书，将大量“皇国”意识从小便灌输到日本人的头脑中，使其成为日本人的“第二天性”。例如，在五期国定小学修身教科书中，均全文刊载了《教育敕语》全文，第一期刊于卷末，第二期以后刊于卷首，并在小学六年级最后三课单独讲授，要求

---

① 教育史编纂会：《明治以后教育制度发展史》（第 6 卷），东京：龙吟社，1939 年，第 12 页。

② 教育史编纂会：《明治以后教育制度发展史》（第 8 卷），东京：龙吟社，1939 年，第 752—753 页。

③ 梶山雅史：《教科书国定化》，见本山幸彦：《帝国议会与教育政策》，京都：思文阁出版，1981 年，第 162 页。

④ 同上书，第 159 页。

全体学生反复背诵并默写全文。在战前的国定历史教科书中，各期均刊登了历代"天皇在位表"及记录皇室主要事件的"御历代表"，"旨在使学生学习天皇名"。① 国定历史、修身教科书还极力宣扬"神国"意识。前三期的国定历史教科书均以"天照大神"为日本历史之开端，第五期以后的修身、历史教科书则进一步强调"神生日本""日本是神国"②。"神国"意识是"皇国主义"意识形态的重要组成部分，意在强调天皇的"君权神授"，第五期五年级修身教科书中更直接称天皇为"现人神"。③ 国定教科书中所描绘的历史上或现实中的日本人，从小便自发地为了"现人神"天皇而献身，认为日本国民负有对外武力扩张的"神圣使命"，相信日本自古便受到"神佑"。于是，"接受如此教育的国民，手持竹枪向现代兵器挑战，在门柱上张贴防弹护身符，相信神风会带来最后胜利等。"④"国定制"教科书下走出来的日本人，心甘情愿地充当了日本对外侵略的"炮灰"。

日本政府之所以能够将国民引向到对外侵略战争，正是"得益"于上述"皇国主义"意识形态，而形成这一意识形态的最主要途径，便是教科书"国定制"。日本学者也承认："小学教科书的国定制，与天皇制国家相适应，……对于其统治性意识形态的教育而言，是唯一的、最坚固且有效的措施"。⑤

第三，扼杀了教育的自由发展。

各期国定教科书均由日本文部省组织编写、出版，全国各地必均须使用相同的教科书。于是，作为教育者的学校、教师，无法根据当地及学生的具体情况，选择相应的教科书。身处教育第一线的教师更无权批判国定教科书，只能"照本宣科"地讲授国家规定的内容。日本政府仍嫌不

① 海后宗臣：《日本教科书大系》(近代编 第19卷 历史二)，东京：讲谈社，1963年，第756页。
② 第五期四年级修身教科书第6课标题为"日本是神国"；第六期国定历史教科书上卷第1课标题为"神国"。
③ 海后宗臣：《日本教科书大系》(近代编 第3卷 修身三)，东京：讲谈社，1962年，第453页。
④ 寺崎昌男：《战后教育改革构想 Ⅰ期 2 新教育指针》，东京：日本图书中心，2000年，第7页。
⑤ 久保义三：《天皇制国家的教育政策》，东京：劲草书房 1979年，第56—57页。

足，1935年2月，文部省规定中学入学考试的考题不得超出小学教科书的范围，变相禁止教育者向学生讲授超出教科书范围的内容。作为受教育者的学生更无权、也无意识自由选择符合真理的教科书，甚至不得不无条件接受被歪曲的事实。除了前述虚构日本历史起源的“神国”内容外，最显著的事例是1910年的“南北朝正统论争”。当时的国定历史教科书中以“南北朝的并立”为题，记述了日本历史上同时存在两个天皇的史实，这与皇国主义意识形态中的“万世一系”思想相矛盾，于是，日本政府特别修改了国定历史教科书，将“南北朝”从国定历史教科书中抹掉，改记为尊承皇统的“吉野朝”。可见，在教科书“国定制”下，教育已经丧失了“追求真理”的自由。

日本朝野也曾尖锐地批判过教科书“国定制”的弊端。1903年5月，有议员在帝国议会上公开质问：“官撰教科书岂不损害国运之进步？”①翌年12月的众议院预算委员会上，有议员批判道：“仅小学教科书中就有270余处谬误”，甚至连天皇即位的年号、宪法颁布的年代也搞错，国定教科书中存在的问题令人惊讶，称国定教科书“实乃出于非立宪道德原则”。② 民间也展开了对教科书“国定制”的批判。1908年11月，《教育时论》上刊文道：“现行小学教科书国定制度，与此前制度相比，除了定价便宜外，对于小学教育无一利处……自采取国定以来，教科书的进步改良即告停止，不仅如此，以不符合时势之图书教育数百万小国民，其当前之弊害，稍有志于教育者即可看透。”③翌年2月，《新教育》刊发专刊《反对教科书特集》，其中列举了大日本教育团揭露的“现行教科书国定制度之弊害”，包括“杜绝著者及出版者的竞争，妨碍了教科书的改良进步”、“教科书官撰仅有一种，使教育者的批评眼光钝化”等。④

---

① 梶山雅史：《教科书国定化》，见本山幸彦：《帝国议会与教育政策》，京都：思文阁出版，1981年，第144页。

② 同上书，第154、156页。

③ 同上书，第158页。

④ 同上书，第160页。

然而，在强大的国家机器面前，个别政治家或民间学者，毕竟无法阻止教科书“国定制”的推行，更无法阻止日本走向皇国主义、军国主义泥沼的步伐。

综上所述，日本战前教科书“国定制”的确立，并非单纯的教育问题，而是有着深刻的政治根源、经济动因。初等教育、中等教育机构教科书“国定制”的确立，分别在日俄战争、日美战争前后，足见“在国家与教育的关系中，权力统治的程度同教科书与国家间的距离成正比”，[①]教科书制度与日本的国家走向密切相关。因此，考察日本战前教科书“国定制”的背景、过程及影响危害，有利于加深对日本教科书制度的认识，也有助于了解教育在日本战前对外侵略扩张中发挥的作用。另外，考察日本战前教科书制度的政治、经济要素，也有助于深入观察日本当今的历史教科书问题。

二、战前历史教育的演变及作用

众所周知，20 世纪 80 年代以来，日本的历史问题成为中日关系发展的主要障碍之一。学界在关注该问题与日本国家右倾化之必然联系的同时，也开始涉及日本战前的历史教育问题。以往中日学界的相关研究，[②]着重在于考查战前历史教科书的内容，而未能一贯性地系统考查各个阶段历史教育的宗旨、内容、课程设置的演变规律，对战前历史教育的特征、作用及危害分析不足。本文拟通过解读日本战前的教育法令、教育改革方案、历史教科书内容等原始资料，全面考察日本战前历史教育的阶段性及特征，分析其作用及危害，从而为探究日本的历史问题提供

---

① 久保义三:《天皇制国家的教育政策》，东京:劲草书房，1979 年，第 51 页。

② 日本学界主要有海后宗臣著《历史教育的历史》(东京大学出版会 1969 年)、长野正著《日本近代国家与历史教育》(东洋印刷株式会社 1986 年)、角田将士著《战前日本历史教育内容编成的历史研究》(风间书房 2010 年);中国学界主要有步平《关于日本历史教科书问题的历史考察》(载《思想理论教育导刊》2005 年第 8 期)，吴广义著《日本的历史认识问题》(广东人民出版社 2005 年)等。

有益的借鉴或参考。

(一) 战前历史教育的阶段性

从明治维新到二战结束的半个多世纪期间，随着内政改革的推进与对外扩张的展开，日本政府不断修改历史教育，以适应其内外政策的需要。根据教育宗旨与教育内容的变化，日本战前的历史教育大致可以分为四个阶段。

第一阶段(1872—1890 年)，从《学制》颁布到《教育敕语》出台，历史教育公开打出"尊王爱国"的宗旨。

维新伊始，明治政府积极推行"文明开化"政策，1872 年颁布的《学制》颇具自由色彩，同年所颁《小学教则》规定的历史教育也相对开放。高等小学(4 年)后两年要求讲授《万国史略》《五洲记事》，当时"最为普及"的小学历史教科书《史略》(共 4 册、文部省 1872 年出版)中两册为"西洋"史，外国历史较受重视。另一方面，高等小学前两年要讲授《王代一览》《国史略》，上述《史略》第一册为"皇国"史，虽然内容不多，但"要求幼童背诵"，显然，本国史更居优先地位。[①] 换言之，在明治初年，历史教育既有兼顾"外国"的开放性，也有强调"王代""皇国"的保守性。

1879 年以后日本的教育政策整体上趋向保守。该年，明治天皇颁布《教学圣旨》，批判此前"驰于文明开化之末"的流弊，宣布此后的教育应以"仁义忠孝"为本。基于此，文部省于 1881 年 5 月颁布《小学教则纲领》，阐明了根本性的教育宗旨。其明文规定"凡讲授历史时，……特别要培养尊王爱国之志气"，要求"讲授日本历史中建国之体制、神武天皇之即位、仁德天皇之勤俭、延喜天历之政绩……王政复古等重要事实"。[②] 小学历史教育开始以"尊王爱国"为宗旨，同时完全删除了外国历史。

① 教育史编纂会编:《明治以后教育制度发展史》第 1 卷，东京:龙吟社，1938 年，第 407—414 页;海后宗臣编:《日本教科书大系》(第 18 卷 历史一)，东京:讲谈社 1963 年，第 9—16 页。

② 教育史编纂会编:《明治以后教育制度发展史》第 2 卷，第 254 页。

进而，从1886年开始，小学必须使用文部省“审定”的历史教科书，其审定标准为“了解本邦国体之大要”“激发忠君爱国之志气”。[①] 翌年，文部省公布《小校历史编纂宗旨》，要求“编纂时应着力揭示王室之隆替”，“教育小学生背诵历史时，不可忘记自然培养其尊王爱国之情”；所列75条“日本历史”编纂目录中，直接以天皇或皇后为题者7条（约占10%）。[②] “尊王爱国”的宗旨进一步贯彻到了历史教科书的编纂内容中。

第二阶段（1890—1917年），从《教育敕语》颁布到“临时教育会议”设立，历史教育开始强调“皇国”与“军事”的宗旨与内容。

1890年10月，日本政府颁布《教育敕语》，明确规定了“一旦缓急，则义勇奉公，以扶翼天壤无穷之皇运”的最高教育宗旨。这一宗旨，既以“扶翼天壤无穷之皇运”表达了“皇国”内涵，也以“缓急”“义勇”隐喻了军事目的。基于该宗旨，日本政府先后颁布或修订了《小学教则大纲》（1891年）、《普通师范学校课程及程度》（1892年）、《中学令施行规则》及《中学教学要目》（1901年）、《小学校令》（1903年、1907年）、《师范学校教学要目》（1910、1911年）、《中学教学要目》（1911年），[③]相继修改了各级历史教育的宗旨、内容及课程设置等。

在教育宗旨上，开始强调“国体”。1891年小学“日本历史的宗旨是让学生知晓本邦国体之大要、培养国民之志操”，1892年师范学校历史课要求“特别致力于明辨我国体、振奋尊王爱国之志气”，1901年中学历史课要求“明国体特异之所以”。所谓“国体”，即指“奉戴万世一系之天皇”。[④] 历史教育宗旨在“尊王爱国”的基础上，进一步强调“万世一系”之“国体”。

在教学内容上，“皇国”内容进一步加强。1891年小学、1892年师范

① 宫原诚一等编：《资料日本现代教育史》（4 战前），东京：三省堂，1974年，第400页。

② 教育史编纂会编：《明治以后教育制度发展史》第3卷，第712—717页。

③ 教育史编纂会编：《明治以后教育制度发展史》第3卷，第98、603—604页；《明治以后教育制度发展史》第4卷，第180、211—218页；《明治以后教育制度发展史》第5卷，第167—179、614—623、700—701、713—714页。

④ 江木千之翁经历谈刊行会：《江木千之翁经历谈》上，大空社1987年，第96页。

学校历史教学大纲中均新增了“皇统之无穷”“历代天皇之圣业”的内容；1901年中学历史教学目录中，日本古代史直接出现天皇或皇后的条目约占29.3%(1910年提高到29.8%)、近现代史约占14.1%；1903年小学历史课采用“国定”教科书后，[1]第一期(1903年)第一卷以“皇”为标题者占45%、第二期(1909年)第一卷约占43.5%。[2] 进而，1911年发生“南北朝正闰问题”，即原先各级历史教育中均讲授两个天皇并立的“南北朝”历史，但这一记述“一见即想到天有二日、国有二王”，与“万世一系之国体”相矛盾，于是，日本政府将各级历史教育中的“南北朝”均改为“吉野朝廷”。[3]

另一方面，历史教育开始纳入对外扩张的军事内容。1891年小学、1892年师范学校的历史教学大纲中先后新增“国民之勇武”“武备之张弛”的内容，1901年中学历史大纲中开始列有“日本武尊”“韩土内附”“越虾夷征伐”“武人之登用”“朝鲜征伐”“海防策”“甲午战争”等军事条目。1903年以后开始使用的第一、二期小学国定历史教科书中，均列有记述古代天皇与皇后率军征讨熊袭、虾夷、朝鲜的“日本武尊”“神功皇后”两课，记述近代对外侵略的“台湾征伐”“甲午战争”两课，第二期开始增加“日俄战争”一课。[4] 进而，日本1910年吞并韩国后，小学历史教科书、中学及师范学校历史教学目录均新增“韩国合并”一项；师范历史课更是篡改朝鲜历史，将“韩土叛服”“韩土离叛”改为“韩土变迁”，删除“朝鲜建国”，并“将朝鲜事例移入日本历史”。与此同时，1910年的中学历史教学目录新增加了英俄法之“东方经略”“鸦片战争”“中法战争”等内容，开始强调“列强对清国之压迫”。

在课程设置上，更进一步强调“日本历史”。1891年，日本政府将原

---

① 关于教科书“国定制”的确立，详见臧佩红：《日本战前教科书“国定制”的确立及影响》，《历史教学问题》2012年第2期。

② 海后宗臣编：《日本教科书大系》(第19卷 历史二)，第441、497页。

③ 教育史编纂会编：《明治以后教育制度发展史》第6卷，第702页。

④ 海后宗臣编：《日本教科书大系》(第19卷 历史二)，第441、467、497、527页。

高等小学的"历史"必修课改称"日本历史",同时将"日本历史"增设为普通小学的选修课。从1907年开始,进一步规定"日本历史"课为普通小学的必修课。

第三阶段(1917—1937年),从"临时教育会议"到"教育审议会"设立,历史教育进一步凸显了"神皇""军国"色彩。

面对一战后列强争霸加剧的形势,日本政府先后设立了直属首相的教育决策机构——"临时教育会议"(1917—1919年)、"文政审议会"(1924—1935年),旨在改革教育,提高国力,跻身于列强之列。其间,日本政府于1920年大幅度修改了小学国定历史教科书,1925年修改《小学校令》、师范学校"规程"及"教学要目",1927年修改《中学校令施行规则》,1931年3月修改《中学校令施行规则》《师范学校规程》、师范学校及中学的"教学要目",[①]进一步修改了各级学校的历史教育。

在教育宗旨上,"临时教育会议"1917年、1918年先后建议:"要坚决维持国体之尊严",须"在教育少年时期深刻沁入畏吾帝室、尊吾帝室之观念,……要时常教育学生于心底常浸润我国体实异于各国、体会我皇室对国民之可贵。"为此,要"更加重视国史课,在儿童脑里贯彻建国之精神、国体之要义,以资国民道德。"[②]1927年中学、1931年师范学校的历史课均新要求"知晓国体无比尊严之所以"。对于"国体",进一步要求达到"敬畏""无比尊严"的程度。

教育内容上的改革,突出表现在1920年出版的第三期国定历史教科书中。该教科书大幅度渲染了"神皇"色彩。譬如第1课"天照大神",较之前两期更加"栩栩如生"地描述了天照大神躲进"天之岩屋"、在众神取悦下出"岩户"的过程。记述"神武天皇东征"时,新增"金鸡"神话:"霎时间乌云满天,突降冰雹,不知何时一只金鸡停于天皇所持弓箭前端,其

---

① 教育史编纂会编修:《明治以后教育制度发展史》第7卷,第59、193、293—240、277—291、514、556—564、653、694—704页。

② 海后宗臣编著:《临时教育会议研究》,东京:东京大学出版会,1960年,第34、155—156、302页。

光强耀,坏人目眩而不能战……”记述“神功皇后征三韩”时新增:“新罗王惊称:闻东方有日本神国……今日来者必为日本神兵。”开始间接称日本为“神国”。① 同时,教科书的军事色彩也进一步加强。如大幅度增加了“神武天皇东征图”“虾夷征伐要图”“甲午战争要图”“日俄战争要图”“大山岩大将进入奉天城”“欧洲大战地图”“我机袭击青岛无线电站”等近 20 幅战争插图。该期教科书在战前历时最长(至 1934 年、1935 年),其生动的记述及插图,使学生更为深入地接受了“神皇”和“军国”内容的熏陶。

在课程设置上,日本政府 1920 年将小学历史教科书名称由“日本历史”改为“国史”,1925 年、1926 年、1927 年又分别将师范学校、小学、中学的“日本历史”课名称改为“国史”,均强调“国”的意识。1931 年改革的中学历史课分为甲、乙两类,甲类课程“自国史开始,后进入外国史,进而以国史终结”,即以“国史”首尾呼应,乙类课程亦要求“以文化为中心的国史终结”;1931 年师范学校历史课则明确要求“稍简略外国历史而更精深国史”“讲授东洋史时,重视与我国有关之事项,……其他则简略”。

第四阶段(1937—1945 年),从“教育审议会”设立到二战结束,历史教育中的“神国”“军国”内容被极端强化。

1937 年日本政府设立直属首相的教育决策机构——“教育审议会”,全面改革教育,以备扩大侵略战争。在该审议会首次会议上,时任首相近卫文麿要求:“现时之教育……要更加贯彻国体之本义”。② 何谓国体?日本政府解释称:“大日本帝国由万世一系之天皇奉皇祖之神敕永远统治之,此乃我万古不易之国体。”③可见,此时的“国体”,除了此前一贯强

---

① 海后宗臣编:《日本教科书大系》(第 19 卷 历史二),第 622—624、627 页。

② 近代日本教育制度史料编纂会编:《近代日本教育制度史料》第 14 卷,东京:大日本雄辩会讲谈社,1957 年,第 450 页。

③ 文部省:《国体本义》,1937 年 5 月。宫原诚一等编:《资料日本现代教育史》(4 战前),第 285 页。

调的“万世一系”，新增了“神”的含义。为了贯彻该宗旨，日本政府先后于1937年3月修改《中学教学要目》《师范学校教学要目》，1941年3月新颁《国民学校令》《国民学校令施行规则》，1943年1月及3月新颁《中等学校令》《中学校规程》，对战前的历史教育进行了最后一次改革。

在教育宗旨上，一是强调“明征国体本义”。该宗旨最早出现于1937年的中学、师范学校历史教学大纲中，旨在渲染“神皇”统治，同时要求站在日本的立场上“批判”有悖“国体观念”的外国史。二是要求“明确肇国精神”。1937年中学、师范学校历史教学大纲中均新增该要求，并解释其意为“保持宇内为家、正义布于四海”；1941年小学、1943年中学的历史课进一步要求“自觉皇国之历史使命”。

在教育内容上，一是强调日本为“神国”。1937年中学、师范学校的历史教学要目中均新增“敬神崇祖”“敬神尊王”的内容。第五期（1940年、1941年）小学国定历史教科书将日本历史的开端由“天照大神”上溯到“伊奘诺、伊奘冉”二神，同时在卷首刊登“神敕”全文，并始称“天皇为现御神”；第六期（1943年）上卷第1课标题即为“神国”，并描述了“神生”日本各岛的过程。二是强调日本对外战争的“正义”与“神佑”。1943年中学历史教学要目中新增“东亚之共荣”“欧美之东亚侵略”“大东亚战争与皇国使命”等内容。第六期小学国定历史教科书新增记述：“神武天皇定都橿原，欲以该都为中心宣扬天照大神之大御心，遂命‘掩八纮而为宇’。”意指日本对外武力扩张自古便出于“神命”。关于元军攻打日本，第五期新增小标题“神风”，第六期列为大标题，并记述称：“大日本乃神国。……能安度该大难，唯神国使然。”①旨在强调日本对外征战自古便有“神佑”。

在课程设置上，1937年中学历史课全部以“国史”首尾呼应，且“选择国家本位之重要事项”，特别要求删除东洋史中“不重要的历史名词”“地名、民族等尽量统一为今日我国惯用名称”。1943年，中学历史课中的

① 海后宗臣编：《日本教科书大系》（第20卷 历史三），第126—127、158、235、282、286页。

"国史"改称"皇国"。

此后,随着战争的节节失利,日本政府从1943年3月开始陆续将学生"动员"到战争体制中,1945年3月明令停止学校授课,各级历史教育自然终止。

(二) 战前历史教育的作用及危害

日本战前的历史教育,既发挥过统合国民的积极作用,又不断沦为统治者发动对外战争的工具,其遗毒甚至一定程度上仍然影响着当代日本国民的历史认识。

第一,统合国民的手段。

在日本近代国家的创建过程中,历史教育发挥了统合国民的重要作用。战前日本政府历次教育改革,必先强调"忠君爱国","历史"教育则为首要实现途径之一。例如,明治天皇1879年在《教学圣旨》中首次确立"仁义忠孝"的教育宗旨时,首列"揭古今忠臣、义士、孝子、节妇……首先使其脑髓感觉忠孝之大义。"①即欲以历史人物培养现时之"忠孝"。1890年日本政府颁布《教育敕语》后,文部大臣大木乔任强调:"(小学)尤应发扬尊王爱国之志气……主要以修身、日本地理、日本历史及日常必须之事为素材……。"②1917年首相寺内正毅要求改革教育,以"培养富于护国精神之忠良臣民",③"临时教育会议"首先建议"要更加重视国史课"。1934年,众议院通过决议,要求"浸润贯彻尊皇爱国之日本精神"时,其措施为"须先奖励依据国史、国学及汉学之精神教育"。④"历史"教育成为统治者培养国民"忠君爱国"意识的首要手段。

那么,日本政府为何如此强调"忠君爱国"?首任文部大臣森有礼(1886—1889年)在给政府的建议中阐述道:"盖国民笃忠君爱国之

① 宫原诚一等编:《资料 日本现代教育史》(4 战前),第26—27页。
② 教育史编纂会编:《明治以后教育制度发展史》第3卷,第129—130页。
③ 海后宗臣编:《临时教育会议研究》,第34页。
④ 近代日本教育制度史料编纂会编:《近代日本教育制度史料》第11卷,第265、268页。

气……则精神所向、万派一注，可耐久忍难，同心协力，以兴事业。……庶几将忠君爱国之意普及于全国，……必多益于巩固国本、维持国势。”① 1887年，首相伊藤博文在主持建立近代立宪制国家时亦认识到：“国家体制”包括“国家意志”，其中特别强调“历史之紧要”，“须知振奋国家精神之第一方策，在于明晓历史。何为国家精神？乃国人目的一致、并锐意实现此目的之活泼团结气象。欲达此目的，须以国家既往之经历推定将来之方向，非此无他。”故“应改良日本历史教育”，“须（使日本人）知晓日本自身之特有文化。”②

也就是说，早在明治初年，日本统治者便确立了从“历史教育”到“国家精神”，再到“巩固国本”的基本路径。历史教育可谓“国家体制”之精神“软件”，统合国民之必须手段，对于日本近代国家的建立与发展起到了一定的积极作用。然而，当上述路径的终点不是“巩固国本”，而是“对外侵略”时，历史教育的作用便发生了质的变化。

第二，对外战争的工具。

在近代立宪制国家初步建立之后，日本政府就已将历史教育与对外侵略联系起来。1890年3月，时任首相山县有朋在其《外交政略论》中提出：“我国利益线之焦点实在朝鲜……保护上述利益线之外政，必不可缺者，一曰兵备，二曰教育。……国之强弱，须以国民忠爱之风为元质。……观欧洲各国，通过普通教育，根据其国语、其国家之历史及其他教学方法，在智力发展之初熏陶爱国之念，使之油然而成第二天性。……国家之成为国家者，唯依此一大本质。”③“保护利益线”即侵占朝鲜，历史教育开始被纳入对外侵略的轨道。

从日本政府对外侵略扩张与改革历史教育的时间关系上来看，在甲午战争（1894—1895年）前后，先后修改了小学（1890年）、师范（1892

---

① 木村匡：《森先生传》，东京：大空社，1987年复刻版，第148—149页。

② 宫内省：《须多因讲义笔记》，1889年12月，载吉野作造编：《明治文化全集》（第四卷 宪政篇），东京：日本评论社，1928年，第557—558页。

③ 大山梓编：《山县有朋意见书》，东京：原书房，1966年，第197—200页。

年)、中学(1901年)的历史教育;在日俄战争(1904—1905年)前后,实施了小学历史教科书"国定制"(1903年)、小学历史课"义务制"(1907年);在日本吞并朝鲜(1910年)之后,相继改革了师范(1910年)、中学(1911年)的历史教育;在第一次世界大战(1914—1918年)之后,第三期国定历史教科书大幅度加入了"神""军"的内容(1920年);在侵占中国东北(1931年9月)之前,改革了中学、师范的历史课(1931年1月);在全面侵华(1937年7月)之前,再次改革中学、师范的历史课(1937年3月);在对英美开战(1941年)前后,改革了小学(1941年)、中学(1943年)的历史教育。历史教育的所谓"改革"始终与日本的对外扩张相伴左右。

在上述历次改革中,日本政府不断强化"神国"内容,使国民相信对外战争的"神命"与"神佑";不断加入"保护韩国""保全中国""大东亚共荣"以及"欧美之东亚侵略"等内容,使国民相信对外战争的"正义"性;而批判西洋历史、篡改东亚历史的内容,则使国民丧失了比较判断的能力。日本政府正是通过这样的历史教育,使国民自发、积极地投入对外战争。历史教育成为日本不断推进侵略战争的精神工具。

第三,否认侵略的根源。

反动的战前历史教育,在日本战败之初曾受到美国占领当局、日本一线教育工作者的批判。然而,当被占领状态结束后,日本政府在历史教育问题上复趋保守,开始不断否认战前的侵略历史。其突出表现为三次由日本政府主导的"历史教科书事件",即1955年文部省审定历史教科书时禁止使用"侵略",1982年审定时要求将"侵略"改为"进入",2001年审定时要求删除"从军慰安妇"的记述,并批准了否认侵略战争的右翼历史教科书。①

之所以出现上述否认侵略历史的"逆流",学界一般认为,主要是因为接受战前历史教育的右翼政治家们重返或新登上了政治舞台,他们在历史教育问题上并未真正深刻反省。但本文认为,其更深刻的根源在

① 详见臧佩红:《战后日本的历史教科书问题》,《日本学刊》2005年第5期。

于,日本战后的执政者仍然认同战前历史教育的“国民统合”功能,将其作为培养国民“爱国心”的重要手段,以获得国民对其推行右倾化政策的支持,最终实现政治军事大国目的。例如,在第一次事件之前,首相吉田茂1952年曾公开强调“历史教育”、“爱国心”与“重新武装”的密切关系。他指出:“日本的重新武装……须从精神与物质两方面计议。在精神方面,我国的教育并未讲授日本的历史与地理,因而无法培养爱国心。只有向青年彻底讲授日本历史冠于万国、日本国土世界最美,方能培养爱国心。”①在第二次事件之前,众议院议员三塚博1980年在众议院上责难历史教科书中没有记述爱国心时强调:“为了使日本成为美丽的宜居国家,首要的是应教育日本人热爱国家,为日本而认真工作。”②通过历史教育培养“爱国心”本无可厚非,然而,其与战前一脉相承的抹杀历史事实、否认侵略历史的做法,仍然违背了历史教育的客观性和正义性。

总之,日本战前的历史教育,固然有利于国家统治。然而,其“神国主义”特征造成了历史教育的“虚构性”,违背了历史的“科学性”;其“皇国主义”特征造成了历史教育的“君主性”,与世界历史发展的“民主性”趋势背道而驰;其“排他主义”特征造成了历史教育的“片面性”,违背了历史的“客观性”;其“军国主义”特征造成了历史教育的“侵略性”,丧失了其本应伸张的“正义性”。这种反科学、反民主、非客观、非正义的历史教育,必然随着对外侵略的失败而最终宣告终结。在日本战前历史教育的遗毒尚存的今天,总结其教训及危害,当有益于促使日本反省历史、亚洲受害国家警钟长鸣。

三、战后的教科书审定制度

二战结束后,日本政府在被占领的情况下,改变了战前的教科书国

① “战后日本教育史料集成”编集委员会编:《战后日本教育史料集成》第4卷,三一书房,1983年,第23页。

② 《众议院委员会议录》(第93次国会、大藏·文教·社会劳动)1980年,第1类第6号,第5页。

定制，确立了教科书审定制度，该制度既具有进步意义，同时也具有一定的局限性。被占领状态结束后至今，日本政府大致上对教科书制度进行了三次修改，在审定制的框架下不断加强对教科书的控制。近年来，日本的历史教科书问题引起国内外的广泛关注，然而历史教科书问题产生于战后的历史教科书制度，而历史教科书制度又是整个教科书制度的一个组成部分。因此，以下拟对战后日本教科书审定制度的确立与演变过程加以综合考察，从而揭示其问题之所在。

(一) 战后初期教科书审定制度的确立

第一，战前的教科书国定制及其危害。

纵观古今中外各国的教科书制度，大致可以分为三类：自由制、审定制、国定制。日本自近代教育体制确立以来，在教科书制度上经历了从自由制到审定制、再到国定制的演变过程。1872 年颁布《学制》后，基本上实行教科书自由制：教科书由政府和民间自由编辑，没有检查审阅制度，各地方、各学校也可以自由选择决定使用何种教科书；教科书的内容也较自由，其中多为介绍西方文化的启蒙书籍和翻译书籍。1886 年，日本政府制定《教科用图书检定条例》，开始实行教科书审定制度，规定民间编辑后的教科书须要经文部省审定；教科书的内容中也加强了忠君爱国的题材。1903 年，日本政府修改《小学令》，规定“小学教科书应为具有文部省著作权的教材”，从而开始实行教科书国定制。国定教科书从 1904 年 4 月开始在全国使用(最初是修身、读本、国史、地理，从 1905 年开始算术、绘画，1911 年开始理科)，共分为五期：第一期从 1903 年至 1908 年，第二期从 1909 年至 1917 年，第三期从 1918 年至 1932 年，第四期从 1933 年至 1938 年，第五期从 1939 年至 1945 年。除小学教科书外，1940 年 9 月，中等教育教科书废除检定制而实行指定制，每门课程指定 5 种教科书；1940 年 11 月，高等师范学校及专门学校等的教科书实行文部大臣的批准制；1943 年 1 月，《中等学校令》规定中等学校实行教科书国定制；1944 年 4 月，修改《青年学校令施行规则》，青年学校也实行教科书国定制。

从战前日本国定教科书的内容来看，其中固然有近代教育的成分，例如科技实用知识、近代公民法制意识等，但更有其危害性：① 通过神话宣扬极端的皇国主义。从第一期国定教科书开始，修身教科书便以孝行和忠义为中心内容，历史教科书则均从“天照大神”开始写起，通过神化的天皇、神化的日本国，来培养国民对天皇、对国家的绝对忠诚与服从，另一方面也培养了日本国民的优越意识与盲目的排外意识。② 宣扬军国主义与圣战思想。从第二期国定教科书开始，强调了爱国教材的《广濑中佐》《水兵之母》等，此后教科书中的军国主义色彩日益浓厚，到第五期国定教科书时，“以往的教科书虽然教授了超国家主义及军国主义思想，其在具体的决战之下，对于培养战斗到底、坚决必胜的国民尚且不够，因此……第五期教科书的基本性质是超国家主义的强化宣传。……‘国体明征’的口号也被‘八紘为宇’所取代，教科书将战争美化成‘圣战’，为了让疲于长期战争的国民协助‘完成圣战’，扮演了急剧被动员的思想武器的角色”。①

总之，战前日本的教科书在制度上实行严格的国家统制，在内容上则充斥着皇国主义、军国主义，从而沦为日本对外侵略扩张的工具。

第二，战后教科书审定制的确立。

战后初期，在以美国为首的盟军占领并主持下，日本实行了非军事化、民主化教育改革中，其中便包括废除教科书国定制、确立教科书审定制。

1947 年 3 月公布的《学校教育法》规定了教科书审定制。该法第 21 条规定：“小学必须使用监督厅审定或认可的教科书，或者是监督厅拥有著作权的教科书”；第 38 条规定：“有关初中教学课程的事项，……由监督厅制定”；第 43 条规定：“有关高中学科及教学内容的事项，……由监

① 唐泽富太郎：《教科书的历史》，创文社，1956 年，第 481—482 页。《爱国心教育史的究明》，第 285 页。

督厅制定”。该法第106条规定，上述各条款中的“规定的拥有规定权限的监督厅，当下为文部大臣。”①

1947年9月14日，文部省下达通知《关于公开教科书审定》，内称：“新制定的《学校教育法》允许在小学、初中、高中使用审定教科书。因此，文部省将国定教科书改为审定教科书，向一般的教科书著作广开审定之途。第一，审定分企画审查、初稿审查、校正版审查、样本书审查四个阶段。第二，审查根据审定标准进行（在该标准制定之前，希望以学习指导要领、文部省编著的教科书等为标准进行）。第三，审定标准、实施上的具体措施等，由近期将要成立的教科书常设委员会审议后决定。第四，对各学校的审定教科书需求量的调查等，当前由文部省进行。”②同年12月9日，设置教科书委员会，该委员会受文部大臣监督，调查审议有关教科书的重要事项。

1948年2月3日，文部省告示《教科书审定要领》：“在根据教科用图书委员会审议而制定出审定标准之前，教科书的审定遵循如下要领：第一，小学、初中及高中（中等学校）教科书的审定，要调查图书内容是否依据学习指导要领，图书的结构、印刷、页数、用纸、定价等是否适当……”③1948年4月30日，文部省令《教科书审定规则改正》，规定“（教科用）图书的审定，根据教科用图书检定委员会的答申，由文部大臣进行；图书作者或发行者可向文部大臣提出审定申请；图书的审定分为初稿审查、校正稿审查、样本书审查三个阶段。”④同时，1948年4月，文部省公布《教科书审定的一般标准》，其中规定了所有教科书审定必须遵守的“绝对条件”，其中第一条即为“是否与教育目的一致……我国的教育目的由《教育基本法》规定，用于该教育的教科书也不得违反该目的。如有损害和平精神、

① 神田修、山住正己编：《史料 日本的教育》，学阳书房1986年，第150、151、152、157页。

② 宫原诚一等编：《资料日本现代教育史1》（1945—1950），三省堂，1974年，第366—367页。

③《教科用图书检定要领》，1948年2月3日。载宫原诚一等编：《资料日本现代教育史1 1945—1950》，三省堂1974年，第368页。

④《教科用图书检定规则改正》，1948年4月30日。载宫原诚一等编：《资料日本现代教育史1 1945—1950》，三省堂1974年，第369页。

歪曲真理、不尊重个人价值、鄙视劳动、轻视责任、损害自主精神，必须断定其作为教科书不合格。”①

根据上述法律、政令，当时教科书审定程序为：教科书编写者向文部省提出希望被审定的图书；文部省任命非专任的、匿名的教科书调查员，每科 5 人（一线教师 3 人、专业学者 2 人）一组，调查申请的图书、做成调查意见书与评定书，然后提交教科书检定调查审议会（16 人构成），由该审议会决定被检定图书是否合格。原则上，5 名调查员的总评分满分为 1000 分，超过 800 分者为合格，800 分以下者为不合格。

在战后初期确立的教科书审定制度下，教科书的编写呈现多样化，且编写者多为进步的民主学者；教科书审定过程中起决定作用的教科书委员会委员、教科书调查员等，也多任命专业学者或一线教师；而且，无论是教科书的编写还是审定，都遵循民主、和平这一基本原则。正因为如此，可以说，战后初期确立的教科书审定制度具有进步意义。

第三，教科书审定制的局限性。

但是，战后日本的教科书审定制也具有一定的局限性，即教科书审定权的归属问题。如上所述，1947 年《学校教育法》规定教科书的审定权在当时暂时归文部大臣。这一审定权的归属之所以是暂时性的，是由于改革决策者试图削弱文部省的教育行政权，而将此权力划归民选的地方教育委员会。1948 年 7 月 15 日公布的《教育委员会法》第 50 条规定教育委员会的职责之一为“根据文部大臣制定的标准，审定都道府县内所有学校的教科书”。② 但是，该法第 86 条（最后一条）又规定：“在用纸配给制废除之前，都道府县委员会从文部大臣审定过的或文部省编写的教科书中选择教科书”。③ 顾名思义，当用纸配给制废除之后，教科书的审定权应当归教育委员会。然而，日本政府实际上并不愿放弃通过教科书

①《教科用图书检定的一般基准》，1948 年 4 月。载宫原诚一等编：《资料日本现代教育史 1 1945—1950》，三省堂 1974 年，第 373 页。

② 神田修、山住正己编：《史料 日本的教育》，学阳书房 1986 年，第 330 页。

③ 同上书，第 333 页。

审定来掌控教育内容，因此，即使后来废除了用纸的配给制度，也再没有将教科书的审定权交给教育委员会。1953 年 8 月 5 日，日本政府修改《学校教育法》，将原《学校教育法》中第 21 条的"监督厅的审定或认可"改为"文部大臣的审定"，将"监督厅"改为"文部大臣"，从而将文部大臣的教科书审定权法制化。

可见，对教科书的审查权一开始便不在由公选产生的地方教育委员会手中，而是由中央的文部省把持，日本政府仍可以通过教科书的审定，最终决定教育的内容。也就是说，教科书审定制的民主程度是有一定限度的。

（二）日本政府修改教科书审定制度的历程

日本战后教科书审定制确立以来至今，日本政府大致上三次不同程度地对教科书审定制度进行了修改。

第一，50 年代中期的教科书制度改革尝试。

战后初期日本政府放弃对教科书的绝对统制，将国定制改为审定制，并非其本意所愿，而是在占领当局的主导下、在社会民主气氛高涨的情况下不得已而为之。正因如此，当被占领状态结束后，日本首相的私人咨询机构——"政令咨询委员会"于 1951 年 11 月提出的《关于改革教育制度的咨询报告》中便建议："关于教科书，即使以审定制度为原则，也要鉴于现在的情况，考虑由国家编成具有各种多样性的标准教科书，以图实现教科书的进步与提高"。[①] 然而，当时日本民间的进步力量强大，使得日本政府未能修改教科书审定制。1955 年第一次历史教科书事件的发生[②]，反映了日本国内保守势力与进步力量在教科书问题上的公开对峙与较量。以此为契机，日本政府试图通过立法来改变当时的教科书

① 神田修、山住正已编：《史料 日本的教育》，学阳书房 1986 年，第 87 页。

② 第一次历史教科书事件及下文所述第二次、第三次历史教科书事件，均详见拙文《战后日本的历史教科书问题》，《日本学刊》2005 年第 5 期。

审定制度,以加强对教科书的控制。1956年3月12日,日本政府向国会提交的《教科书法案》主要目的有二:第一,导入教科书调查官制度,以加强对教科书的审定;第二,废除学校选择,导入广域选择制度。[①] 该法案遭到日教组等民间教育团体的激烈反对,最终成为废案。

日本政府在立法未果的情况下,通过以下措施来加强国家对教科书的统制。第一,改革教科书的审定程序。1956年10月10日,文部省创设教科书调查官制度,名额40人,对科书进行调查审议;同月19日,文部省改组了教科书审定调查审议会,大幅度增加该审议会分科会委员。上述教科书调查官及教科书审定调查审议会委员,均由文部大臣任命,可想而知,文部大臣是不会任命反对其文教政策的民间民主人士的。也就是说,日本政府通过行政措施,实际上将未获通过的教科书国家统制法案中加强教科书审定的目的具体化。第二,加强对教科书选定的控制。1957年,文部省通知都道府县教育委员会:"教科书的选择权在教育委员会"。文部省之所以这样做,是因为1956年废除《教育委员会法》,地方教育委员会由公选制改为任命制,即中央文部省可以通过教育委员的任命来掌控地方教育委员会对教科书的选择。此外,从1957年开始,政府通过行政指导推进了广域选择,即将教科书选用区域扩大,这样文部省便可以通过行政指导,使更广泛的学校选用其希望的教科书。在这种情况下,1964年4月1日,各都道府县成立教科书选定审议会。1964年4月3日,青森县教育委员会决定从1965年度开始实行全县选用1种小学教科书。

日本政府通过上述措施加强对教科书的掌控,其结果是使教科书的内容按照其所需要的标准编写,其主要倾向仍然是避免对日本国家不利的表述,而是加强了爱国主义的内容,甚至从1971年度使用的小学教科书中,小学6年级全体社会课教科书中均恢复了神话的内容。

---

① 俵义文:《何为教科书调查官——教科书检定是否需要教科书调查官?》,见儿童与教科书全国组织21世纪事务局长俵义文网页:http://www.linkclub.or.jp/~teppei-y/tawara%20HP/。

第二，80 年代末期的教科书制度改革。

80 年代末年，日本政府大幅度修改了教科书审定制度。1989 年 4 月，文部省全面修改了《教科用图书审定规则》《教科用图书审定标准》。新的教科书检定制度从 1990 年以后正式开始使用。

新的教科书审定程序规定：① 简化审查手续，废除原来的初次审查、修改后审查的种类，取消了三阶段审查（初稿审查、内阅本审查、样本审查）；② 废除“有条件的合格”，原制度规定对有的教科书可以判定其合格，但附加一定条件，待其修改后再最后判定合格；而新制度取消了该项，教科书审定调查审议会只对教科书提出修改意见，对修改后的记述进行再次审查，最后才决定是否合格；③ 公开审定结果；④ 延长审定周期，将原来审定周期的 3 年改为 4 年。[①]

除改革教科书审定程序外，日本政府对教科书的选择进行了改革。1990 年 3 月，文部省下属的“教科书选择方式调查研究合作者会议”提交了《关于教科书选择的方式（报告）》，提出以下具体的改革意见：① 选择地区在选择教科书时，要参考都道府县教育委员会制定的选择标准、选择资料；② 向各选择地区派遣不同课程的适当数量的调查人员，以充实调查研究体制；③ 改变教职员投票决定教科书的选择手续；④ 聘请学生家长代表担任教科书选定审议会、选择地区协议会的委员；⑤ 公布选择结果及理由、教科书选定审议会及选择地区协议会的委员名单；⑥ 配合教科书审定周期的延长，将教科书选择周期由 3 年延长至 4 年。[②] 文部省在该建议下，部分修改了《义务教育诸学校教科用图书无偿措施法施行令》，并要求各都道府县教育委员会从 1991 年起，研究并切实改善教科书选择方式。

改革后的教科书审定制度，表面看来是更加简化、民主化、公开化，而实际上则是向着日本政府进一步控制教科书的方向发展。首先，名为

---

① 文部省编：《我国的文教施策》1989 年度，第 131—132 页。

② 同上书，第 269 页。

简化手续,实则通过限制修改时间,使编写者不得不按照文部省的意图修改。原制度规定的修改时间为4—5个月,新制度则规定提交第1次修改表的期限为35天、第2次修改表的期限为35天,合计不足3个月。而且,对第1次修改表的反馈意见在1周至10天以后,而制作第2次修改表需要2周时间,因此,用于修改的时间实际上仅有20天。在如此短的时间内,编写方无法充分召开编辑会议,只能按照文部省的指示进行修改。其次,原制度中规定的“有条件的合格”一项,是以“合格”为前提提出“修改意见”“改善意见”的,因为该教科书已经被判定为“合格”,所以编写者对“修改意见”的执行便会有一定的余地,而新制度最后才判定教科书是否合格,于是,编写者为了获得通过,便不得不无条件地服从文部省的“修改意见”了。再次,新设立文部大臣的“劝告修改权”,即对于已经被审查合格的教科书,如果文部大臣认为其中有“妨碍学习的记述”,便有权“劝告其修改”。也就是说,即便文部省迫于压力通过了记述侵略战争的教科书,也可以在事后以“妨碍学习”为由下令予以“修改”,这就大大强化了文部省在非审定时期干预教科书的权限。最后,新审定标准中原来只规定遵循学习指导要领的“目标”与“内容”,而新标准则添加了是否遵循学习指导要领的“处理内容”。文部省可将其希望教授给学生的内容列入学习要领中的“处理内容”,然后根据此项,教科书编写者也不得不将该内容写入教科书。事实上,东乡等42个人物,便被列入了学习指导要领的“处理内容”中。

另就教科书的选择而言,如上所述,文部省秉承的原则无非有两个方面:一是加强由其任命的教育委员会的发言权;二是改变教师投票选择这一民主的方式。这两方面的措施,都有损于教科书选择的民主性与自由度。

第三,21世纪初的教科书制度改革。

21世纪初,日本政府进一步修改了教科书制度。2002年2月,文部科学省要求教科书审定调查审议会从审定与选择两方面探讨修改教科书制度,该审议会于同年7月提出了修改建议。2002年8月,文部科学省根据审议会的建议部分修改了《教科书审定标准》，规定“从加深学生理解、根据兴趣与爱好扩大学习的观点，教科书中也可以记述学习指导要领中未做规定的‘发展性的学习内容’”。[①] 并要求教科书在内容上要更加协调，以消除学生在理解学习内容上的障碍。2003 年度，文部科学省根据新教科书审定标准，审定了中小学及高中的教科书，新检定标准下的教科书从 2005 年度开始使用。

至于何谓“发展性的学习内容”，文部科学省教育白皮书中有关教科书制度一节并未详加解释。根据 20 世纪 80 年代以来日本政府确立的基本教育发展方针，终身学习、国际化、信息化等均当属此列，而 2006 年 12 月修改的《教育基本法》中新规定的“爱国心”，也应属于“发展性的学习内容”。如是，日本政府便可在该新审定制度下，既将适应时代发展潮流的国际化、信息化等内容充实到教科书中，另一方面也可以继续在教科书中加强“爱国心”教育的内容。而战后以来日本政府加强“爱国心”教育的惯用手法之一，便是尽量压缩历史教科书中的对日本历史的负面描述，如“侵略”“慰安妇”“劳工”等，另一方面也开始允许美化侵略战争的教科书通过审定。

关于教科书的选择，2002 年 8 月，文部科学省向各都道府县教育委员会下达通知，要求进一步改变教科书的选择，如充实调查研究所需的资料、明确市町村教育委员会与选择地区的关系、确保安静的选择环境等。[②] 该通知看似中性、客观，而实际上，各地方在教科书选择上，正在根据文部科学省的“指导”，逐渐压缩民主方式，而加强行政干预的力度。例如，各教科书“选用地区”内可以通过不同方式选择教科书，原来有些地区在选用教科书时采取“学校投票方式”，即各个学校的教师们投票选择自己希望使用的教科书，获票最多的教科书便成为该采用区域的统一教科书，该方式最能反映教师的意见，以前东京等大城市大多采用该方

① 文部科学省编:《文部科学白皮书》2003 年度，第 183 页。

② 同上书，第 183 页。

式。但是,该民主的选择方式为日本保守势力所不容,从1999年9月至2000年4月的5个月间,东京都的中野区、足立区、墨田区、北区、大田区、五藏野市、江东、江户川、葛饰区、杉并区等区议会均采纳了要求废除学校投票方式的意见书;熊本县、长崎县、群马县、静冈县等县议会也均采取了保守势力提出的要求废除“学校投票方式”的意见书。2000年3月22日,东京都教育厅指导部长斋藤尚也在都议会文教委员会上宣布,将中小学的教科书选择制度改为都教科书选定审议会委员选定方式,废除教职员组合等关系团体的推荐方式。[①] 2001年2月13日,东京都知事石原慎太郎在都市町村协议会上指示“今后由市町村的教育委员会自行判定决定教科书,大家都要支持‘教育委员会’。[②]”地方教育委员会由文部科学大臣任命,加强教育委员会的教科书选择权,便是加强国家在教科书选择上的统制程度。

纵观战后以来日本教科书审定制度的演变,一个总体的趋势是:日本政府通过修改教科书的审定标准与审定程序、教科书的选择方式等,不断加强国家对教科书的行政干预,而缩减民间进步力量的发言权。日本政府加强对教科书的控制权,其目的是将教育内容置于其教育政策之下。日本的教育政策是为其政治、经济、社会乃至军事发展服务的,它要求教育培养出来的日本人既具有经济发展所需的各种知识与技能,同时也要热爱自己的国家,拥护、最起码是不反对日本政府的各项内外政策。这两方面的教育目的似乎均无可厚非,但问题是,日本政府为了培养其国民的“爱国心”,屡屡删除历史教科书中对培养国民“爱国心”具有负面意义的对外侵略内容、表述,甚至纵容以神话写历史、美化侵略战争的日本右翼文人组织编写的历史教科书。因此可以说,战后日本的教科书审定制度,是战后日本历史教科书问题的制度基础。

---

①《产经新闻》,2000年3月23日。

②《产经新闻》,2001年2月14日。

四、战后的历史教科书问题

二战结束后，日本一直有一股保守力量试图通过修改进步的历史教科书或批准反动的教科书，来试图掩盖对外侵略的历史。1982年，日本将历史教科书中对亚洲的“侵略”改为“进出”，由于中国、韩国等亚洲国家的强烈反对而演变成深刻的外交问题；2001年及2005年，日本文部省先后两次批准了由右翼的“新历史教科书编纂会”编写的美化战争的历史教科书，这更加遭到战争受害国的中国、韩国等亚洲国家的强烈抗议。日本的历史教科书问题愈演愈烈。那么，战后初期对战前的历史教科书是如何处理的、战后日本的历史教科书问题经历了怎样的发展过程、现行的历史教科书制度及其问题如何？以下拟对此加以综合考察。

（一）战后初期对战前历史教科书的认识与处理

二战结束后，在反法西斯盟国铲除日本军国主义的方针下，日本文部省于1945年9月20日下令删除“强调国防军备的教材、战意昂扬的教材、妨碍国际亲善的教材、伴随着战争结束而明显脱离现实情况的教材等”①。各学校根据该指令将战前教科书中的上述有关内容用墨汁涂黑，即“涂改的教科书”。但是，日本战前的教科书中，尤其是修身、历史、地理教科书中充斥着军国主义、皇国主义的内容和思想，单靠涂改根本无法解决问题。于是，1945年12月，盟国占领军总司令部(GHQ)下令停止了修身、日本历史、地理三门课程，并要求立即收回上述三门课程的教科书和教师使用的参考书。直到1946年10月12日GHQ才允许重新教授日本历史，但条件是只能使用GHQ承认的教科书。

GHQ下令停止日本历史课，是基于对战前日本历史教育的深刻认

---

① 文部省：《关于终战后教学用图书的处理办法》，1945年9月20日。战后日本教育史料集成编辑委员会编：《战后日本教育史料集成》(第1卷)，三一书房1982年，第259页。

识。1945年12月31日《关于停止开设修身、日本历史、地理课之件》开头即指出："日本政府将军国主义与极端国家主义的观念编入某种教科书，为了将要课之于学生的观念植入学生头脑而利用了教育，鉴于此下发该指令"①。1946年3月的美国对日教育使节团报告书中，更明确地揭示了战前日本历史教育的问题之所在："历史和地理通常是为使学生认识自己所处的时空位置而开设的课程。即历史和地理是要发展学生对历史的展望、对周边自然环境的认知、进而对其身处环境与其他世界之关系的认识，给他们以客观的基础。日本在讲授这两个科目上，强调与此不同的观点，即有意识地把有记载的历史和神话混同起来，把地理看作是防卫性的、甚至是宗教性的自我中心。在日本典型的教学科目中，历史课与地理课作为客观学科受到很大的轻视，但在政治的、军国主义的说教中却发挥了重要作用。教科书的相继修订是随着国家政策的演变进行的。从最近一次于1939年修订的教科书看，其内容带有严重的危害性。"②该报告书同时建议重新编写教科书，并且要用完全不同于以往的历史观来编写，应把客观历史与神话区分开，与外国神话同样，把日本神话作为文学予以保存。

日本教育一线的教师对上述认识抱有同感。1946年5月，文部省公布的一份对各地师范学校附属小学的调查表显示，所有答卷均认为国史教科书是有必要的，但同时也认为需要进行如下修改：必须抛弃日本中心主义的、自以为是主义的观点，建立基于正确史实的国史；改变皇国历史使命的思维，营造制定新国史的氛围；要将神话与历史分离，将神话作为美丽的传承写成儿童读物；神武以前的记述一时难以确认为史实因此

① 战后日本教育史料集成编辑委员会编：《战后日本教育史料集成》(第1卷)，三一书房1982年，第43页。

② 寺崎昌男编：《战后教育改革构想 Ⅰ期1 美国教育使节团报告书》，日本图书中心2000年，第16—17页。

不需要,等等。①

日本政府的公开文件中也阐述了战前历史教科书中存在的问题。1946年10月公布的新历史教科书的编纂方针中规定:"省略神话传说,更科学地记述。例如不再记述高天原、天孙降临等,而是通过贝塚、古坟等证据实证性地记述'上古生活',这种客观的、科学的态度贯彻始终","不仅站在狭隘的日本立场,而且站在更广阔的世界立场"。② 同年11月9日的文部省通知《国史教学的指导要点》中也明确指示:神话、传说没有必要与历史事实混同,不写入教科书;对日本民族的由来不作神秘的解释,其产生及发展经过尚未成定论,因此不要妄断;对日本国家的起源要进行学术的、客观史实地叙述。③

战后初期美国为首的占领当局、日本政府、日本教育一线教师对战前历史教育的认识和处理具有重要的历史意义。正是基于上述认识,战后日本将战前的教科书国定制改为由个人或团体自由编写、后经文部省检定的检定教科书制度,并删除了有关军国主义、皇国主义以及神话传说的内容;而且,新教科书中也有关于南京大屠杀的记载,例如,文部省1947年出版的师范学校用《日本历史》便记述道:"中国的抗战以日本军在南京的残虐行为为契机而激化";和歌森太郎等编的《高校日本史》(实业之日本社)中记述:"'南京暴行事件'等日本军队的掠夺与暴行,留下了世界性的恶名"。但是,战后初期的民主化教育改革是在美国主导、民间教育人士支持下实施的,日本政府的态度始终是被动的、保守的。因此,当占领结束以后,日本政府在历史教科书问题上又趋于保守,导致了后来三次教科书事件的发生。

---

① 文部省教科书局调查课:《关于以前的国民学校国史教科书——国民学校教育的经验及意见调查》,1946年5月。引自宫原诚一等编:《资料日本现代教育史1》(1945—1950),三省堂1974年版,第228页。

② 文部省:《关于新国史教科书》,1946年10月19日,引自宫原诚一等编:《资料日本现代教育史1》(1945—1950),三省堂1974年版,第337页。

③ 文部省:《国史教学指导要点》,1946年11月9日。引自宫原诚一等编:《资料日本现代教育史1》(1945—1950),三省堂1974年版,第340页。

(二) 战后以来的三次“历史教科书事件”

1. 第一次教科书事件。

第一次教科书事件发生于20世纪50年代后半期，其背景是日本政府认为当时的“爱国心”教育不足。时任首相吉田茂在1952年9月1日的自由党议员总会和同年11月26日的第15次国会上的施政方针演说中，均强调培养重新武装之精神基础的爱国心的重要性，并称要培养爱国心，就必须强化“万国之冠的历史、美丽的国土等地理、历史教育”，必须向学生们讲述日本的国体和日本民族的优秀性。[①] 1953年10月，时任自由党政调会长的池田勇人与美国副国务卿罗伯逊会谈达成的共识中提到：“在日本创造日本国民增强对防卫的责任感气氛最为重要。日本政府所承担的首要责任，是通过教育及宣传，在日本创造使爱国心和自发的自卫精神成长的空气”。[②] 同年，文部大臣大达茂雄对和平教育提出非难，指责当时的教科书中过于强调和平教育，是一种“偏向教育”。

1955年，日本民主党印发了宣传册《令人担忧的教科书问题》，攻击当时的小学六年级用教科书《光明的社会》过多地记述了侵略的历史：“该教科书的后半部分中，大部分是日本的‘大陆侵略史’”，“该教科书尽写着(日本是)东洋鬼子，作出了无休止的暴虐，欺负中国人民”，“这样果真能成为日本的教科书吗?”[③]于是，文部省在1955年审定教科书时，禁止使用“侵略”一词。曾任国民教育文化综合研究所所长(1995年)的日高六郎证言：“当时(1955年)我执笔写了中学三年级的社会科教科书，……我把日军在‘满洲’事变中采取的行动写为‘侵略’。文部省检定官员对此提出批评，要求改写为“进出”或“进攻”。结果，我们的教科书

---

① 船山谦次:《战后日本道德教育论史》(上)，青木书店，1981年，第137页。

② 神田修等编:《史料 日本的教育》，学阳书房1978年，第73页。

③ 部落问题研究所编:《“自由主义史观”的本质　虚构的日本历史》，部落问题研究所1997年11月，第156—157页。

被判不合格，不能出版。”①

文部省要求删改侵略历史事实的检定，遭到日本进步学者的强烈反对，其中最著名的便是“家永三郎教科书诉讼案”。时任日本东京教育大学教授的家永三郎将其执笔的高中历史教科书《新日本史》提交文部省检定，但在1952、1955、1957、1963、1964年的历次文部省教科书检定中均不合格，1965年6月，家永三郎教授向法院提起诉讼，告文部省对其教科书的检定违宪违法，要求国家赔偿损失，1967年6月提起第二次诉讼，要求取消检定处分。1970年7月，家永三郎在第二次诉讼中全部胜诉（东京地裁杉本判决）。此后的70年代，政府对教科书的检定在某种程度有所放宽，到70年代后期，终于逐渐出现了记述南京大屠杀的历史教科书。

2. 第二次教科书事件。

第二次教科书事件发生于20世纪80年代初，其背景之一仍然是政界攻击“爱国心教育”不足。1980年7月23日，法务大臣奥野诚亮在记者招待会上称“现在的教科书（回避了爱国一词）问题很大”②。同年10月15日，自民党议员三塚博在众议院文教委员会上对教科书提出非难：中学学习指导要领中要求“指导、记述爱国心”，但即将使用的中学社会科教科书中却没有爱国心的记述。“爱国”是“国家存立的基础”，同时“是对祖国的自发的热爱之情，国家的存在是靠国民对国家的爱来支撑的”。并强烈要求政府委员回答，对于这样的教科书“（文部省）是怎么检定的?”③在国会议员的发难下，自民党于同年10月在其教育问题联络协议会内新设“教科书小委员会”④，要对“现行教科书中没有‘爱国’、‘保卫国家’等记述的问题进行根本探讨。

---

① 日高六郎编：《日本与中国——年轻人的历史认识》，梨之木舍1995年，第2页。

②《朝日新闻》，1980年7月22日夕刊。

③ 腾野尚行：《教育基本法制与教科书问题》（增补版），法律文化社1985年，第120页。

④ 该小委员会委员长为众议院议员三塚博，成员由参众两院议员共44名组成，其中包括坂田道太、海部俊树等原文部大臣，还有时任自民党文教部会会长的森喜朗。

与此同时，日本财界也开始批判当时的教科书。早在1980年8月初，日本贸易会及全日本广告联盟便指责“公民”教科书中有关综合商社及广告的记述有偏见。① 同年11月，经团连的宣传机构——日本经济广报中心在《经济教育Ⅰ》与《经济教育Ⅱ》上发表文章，批评社会科教科书中过于丑化现代大企业的形象。② 1981年5月15日，日本经营者团体联盟会长大槻文平在“日经连”第34次例会上发言，指责教科书中尊重个人、偏重权利的教育理念使利己主义扩散，并游说“国家的意义与重要性”，要求学校教育培养“保卫国家的气概”和“爱国心”。③

在上述政界、财界非难教科书的背景下，文部省在1981年检定新设立的中学课程——“现代社会”的教科书时，要求大幅度修改批判现代大企业、批判现行国家政策的记述。此外，文部省于1982年6月25日公布的教科书检定结果中，明确表示禁止使用“侵略”一词，历史教科书中将“侵略华北”改为“进出华北”，将“对中国的全面侵略”改为“对中国的全面进攻”，进而在记述南京大屠杀的原因时称“遭到中国军队的激烈抵抗，日军的损失也很大，于是日军群情激昂，杀害了众多的中国军人及平民”。④

日本政府以“检定”为名对教科书内容的干涉，不但遭到国内进步力量的反对，而且遭到中国、韩国、朝鲜、印尼等国家等亚洲国家的强烈抗议。在国内外的压力之下，1982年11月24日，文部大臣发表“关于历史教科书的谈话”，表示将在教科书检定标准中追加新的规定：“在处理与亚洲邻国的近现代的历史事件时，从国际理解与国际协调的观点出发给予必要的考虑”⑤，即所谓的“近邻诸国条款”。1983年6月30日，文部省公布了1982年下半年审定的社会科教科书的部分内容，其中有关中

① 社会科教科书执笔者恳谈会编：《何为教科书问题》，未来社1984年，第359页。
② 同上书，第362—363页。
③ 腾野尚行：《教育基本法制与教科书问题》(增补版)，法律文化社1985年，第115页。
④ 日高六郎编：《日本与中国——年轻人的历史认识》，梨之木舍1995年，第12页。
⑤ 社会科教科书执笔者恳谈会编：《何为教科书问题》，未来社1984年，第378页。

国、韩国关系的记述中，对“侵略”“三一独立运动”“创氏改名”“抓劳工”等记述，文部省没有附加检定意见。从80年代后期开始，教科书中关于侵略亚洲的事实的记述大幅度改善。

3. 第三次历史教科书事件。

第三次历史教科书事件发生于2001年，却发端于1996年的教科书检定。文部省1996年6月公布的检定结果显示，7家出版社的中学历史教科书中均有从军“慰安妇”的记述。于是，日本政界保守势力便对中学历史教科书发起了攻击，自民党内成立了“光明的日本·国会议员联盟”①、“日本前途与历史问题年轻议员思考会”，强烈要求文部省删除中学历史教科书中有关“从军慰安妇”的记述。于是，自民党内设立了“教科书问题小委员会”(1998年2月4日)，以处理历史教科书中的“从军慰安妇”记述问题。各地方议会也与中央保守政治势力相呼应，从1996年12月至1999年6月，冈山县议会、鹿儿岛县吹上町议会、茨城县议会、甲府市议会、香川县议会、大阪府议会、宫崎县议会等均采纳了要求删除“从军慰安妇”记述的建议。

与此同时，日本的右翼文人也对中学历史教科书中“从军慰安妇”的记述提出非难。1996年8月，以藤冈信胜等为首的自由主义史观研究会“要求从中学教科书中删除“从军慰安妇”的记述”，并于同年12月成立了“新历史教科书编纂会”，一边面见文部大臣，要求从中学历史教科书中删除“从军慰安妇”的记述，一边自行编写历史教科书。

在政界及文人保守势力的作用之下，文部科学省2001年公布的教科书检定结果显示，通过检定的8家出版社的中学历史教科书中，只有3家提及“慰安妇”的表述，而且没有一家再用“从军”一词，对南京大屠杀等对外侵略的历史事实等也记述暧昧。与此同时，文部科学省还批准了由“新历史教科书编纂会”编写、扶桑社出版的《新版 历史教科书》。该书非但没有正确记述战前日本对外侵略的历史，反而重蹈战前历史教科书

① 1996年6月4日成立，会长为前法务大臣奥野诚亮，其前身是“终战50周年国会议员联盟”。

的覆辙，将神话故事历史写进教科书，而且还提倡“战争没有错误与正确之分”等错误的历史观，为日本的对外侵略战争历史辩解。日本政府批准上述教科书后，遭到国内进步力量的反对，也受到来自中国、韩国等亚洲邻国的强烈抗议。但是，日本政府并没有因此而改变检定结果，反而于2005年4月5日再次宣布批准该书。中国、韩国等周边国家对此提出强烈抗议，甚至引发了相当规模的反日游行示威。日本的历史教科书问题可谓愈演愈烈。

从上述三次事件的经过来看，日本政界、财界及学界保守势力联合在历史教科书问题上发难，主要目的是为了通过历史教育来培养日本国民的“爱国心”与“自豪感”。那么，为什么如此重视“爱国心”与“自豪感”呢？众议院议员三塚博在1980年10月15日的众议院文教委员会直言不讳地称：“为了使日本成为美丽的、适宜居住的国家，首先重要的是日本人热爱日本国家，为了日本而认真工作。破坏政治是因为国民只考虑自身利益造成的”①。也就是说，只有日本的历史和现状全部是好的，国民才会热爱日本，只有全体日本国民“爱国”了，才会为了国家、为了企业努力工作，才不会反对政府的任何政策。这正是日本历史教科书问题的根源之所在。

(三) 历史教科书制度及其问题

历史教科书问题的产生与日本的教科书制度不无关系。战后日本改变了战前的教科书国定制，采用检定制。日本现行的检定教科书制度分为编辑发行、检定、选择、使用四个环节，每个检定周期为四年。

1. 教科书的编辑发行。

日本的教科书由民间出版社主持编辑、出版。但日本文部省规定，编辑出版教科书的出版社必须具有1000万日元以上的运营资金，而且要有5人以上的专业教科书编辑人员等。目前编辑出版中学社会科历

---

① 腾野尚行：《教育基本法制与教科书问题》(增补版)，法律文化社1985年6月，第120页。

史教科书的出版社有 8 家:东京书籍、大阪书籍、教育出版、清水书院、帝国书院、日本文教出版、扶桑社、日本书籍。教科书出版社一般并不直接编写教科书,而是委托大学、高中、中学及小学的教师来编写。多数情况下是委托大学教师,高中教科书由大学及高中教师编写,初中教科书由大学及初中教师编写,小学教科书由大学及小学教师编写。

2001 年成为历史教科书问题之焦点的中学历史教科书《新版 历史教科书》,是由扶桑社出版、"新历史教科书编纂会"编写的。扶桑社成立于 1984 年 5 月,右翼色彩的产业经济新闻社是其四大股东之一;该出版社的 32 个部门中,专门设有皇室编辑部,出版季刊杂志《皇室》。该出版社虽然在 8 家出版社中成立最晚,经济实力却最为雄厚,拥有资金 68 亿日元,其他 7 家则相差悬殊:东京书籍 8000 万日元、大阪书籍 1 亿日元、教育出版 6000 万日元、帝国書院 5500 万日元、日本文教出版 3000 万日元、清水書院 5000 万日元、日本书籍(不详)。[①] 可见,在争夺教科书市场份额的竞争中,扶桑社拥有绝对的资金优势。

"新历史教科书编纂会"的前身是"自由主义史观研究会"。1993 年夏,首相细川护熙发表承认侵略战争的讲话后,自民党内遂成立"历史·检讨委员会",于 1993 年 10 月到 1995 年 2 月,先后 20 次召集日本侵略战争的美化论者进行演讲和提问,最后编辑成《大东亚战争的总结》一书。参议院议员板垣正在该书后记中写道:"单方面给日本定罪,强加上自虐式的历史认识这一做法,称其为犯罪行为也毫不过分"[②]。明星大学教授高桥史朗在书中高度评价了东大教育学部教授藤冈信胜的"改造近现代史教学"的主张[③]。某议员在该书中鼓励学者们的这一研究动向,称其筹措必要的研究费用,希望学者们大大地加以研究。1996 年 8 月 10

① 以上数据系笔者查阅了各家出版社的网页获悉。

② 部落问题研究所编:《"自由主义史观"的本质　虚构的日本历史》,部落问题研究所 1997 年,第 160 页。

③ 藤冈信胜从 1994 年 4 月号的《社会科教育》开始连载攻击现行教科书的文章,称要重新认识近现代史。

日，以藤冈胜信为召集人成立“自由主义史观研究会”，同年12月2日又成立“新历史教科书编纂会”。“编纂会”不断谋求壮大势力，成立时仅有9人①，一年后为6000人，1999年10月末在全国拥有51个支部②，2003年6月会员已达到1万人。

2. 教科书的检定。

教科书编写完后必须经文部科学省检定合格方能出版发行。各出版社编写完教科书后提交文科省检定，文科大臣根据教科书检定调查审议会的意见决定是否采用，并提出修改意见；教科书执笔者根据修改意见加以修改，经教科用图书检定调查审议会审查合格后，即通过检定，在接到文科省的检定合格通知后便可印刷样书。

教科书检定的关键问题在于检定标准。战后初期，日本对教科书的检定基本上是民主、客观的。1948年4月文部省公布的《教科用图书检定的一般基准》中明确规定：“如有损害和平精神、歪曲真理、不尊重个人价值、歧视劳动、轻视责任、损害自主精神等记述者，均须判定为不合格教科书。”③但后来的历史教科书事件中政界财界要求删除对侵略战争的记述、加入爱国心的内容等，实际上是与上述规定背道而驰的。1988年9月，文部省修改了教科书检定制度，其中有两点值得注意：第一，对于已经被审查合格的教科书，如果认为其中有“妨碍学习的记述”，文部大臣有权“劝告其修改”。也就是说，即便文部省迫于压力通过了记述侵略战争的教科书，也可以在事后以“妨碍学习”为由下令予以“修改”，虽然到目前为止日本文科大臣尚未行使过这一权力，但这无疑为文科省修改已经检定过的教科书埋下了伏笔。第二，严格要求教科书依据学习指导要

① 藤冈信胜（时任东京大学教授、自由主义史观研究会代表）、西尾干二（评论家）、阿川佐和子（随笔作家）、小林良乘（漫画家）、坂本多加雄（学习院大学教授）、高桥史朗（明星大学教授）、林真理子（作家）、深田佑介（作家）、山本夏彦（评论家），共9人。

② 日本全国共有47个都道府县，其中东京都设立了2个支部，后来又将北海道分为札幌、道北、道东3个支部，另加关西佛教恳谈会1个支部，故共51个支部。

③ 文部省：《教科用图书检定的一般基准》，1948年4月。《战后日本教育史料集成》（第1卷），三一书房1982年，第343页。

领编写。日本现行《学习指导要领》中社会科历史部分的首要"目标"即为"提高对历史现象的兴趣,使(学生)在世界历史的背景中理解我国历史的大趋势及各个时代的特色,通过此使(学生)以更广的视野思考我国的文化与传统特色,同时加深对我国历史的热爱,培养作为国民的自觉"。① 2001年和2005年两次被文部科学省检定通过的美化侵略战争的《新版 历史教科书》的执笔者们正是据此大肆叫嚣,称其撰写的教科书才严格遵循了学习指导要领,能够培养学生们的"爱国心"。

3. 教科书的选择。

教科书最后通过文部科学省的检定后,文部科学省将各教科书出版社提交的书目编成教科书目录,通过都道府县的教育委员会下发到各个学校及市町村的教育委员会,供各地选用教科书时参考。战后初期,教科书由各校教师自主选择,1965年《教科书免费法》颁布实施以后,中小学的教科书选择改为"选择地区"方式,即都道府县教育委员会以市或郡为单位划分"选择地区"(到2004年3月全国共有教科书选用地区561个),各个区域统一使用选择的教科书。各"选择地区"的选择方法不尽相同,原来有些地区采取"学校投票方式",即各个学校的教师们投票选择自己希望使用的教科书,获票最多者便成为该选择区域的统一教科书。该方式最能反映教师的意见,以前东京等大城市大多采用该方式。但是这种民主的选择方式受到"编纂会"等保守势力的攻击,仅1999年9月至2000年4月的几个月间,东京都的中野区、足立区等10个区的区议会便均采纳了要求废除学校投票方式的意见书,熊本县、长崎县、群马县、静冈县等县议会也采纳了"编纂会"该各县支部要求废除"学校投票方式"的意见书。目前,文科省明确规定:公立学校的教科书选择权在于设立该学校的市町村或都道府县的教育委员会,国立和私立学校的教科书选择权在各学校的校长;而且,各都道府县教育委员会拥有"适当指导、建议及援助"各地选用教科书的权限。这样,中小学教科书的选用大

① http://www.mext.go.jp/b_menu/shuppan/sonota/990301/03122602/003.htm。

都不能反映广大一线教师的意愿，只能反映各教育委员会的意见，而教育委员会的委员是由文部省任命的。因此，文部科学省实际上也可以通过教育委员会来间接控制中小学教科书的选择。

4. 教科书的使用。

1965年《教科书免费法》规定，日本义务教育阶段的各类学校无论国立、公立、私立其教科书均由国家免费供给，经费由国家预算负担。文科大臣根据各地上报的所选教科书的总数，向各教科书发行者指示应发行的教科书种类及数量。发行者接到指示后，开始正式印刷教科书，然后通过供应商提供给各学校，由学校分发给学生使用。各学校一旦选择某一教科书后，通常4年之内均使用此教科书。

教科书印刷出版后，出版社通过两种途径将教科书下发到全国各个学校：一是与教科书特约供给所签订合同，特约供给所再通过代销供给所下发到学校；二是先与总经销所签订合同，再由总经销所依次通过特约供给所、代销供给所下发到各个学校。2005年4月，日本全国共有教科书总经销所6个，特约供给所53个，代销供给所3640个，其下发的学校中小学约23000所、中学约11000个、高中约5000个。

使用2001年扶桑社《新历史教科书》的学校主要是私立及特殊学校。如栃木县国学院栃木、茨城县常总学院、岐阜县丽泽瑞浪、三重县津田学园、三重县皇学馆、德岛县生光学园、兵库县甲子园学院、东京都立养护学校、爱媛县立养护学校等20所中学。① 2001年8月15日公布的《新版 历史教科书》的采用率为0.039%。

如前所述，在教科书制度的四个环节中，教科书的发行由特定的出版公司垄断，文部省通过检定与学习指导要领介入教育内容，教科书的选用权又集中在文部省授意的教育委员会手中。这便为保守势力重新利用教科书向青少年学生灌输错误的历史观提供了方便。

综上所述，战后初期曾经对战前的历史教科书进行非军事化、民主

① 《产经新闻》，2001年7月13日。

化的改革，但当占领结束后，日本各界又逐渐走向保守，从 1955 年至今共引发了三次历史教科书事件，日本的历史教科书问题也由国内问题演变成与周边国家的严重外交问题。在这一过程中，日本政界、财界、学界各方面保守势力合力推动了历史教科书的右倾化，而日本现行的教科书制度则为其提供了制度上的保障。目前，日本国内保守势力在历史教科书问题上的以下动向值得关注：

第一，试图删除教科书检定标准中的“邻近诸国条款”。该条款是 1982 年第二次历史教科书事件时，日本国内及中、韩两国共同对抗日本保守势力的成果，对制约日本历史教科书的右倾化发挥了重要作用。正因如此，日本的保守势力视其为眼中钉，2004 年 3 月 25 日，“新历史教科书编纂会”在东京九段会馆召开集会，议题便是“从检定基准中删除近邻诸国条项”，并于集会后将决议书提交文部科学大臣。

第二，反守为攻，攻击中韩两国的历史教科书。2001 年历史教科书事件发生前后，日本政府遭到中国与韩国的抗议后，2 月 23 日，“编纂会”发表声明，称这“只能是不正当的干涉内政”，“是对我国教育独立自主的重大挑战”①。3 月 16 日，东京都知事石原慎太郎在东京都议会预算特别委员会上发言称，中国及韩国对教科书的批判是“对日本的自由主义体制的内政干涉”，“看看中国及韩国的教科书的话，也有明显的记述错误”。② 3 月 21 日，“日本前途与历史问题年轻议员思考会”决定的行动方针之一为：如果中韩两国的要求“不是干涉内政的话，那么日本也应该对中韩两国的教科书提出意见”。③ 保守势力对中韩两国教科书的攻击，正在被部分不明真相的普通日本国民所接受。

第三，在教科书选择方式上做文章。2001 年“编纂会”的《新版 历史教科书》采用率不足 0.1%后，“编纂会”事务局局长高森明敕曾在 8 月 16 日的记者招待会上宣称：“我们一定要复仇！在四年后的下次教科书选用中，

①《产经新闻》，2000 年 2 月 24 日。
②《每日新闻》，2001 年 3 月 17 日。
③《产经新闻》，2001 年 3 月 22 日。

无论如何要让扶桑社的教科书达到10%以上的采用率”。2005年4月5日文科省公布《新版 历史教科书》通过检定的当天，“编纂会”即发表声明，称《改定版 新历史教科书》是最忠实地反映了学习指导要领中显示的“培养热爱我国历史的国民的自觉”这一“目标与内容”的教科书。4月13日，“编纂会”召开第28次研讨会，宣称今年夏天要向教科书选择“更进一步”。6月上旬，藤冈信胜出版的新著《教科书选择的真相》中称：“教科书问题的正面舞台已经由‘检定’转向‘选择’，选择成为引起世人注意的时机”。①

五、战前的历史教育及其“遗毒”

2015年4月6日，日本政府公布了新的中学历史教科书的检定结果。其中，东京书籍、自由社有关南京大屠杀的记述再次出现倒退。那么，日本为何不断抹杀对外侵略的历史，日本历史认识问题的根源何在？鉴往知来，纵观日本近代以来的历史教育问题，或可得出答案。

（一）近代初期历史教育的定位

近代之初，日本政要便极为重视历史教育，并从政治意义上、军事意义上对其做了如下两方面的定位：

第一，培养“忠君爱国”的手段。

1879年，明治天皇在《教学圣旨》中明确要求小学教育“揭古今忠臣、义士、孝子、节妇”以培养“忠孝之大义”，时任太政官参议、法制局局长的伊藤博文就此回应称：“政府唯应深刻留意，历史、文学、习惯、语言乃组成国体之元素，宜应爱护之，不可混乱之、残破之。”②也就是说，日本最高首脑将“历史”定位为“忠孝”“国体”的首要元素。随后，日本文部省便予以贯彻实施，如1881年规定小学“知晓教授本邦历史之宗旨，培养学生

① 藤冈信胜：《教科书选择的真相》，PHP新书2005年6月16日。http://www.tsukurukai.com/03_pr_corner/pr_kyoukashofujioka.html。

② 宫原诚一等编：《资料 日本现代教育史》（4 战前），三省堂1974年，第28页。

尊王爱国之志气”,[1]1886年规定历史教科书的检定标准为“使学生了解本邦国体之大要”“奋起忠君爱国之志气”,[2]1890年要求“(小学)尤应发扬尊王爱国之志气……主要以修身、日本地理、日本历史及日常必须之事为素材……”[3]

日本政府为何如此强调“忠君爱国”?首任文部大臣森有礼(1886—1889年)在给政府的建议中写道:“盖国民笃忠君爱国之气……则精神所向、万派一注,可耐久忍难,同心协力,以兴事业……庶几将忠君爱国之意普及于全国……必多益于巩固国本、维持国势。”[4]换言之,早在明治初年,日本统治者便将历史教育视为统合国民、巩固国本的手段。

第二,发动对外战争的工具。

1890年3月,时任首相山县有朋在其《外交政略论》中提出:“我国利益线之焦点实在朝鲜……保护上述利益线之外政,必不可缺者,一曰兵备,二曰教育……国之强弱,须以国民忠爱之风为元质……观欧洲各国,通过普通教育,根据其国语、其国家之历史及其他教学方法,在智力发展之初熏陶爱国之念,使之油然而成第二天性……国家之成为国家者,唯依此一大本质。”[5]所谓“保护利益线”即侵占朝鲜,山县的逻辑即是:要占领朝鲜,须以“国家之历史”培养国民的“爱国之念”,历史教育开始被纳入对外侵略的轨道。

通过历史教育培养国民的“爱国之念”、巩固国家发展,这固然无可厚非,但将其视为对外侵略的工具,便是非正义的。

(二)战前历史教育的四大特征

日本政府在战前推行的历史教育,突出表现出了“神国主义”“皇国

① 教育史编纂会编修:《明治以后教育制度发展史》(第2卷),龙吟社1938年,第254页。
② 宫原诚一等编:《资料 日本现代教育史》(4 战前),三省堂1974年,第400页。
③ 教育史编纂会编修:《明治以后教育制度发展史》(第3卷),龙吟社1938年,第129—130页。
④ 同上书,第9—10页。
⑤ 大山梓编:《山县有朋意见书》,原书房1966年,第199—200页。

主义”“军国主义”“排外主义”四大特征。

第一，“神国主义”特征。

日本战前的历史教育中充斥着神话传说，主要包括三方面内容：

首先，宣称日本是神国。日本文部省1872年出版的小学历史教科书《史略》开篇即列出10位“神皇”，其中第一代神“先于天地而生……主宰万物”，伊奘诺神、伊奘冉神“生大八洲国及其诸岛、诸神，又生天照大神”，天照大神之孙“受封神敕……遂自天降于日向高千穗峰”。[①] 1903年至1919年使用的国定小学历史教科书均从“天照大神”开始记述日本历史，1943年的国定国民学校历史教科书第一课标题即为“神国”，开篇记述了神生日本八岛的内容，意在强调日本国土乃“神生”。

其次，称天皇为“现御神”。上述《史略》中记载第一代“人皇”神武天皇为最后一代“神皇”之子，历代传承，及至第122代明治天皇。1940年的国定小学历史教科书在卷首刊登了天照大神将日本国敕封给“天孙”的“神敕”全文，意在将“皇祖”与“神”之间的联系具象化，并称“我国民仰天皇为现御神”[②]。

另外，还渲染对外征战之“神佑”。在战前使用的国定小学历史教科书中，1920年新增加了“神武天皇东征”时“金鸡”突现、吓退敌兵的神话；关于元朝攻打日本的历史，1935年开始将“大风骤起”改为“神风骤起”，1943年更以“神风”为大标题，称“大日本乃神国……能安度此等大难，唯神国使然。”[③]

日本政府勾勒的“神国”历史情境为：日本国乃“神国”，故自古负有对外征战的神圣使命；天皇为“现御神”，故为天皇战死也将变成神；日本自古对外用兵即有“神佑”，故对中国及英美等开战必将获胜。如此“神国主义”的历史教育，其根本目的是培养国民对内服从专制统治的自发意识、对外积极为国献身的自觉精神。

---

① 海后宗臣编：《日本教科书大系 近代编》(第18卷·历史一)，讲谈社1963年，第9页。

② 海后宗臣编：《日本教科书大系 近代编》(第20卷·历史三)，讲谈社1963年，第235页。

③ 海后宗臣编：《日本教科书大系 近代编》(第20卷·历史三)，讲谈社1963年，第286页。

第二,“皇国主义”特征。

战前的历史教育以“皇国”为根本宗旨,并以天皇为中心内容。

首先,规定历史教育的最终目的是“皇国”。1890 年《教育敕语》规定教育的最终目的为“扶翼天壤无穷之皇运”,历史教育随后予以贯彻实施,要求小学历史课“让学生知晓本邦国体之大要”(1891 年),师范学校历史课要“振奋尊王爱国之志气”(1892 年),中学历史课要“明国体特异之所以”(1901 年),所谓“国体”即“奉戴万世一系之天皇”。进而,在太平洋战争爆发前后,1941 年规定国民学校“国史”课的宗旨为“自觉皇国之历史使命……知晓肇国之宏远、皇统之无穷、历代天皇之鸿业……皇国发展之史迹”,1943 年将中学“国史”课改称“皇国”,其宗旨为“明确皇国之主体立场……感受皇国之大生命……涵养以皇国为主体的新文化创造精神”。①

其次,历史教科书中充斥着“皇国”内容。前述《史略》第一册“皇国”的全部内容为历代“神皇”及“人皇”的名称、血统、在位年代、主要治绩,且“要求幼童背诵”。1903 年国定小学历史教科书中,日本古代史以“皇”为标题者占 45%。② 另外,1903 年至 1945 年使用的国定小学历史教科书中,均附有天皇世系的“御历代表”,“年表”也以天皇为序。

日本政府如此强调“皇国”,旨在以“天皇”的名义统合国民,使其听命并服务于专制权力。

第三,“军国主义”特征。

战前历史教育还大量涉及日本自古以来的对外战争,军事色彩浓厚。

首先,包含大量有关战争的内容。《史略》便记载了神武天皇“东征”、神功皇后“伐三韩”、丰臣秀吉“伐朝鲜”等日本古代对外征伐的内容。1903 年至 1919 年的国定小学历史教科书均将“神武天皇”“神功皇

① 近代日本教育制度史料编纂会编:《近代日本教育制度史料》第 2 卷,讲谈社 1956 年,第 231、517—518 页。

② 海后宗臣编:《日本教科书大系 近代编》(第 19 卷 · 历史二),讲谈社 1963 年,第 441 页。

后”“元寇”“丰臣秀吉”“台湾征伐”“甲午战争”等列为各课大标题。1920年国定小学历史教科书大幅增加了“神武天皇东征图”“虾夷征伐要图”“甲午战争要图”“日俄战争要图”“大山岩大将进入奉天城”“欧洲大战地图”“我机袭击青岛无线电站”等近20幅战争插图。日本政府1943年开始要求中学历史课讲授“大东亚战争与皇国使命”等内容。

其次，贼喊捉贼，掩盖日本对外战争的侵略性质。在1903年至1945年间使用的历次国定小学历史教科书中，有关侵华战争，记述甲午战争时称“日本军舰在丰岛冲遭到清舰炮击，遂开战端”①，“九一八事变”的起因是“中国军队炸毁了南满洲铁路，我国不得已而出兵”②，“卢沟桥事变”缘于“中国士兵在北京附近的卢沟桥向正在演习的我军开枪”③；将对中国东北的殖民统治记述为“与满洲国之亲善”④；对太平洋战争的记述为：“从400年前开始，葡萄牙、西班牙、荷兰、英国、俄国、美国频繁地侵蚀东亚。我国早已看透其野心，固守本国，激励亚洲各国，致力于驱逐欧美势力”⑤。总之，对日本近代以来挑起的一系列对外侵略战争，或强调其虚假的被迫性，或美化其亲善性、解放性，对“侵略”只字不提。

上述“军国主义”的历史教育，诱使日本国民踊跃投身对外侵略战争，且不以为耻、反以为荣。

第四，“排外主义”特征。

日本战前的历史教育经历了一个不断排斥、删减外国历史的过程。如前所述，1872年规定的小学历史教育中包括外国历史。然而，从1881年开始至二战结束，小学历史课中完全取消了外国历史，仅讲授日本历史。此后，外国历史仅在中学、师范学校讲授，其课时量总体上明显少于日本历史。而且，从1931年开始，中学历史课强调以“国史”首尾呼应，

① 海后宗臣编：《日本教科书大系 近代编》(第19卷·历史二)，讲谈社1963年，第555页。
② 海后宗臣编：《日本教科书大系 近代编》(第20卷·历史三)，讲谈社1963年，第230页。
③ 同上书，第231页。
④ 同上书，第230页。
⑤ 同上书，第374页。

师范学校则明确要求“简略外国历史而更精深国史”。

此外，日本政府对外国历史中的西方历史、东方历史，采取了不同的处理方式。一是解释、批判西方历史。在西方历史中，西方国家由君主至民主的历史发展趋势显而易见，这便与日本“天皇万世一系”的“国体”相矛盾。因此，日本政府 1901 年要求中学、师范学校历史教育“明国体特异之所以”，1911 年要求“说明”与“国体相悖”的外国史，1937 年要求“批判”与“国体相悖”的外国史。二是篡改、删节东亚历史。在东洋史中，韩国、中国等东亚国家历史悠久且曾惠及日本，这便与日本对外侵略的“大义名分”相冲突。因此，日本政府在 1910 年吞并韩国后，要求删除“朝鲜建国”，“将朝鲜事例移入日本历史”。1931 年以后，中学、师范学校相继要求“简略”东洋史，并要求将地名、民族等历史名词“统一”为被日本侵占后的名称。

(三) 历史教育在战后的四大“遗毒”

日本战败后，美国占领当局于 1945 年 12 月下令停止教授日本历史课，直到 1946 年 10 月才允许重开。新开设的历史课中不再涉及皇国主义、军国主义的内容，也不再教授神话传说。然而，上述改革是在占领当局的压力下进行的，一旦被占领状态结束，日本政府便在历史教育问题上复趋保守，直至今日。

第一，重新强调“爱国心”。

日本战后曾发生过三次历史教科书事件(1955 年、1982 年、2001 年)，每次事件发生前，日本政府均特别强调要以历史教育加强“爱国心”。

1952 年，时任首相吉田茂公开指出：“日本的重新武装……须从精神与物质两方面计议。在精神方面，我国的教育并未讲授日本历史与地理，因而无法培养爱国心。只有向青年彻底讲授日本历史冠于万国、日本国土世界最美，方能培养爱国心。”①1980 年，自民党议员三塚博在众

① 船山谦次：《战后日本道德教育论史》(上)，青木书店 1981 年，第 137 页。

议院批判中学教科书中没有记述“爱国心”，指出“爱国”是“国家存立的基础”。[①] 1998 年，文部省新规定中小学历史教育的首要目标分别为“培养热爱祖国的心情”“加深对我国历史的热爱”，该项规定沿用至今。[②] 日本政府强调“爱国心”本无可厚非，但若建立在下述抹杀侵略史实、纳入神话内容、加强天皇存在的基础之上，便是非客观、反科学、不民主的。

第二，淡化对外侵略史实。

首先是禁用“侵略”表述。1955 年，文部省在审定教科书时便禁止使用“侵略”。1982 年，文部省再次明确表示禁止使用“侵略”一词，要求历史教科书将“侵略华北”改为“进出华北”，将“对中国的全面侵略”改为“对中国的全面进攻”。在现行的 7 种中学历史教科书中，唯有东京书籍版列有小标题“日本之中国侵略”(但正文内无“侵略”字样)，帝国书院版记有“日军也从中国南部侵攻，占领了上海及当时的首都南京”，清水书院版记述为“巩固了满洲国之实质统治的日本，此后试图侵略华北”，其余 4 种版本在记述侵华战争史时均无“侵略”表述。

其次是模糊南京大屠杀问题。文部省 1982 年批准的历史教科书中记述南京大屠杀的原因为“遭到中国军队的激烈抵抗，日军损失也很大，于是日军群情激昂，杀害了众多中国军人及平民”。现行的 7 种中学历史教科书中均不同程度地记载了南京大屠杀(5 种表述为“南京事件”，另外 2 种分别为“南京虐杀事件”“南京大虐杀”)。其中，东京书籍版还以注释形式记述为“该事件被国际社会批判为南京大屠杀，但日本国民并不知情，战后的东京审判将其判明”[③]；自由社版仅以侧注形式记述为：“占领南京时，由于日本军的缘故，中国军民中出现了多数死伤者(南京事件)”[④]。但日本政府 2015 年 4 月新批准的教科书中，东京书籍版删除

① 腾野尚行：《教育基本法制与教科书问题》(增补版)，法律文化社 1985 年，第 120 页。

②《小学学习指导要领》(1998 年、2008 年)、《中学学习指导要领》(1998 年、2008 年)，见日本文部科学省网站：http://www.mext.go.jp/a_menu/shotou/youryou/main4_a2.htm。

③ 五味文彦等：《新社会 历史》，东京书籍株式会社 2012 年，第 204 页。

④ 藤冈信胜等：《中学社会 新历史教科书》，自由社 2012 年，第 225 页。

了上述注释；自由社版删除了相关侧注，全书不再言及南京大屠杀。①

第三，重新教授神话。

日本政府明确要求小学历史教学讲述神话。《朝日新闻》(1970 年 5 月 21 日)曾报道称："明年春天，战前国史的主角——天照大神——将再次出现在小学新历史教科书中……社会科历史教科书中将简要地记述'天孙降临'、'神武天皇东征'等建国神话。"②继而，针对小学 6 年级的历史教学，日本政府 1977 年要求"使学生关心有关国家形成的神话、传承"，1989 年以后至今均要求"关于神话与传承，从古事记、日本书纪、风土记中选择适当的内容"。③

现行的中学历史教科书中也记述了神话传说。"新历史教科书编纂会"编写、自由社 2012 年出版的《新历史教科书》中，有关神话的记述多达 4 页，记述了"神生日本列岛八岛(生国神话)"、天孙降临神话等，并刊有历代列神的谱系图。④ 虽然该书在 2011 年度的选用率仅为 0.064％(830 册)⑤，但日本政府批准历史教科书中记述神话本身便存在问题。

第四，要求敬爱天皇。

早在 1969 年，文部省便要求小学的历史教学中要注意加深对天皇的敬爱。《朝日新闻》(1970 年 5 月 21 日)报道称"'庶民'居一隅——天皇记述增加"。⑥ 从 1989 年开始，文部省新规定小学 6 年级历史教学的内容包括："关于天皇，选择儿童容易理解的具体事项，如日本国宪法规定的天皇之国事行为等，与历史学习相联系，加深对天皇的理解与热

① 俵仪文：《关于 2014 年度中学教科书的检定》，2015 年 4 月 6 日。

② 教育战后史编集委员会编：《教育战后史 Ⅲ 高度经济成长下的教育》，三一书房 1986 年，第 193 页。

③ 文部省：《改定 小学学习指导要领(1977 年 7 月)》，大藏省印刷局 1977 年，第 30 页；《小学学习指导要领》(1989 年、1998 年、2008 年)、《中学学习指导要领》(1989 年、1998 年、2008 年)见日本文部科学省网站：http://www.mext.go.jp/a_menu/shotou/youryou/main4_a2.htm。

④ 藤冈信胜等：《中学社会 新历史教科书》，自由社 2012 年，第 42—45 页。

⑤ http://blog.goo.ne.jp/project-justice/e/e7fbf5562ce5574dd7ea2f8e5fffd0c5

⑥ 教育战后史编集委员会编：《教育战后史 Ⅲ 高度经济成长下的教育》，三一书房 1986 年，第 193 页。

爱”，该项规定一直沿用至今。①

可见，日本政府推行历史教育的根本目的是培养“爱国心”，为达到此目的，或掩盖其对外侵略事实，或以神话及天皇来渲染其特殊性，或干脆将责任推给别国，这一逻辑在战前、战后是通用的，只是程度不同而已。总结出这一规律后，当我们面对日本朝野矢口否认侵略历史时，便会恍然大悟：如果日本政府承认其对外战争的侵略性与残酷性，还有哪个有良知的日本国民会支持解禁集体自卫权、修改和平宪法呢？

2015 年 4 月 22 日，习近平主席会见日本首相安倍时强调：“历史问题是事关中日关系政治基础的重大原则问题”。对日本而言，历史教育既是教育问题，更是政治问题；历史认识既是国民意识问题，更是国际信义问题。日本如果真想深刻反省侵略历史，吸取教训，避免重蹈覆辙，就应该在历史教科书上揭露真相、承认错误，使年轻人分清美丑善恶，从而努力向善，确保国家永远走和平之路。

① 《小学学习指导要领》(1989 年、1998 年、2008 年)、《中学学习指导要领》(1989 年、1998 年、2008 年)见日本文部科学省网站：http://www.mext.go.jp/a_menu/shotou/youryou/main4_a2.htm。